Stimmen zum Buch

Manche Wortkombinationen gehören logisch zusammen. Das gilt eigentlich auch für die Worte „lebendig, mündig, Christsein". Was logisch ist, ist trotzdem nicht immer selbstverständlich. Wie Gemeinden aussehen können, in denen ihr Glaube die Menschen erfreut und elektrisiert, in Bewegung setzt und aktiv mitdenken lässt – davon träumt Michael Herbst in diesem inspirierenden Buch.

Prof. Dr. Matthias Clausen | Ev. Hochschule Tabor (Marburg)

In diesem Buch geht es um lebendigen Glauben und mündiges Christsein. Es geht um Glauben an den Gott der Bibel, der sich nicht in theoretischer Erkenntnis erschöpft, sondern sich im täglichen Leben auswirkt. Auf solidem biblischen Fundament, in einer für alle verständlichen Sprache, beschreibt Michael Herbst Meilensteine auf dem Weg der praktischen Nachfolge Jesu hin zu einem mündigen Christsein. Dem Theologen gelingt es, tiefe geistliche Wahrheiten in ihrer Bedeutung für das tägliche Leben von Christen zu entfalten, die auf ihrem Glaubens- und Lebensweg davon leben, sich von Gott führen zu lassen.

Heinrich Deichmann | Unternehmer und Geschäftsführer bei Deichmann

Überraschend anders.

Ein Handbuch zum Erwachsenwerden, das zu neuem Glauben und Leben anstachelt. In Alltagsdeutsch mit Witz und Humor.

Leidenschaftlich, kurzweilig, unterhaltsam, tiefgründig. Mutmachend. Originell. Anschaulich. Überraschend. Intelligent, klug und einleuchtend einfach.

Seelsorgerlich mutmachend. Praktisch, praktizierbar, mit so viel Lebensweisheit.

Nicht einfach neue Konzepte, sondern biblische Geheimnisse neu entdeckt und entfaltet.

Nachfolge zum Selbermachen, Selberverstehen, Selberleben.

Kindliches Glaubensvertrauen und Erwachsenwerden zusammengehalten.

Das tut so gut in Tagen, wo unmündiges und unreifes Verhalten in vielfältigen Variationen auf dem Markt ist.

Monika Deitenbeck-Goseberg | Evangelische Pfarrerin
in Lüdenscheid

In einer Zeit, in der häufig nicht mehr klar ist, was Christsein bedeutet, legt der bekannte Greifswalder Theologieprofessor und Universitätsprediger ein persönliches und kluges Buch vor, das genau diese Frage beantwortet. Dabei wird Herbst auch ganz konkret: Wer wissen will, welches Licht die Beziehung zu Jesus Christus auf Beruf und Geld, Sexualität und Liebe, Freizeit und Sport wirft, der wird nicht enttäuscht. Das Buch hat das Zeug, ein Longseller zu werden. Unbedingt empfehlenswert!

Dr. Hans-Jürgen Abromeit | Evangelisch-Lutherische Kirche
in Norddeutschland | Bischof im Sprengel Mecklenburg
und Pommern

MICHAEL HERBST

Lebendig!

VOM GEHEIMNIS
MÜNDIGEN CHRISTSEINS

SCM
Hänssler

SCM

Stiftung Christliche Medien

SCM Hänssler ist ein Imprint der SCM Verlagsgruppe,
die zur Stiftung Christliche Medien gehört, einer gemeinnützigen
Stiftung, die sich für die Förderung und Verbreitung christlicher
Bücher, Zeitschriften, Filme und Musik einsetzt.

4. Auflage 2020

© 2018 SCM Hänssler in der SCM Verlagsgruppe GmbH
Max-Eyth-Straße 41 · 71088 Holzgerlingen
Internet: www.scm-haenssler.de; E-Mail: info@scm-haenssler.de

Soweit nicht anders angegeben, sind die Bibelverse
folgender Ausgabe entnommen:

BasisBibel. Das Neue Testament, © 2010 Deutsche Bibelgesellschaft, Stuttgart
(www.basisbibel.de) (BB)

Weiter wurde verwendet:
Lutherbibel, revidiert 2017 © 2016 Deutsche Bibelgesellschaft, Stuttgart.

Umschlaggestaltung: Kathrin Spiegelberg, Weil im Schönbuch
Titelbild: Christian Koepenick, stocksy.com
Satz: Christoph Möller, Hattingen
Druck und Verarbeitung: GGP Media GmbH, Pößneck
Gedruckt in Deutschland
ISBN 978-3-7751-5850-3
Bestell-Nr. 395.850

Inhalt

Einleitung

Was ist das: lebendiges, mündiges Christsein?

Als Jugendlicher kam ich – eher durch Zufall, denn mein Elternhaus war alles andere als »kirchlich« – mit dem CVJM in Berührung. Die Möglichkeit, dort Tischtennis und Doppelkopf zu spielen, war das eigentlich Attraktive für mich. Dass dort vom Glauben die Rede war, nahm ich gleichsam als »Risiko und Nebenwirkung« hin. Das änderte sich in der Gemeinschaft mit vielen Gleichaltrigen – aber erst nach einigen Jahren.

Mit 17 Jahren wurde ich ehrenamtlicher Mitarbeiter im CVJM. Unser CVJM-Sekretär Hermann Hoyer versammelte uns nach dem Gottesdienstbesuch am Sonntagmorgen und las mit uns theologische Texte, vor allem einen: Dietrich Bonhoeffers kleine Schrift über »Gemeinsames Leben«.[1] Fremd war das, verstörend, teilweise ärgerlich. Geduldig führte uns Hoyer in die Denkweise Bonhoeffers ein. Später lasen wir den mindestens ebenbürtigen und sicher ähnlich provokanten Bonhoeffer-Titel: »Nachfolge«.[2] Hier investierte ein Leiter in das Christsein junger Leute, bei denen er Potenzial sah. Etliche von uns studierten später Theologie und gingen in den hauptamtlichen Dienst.

Prägte mich »Gemeinsames Leben« hinsichtlich der Bedeutung von verlässlicher christlicher Gemeinschaft für den persönlichen Glauben, so formte »Nachfolge« mein Denken über die »teure Gnade«: Es ist Gnade, mit Jesus Christus leben zu dürfen, es kostet seinen Preis, aber es bedeutet Gnade, wenn er jeden einzelnen Lebensbereich nach seinem guten Willen umbaut. Es ist Gnade, unter dem unbeirrbaren Ja Gottes leben zu dürfen und angesichts dieser tragenden Treue furchtlos die Baustellen im eigenen Leben anzugehen. Mit diesen Texten, die uns eigentlich hoffnungslos überforderten, war eine wichtige Spur gelegt, um mich weiter mit der praktischen Gestalt des christlichen Lebens zu beschäftigen.

Dieses Buch beschreibt nun, was wir am Institut zur Erforschung von Evangelisation und Gemeindeentwicklung in Greifswald und auch bei »GreifBar«, unserem Werk im Pommerschen Evangelischen Kirchenkreis, gern als »lebendiges, mündiges Christsein« bezeichnen.

Warum dieser Begriff?

Die Bezeichnung »Christsein« statt »Jüngerschaft« hat mit einer gewissen Abneigung zu tun, englische Begriffe so nah am Original wie möglich zu übersetzen. Aus dem schönen englischen Wort »leadership« wird dann »Leiterschaft«, ein Wort, das der Duden nicht kennt. »Leitung« ist das, was dem Gemeinten am nächsten käme, »Leitungsdienst« wäre theologisch auch pfiffig.

Ähnlich geht es mir mit dem englischen »discipleship«, welches das Leben des »disciples« mit allen seinen »disciplines« fein zusammenbringt und oft mit »Jüngerschaft« wiedergegeben wird. Dieses Wort gibt es tatsächlich im Duden, aber wirklich schön ist es nicht. Das liegt an der Silbe »schaft«[3], die im Deutschen eine Personengruppe bezeichnet (z.B. Zuhörerschaft, Mannschaft), einen Zustand (z.B. Mitgliedschaft) oder das Ergebnis eines Geschehens (z.B. Erbschaft). Diese Begriffe sind alle eher statisch als dynamisch und für mich daher nicht passend. Unser Christsein sollte nämlich durch zwei Attribute näher bestimmt sein: Es sollte lebendig sein und mündig, eine dynamische Beziehung eines Ich zu einem Du. Das Christsein drückt sich auch in Glaubenswahrheiten aus, aber in seinem Kern ist es die Beziehung zum dreieinigen Gott, zu diesem spezifischen göttlichen Haushalt aus Vater, Sohn und Heiligem Geist. Es ist ein Hören und Reden, ein Empfangen und Weitergeben, ein Begnadetwerden und Anbeten, ein Vertrauen und Gesandtwerden. Wie bleibt unser Glaube, den wir irgendwann geschenkt bekommen haben, lebendig und vital? Wie kann er unser Leben prägen und nicht nur eine religiöse Auffassung sein? Wie kann ein Ich wirklich ein Ich sein (also mündig) und in einer intensiven Gemeinschaft mit Gott leben (nämlich lebendig)?

Lebendig

Im »Tagebuch eines Landpfarrers« beschreibt Georges Bernanos das Leiden eines Priesters, der mit Schrecken wahrnimmt, dass sein Glaube seinem Leben nicht mehr Gestalt und Richtung gibt. »Nein, ich habe den Glauben nicht verloren. Der Ausdruck ›den Glauben verlieren‹, so wie man seinen Geldbeutel verliert oder einen Schlüsselbund, ist mir übrigens immer ein wenig albern vorgekommen … Man verliert nicht den Glauben, aber er hört auf, dem Leben Form zu geben. Das ist alles.«[4] Was kann geschehen, um das zu verhindern?

Wir haben viele getaufte Mitglieder in unseren Gemeinden, die nie etwas anderes erlebt haben als eine Zugehörigkeit zur Kirche, die dem Leben höchst marginal Form gibt: an Weihnachten und Erntedank, bei Geburten, Hochzeiten und Todesfällen oder durch eine gewisse ethische Verpflichtung, Nächstenliebe zu zeigen und sich um Integrität zu bemühen. Für sie liegt so etwas wie »Nachfolge«, »Gemeinsames Leben« oder das Leitbild eines Lebens als Jüngerin bzw. Jünger ganz fern. Sie sind immer noch in der Kirche, aber auf Distanz. Die Zugehörigkeit wird »bei Gelegenheit« aktiviert.

Der Verlust, der damit einhergeht, besteht aus meiner Sicht darin, dass Menschen die spezifische Gnade nicht erleben, mit Gott im Alltag verbunden zu sein: sein Ohr zu haben, seine Weisungen zu hören, seine Ermutigung zu erleben, jeden Morgen neu mit ihm anzufangen, allmählich zum Guten verwandelt zu werden, im Scheitern Trost zu erleben. Es geht bei einem lebendigen Christsein um dieses alltägliche Leben mit Gott.

Um diese Frage tobt in der evangelischen Kirche und in der evangelischen Theologie ein Streit. Ist die distanzierte Mitgliedschaft eine moderne Variante der christlichen Existenz, die wir einfach als legitime Variante des Christseins zu respektieren haben? Oder entgeht Menschen etwas, wenn sie nur »bei Gelegenheit« eine kirchliche Dienstleistung in Anspruch nehmen? Urteilen wir über den Glauben anderer, wenn wir mit einer gewissen Sorge auf Menschen schauen, die zwar zur Kirche gehören, aber nach eigener Auskunft nur ein loses Verhältnis zur Gemeinde oder zu Gebet, Abendmahl usw. haben?

Fast könnte man denken, man mute den Menschen etwas Ungehöriges, eine unnötige Last extremer Frömmigkeit zu, wenn man sagt, das sei nicht das, was Christsein ausmache. Aber hier soll keine Last auferlegt werden. Das lebendige Christsein ist nicht das »Sonderpfündlein« extrem frommer Menschen. Es geht um eine offene Tür: Das Leben mit Gott im Alltag des Lebens steht uns offen. Wir verpassen so viel, wenn wir daran vorübergehen.

Das gilt im Übrigen für alle Menschen: Dass unser Glaube lebendig ist und lebendig bleibt, ist ja nicht einfach ausgemacht oder durch einen Entschluss, den wir irgendwann einmal gefasst haben, für immer entschieden. Es braucht etwas, das Martin Luther in der ersten der 95 Thesen als »tägliche Buße« bezeichnet hat. Es braucht ein tägliches Neuanfangen, ein Heimkehren nach längerer Abwesenheit oder ein erstauntes Beginnen, wenn jemand schon lange der Form nach dazugehört hat und nun entdeckt, dass es im Glaubensleben mehr gibt als die Mitgliedschaft in einer ehrwürdigen religiösen Institution.

Vielleicht geht es vor allem um die Sehnsucht: die Sehnsucht nach der lebendigen Beziehung des Jüngers oder der Jüngerin zum Meister, des Sohnes oder der Tochter zum Vater, des Geschöpfes zum Schöpfer.

Mündig

Das Christsein soll nicht nur lebendig sein, sondern auch mündig werden. Mündig wird man in unseren Breiten mit 18 Jahren. Das schließt Rechte und Pflichten ein, die man erwirbt, weil einem nun Selbstständigkeit zugetraut wird und die Fähigkeit, eigenständige Urteile zu fällen. Ein mündiger Mensch spricht für sich selbst. Er ist aber auch haftbar, verantwortlich für sein Tun.

Immanuel Kant schrieb im Jahr 1784: »Aufklärung ist der Ausgang des Menschen aus seiner selbst verschuldeten Unmündigkeit. Unmündigkeit ist das Unvermögen, sich seines Verstandes ohne Leitung eines anderen zu bedienen. Selbst verschuldet ist diese Unmündigkeit, wenn die Ursache derselben nicht am Mangel des Verstandes, sondern der Entschließung und des Mutes liegt, sich seiner ohne Leitung eines anderen zu bedienen. ›Sapere aude! Habe Mut, dich deines eigenen Verstandes zu bedienen!‹ ist also der Wahlspruch der Aufklärung.«[5]

Nun könnte man zusammenzucken: Geht es in diesem Buch um Aufklärung? Oder man könnte zweifelnd fragen: Seit wann sollte solche Mündigkeit ausgerechnet mit dem Glauben zusammenhängen? Ist nicht der Glaube das beste Mittel, um Menschen auch weiterhin in Unmündigkeit verharren zu lassen?

In der Tat ist das, worum es hier geht, nicht dasselbe, was Kant vorschwebte, denn beim Christsein geht es darum, sich »mit Leitung eines anderen« seines Verstandes zu bedienen. Aber es geht auch darum, sich seines Verstandes zu bedienen und zu eigenständigem Urteilen, Entscheiden und Wollen *aus Glauben* zu finden. Das verbinde ich mit der Behauptung, dass der Glaube mündig macht, frei und nicht ängstlich, entscheidungsstark und nicht zögerlich, urteilsfähig und nicht fremdgesteuert. Mündig wäre ein Glaube, dessen erkennbare Frucht innerlich erwachsene Menschen sind, die in der Lage sind, ihr Leben zu gestalten, Probleme zu bewältigen, Grenzen auszuhalten und ihr Potenzial abzurufen, wie es auf Fußballerisch immer so schön heißt. Es darf in unseren Gemeinden nicht nur um die Frage gehen, wie

Erwachsene *zum Glauben finden*, sondern es muss auch um die Frage gehen, wie Glaubende *erwachsen* werden.

Mich leitet an dieser Stelle seit Langem ein Abschnitt aus dem Epheserbrief, der diese Zielvorgabe vitaler Gemeinden präzise beschreibt:

> *Derselbe [Christus] war es auch, der jedem seine Gaben geschenkt hat: Die einen hat er zu Aposteln gemacht. Andere zu Propheten oder zu Verkündern der Guten Nachricht. Und wieder andere zu Hirten oder Lehrern. Deren Aufgabe ist es, die Heiligen für ihren Dienst zu schulen. So soll der Leib von Christus aufgebaut werden. Am Ende sollen wir alle vereint sein im Glauben und in der Erkenntnis des Sohnes Gottes. Wir sollen zu vollendeten Menschen werden und reif genug, Christus in seiner ganzen Fülle zu erfassen. Denn wir sollen nicht mehr wie unmündige Kinder sein – ein Spielball von Wind und Wellen im Meer zahlreicher Lehren. Sie sind dem falschen Spiel von Menschen ausgeliefert, die sie betrügen und in die Irre führen. Dagegen sollen wir an der Wahrheit festhalten und uns von der Liebe leiten lassen. So wachsen wir in jeder Hinsicht dem entgegen, der das Haupt ist: Christus.*
>
> Epheser 4,11-15

Der Apostel markiert hier sozusagen die Bildungsziele einer vitalen christlichen Gemeinde. Da gibt es begabte und beauftragte Menschen, die vielleicht sogar ein Amt bekleiden. Deren vornehmste Aufgabe besteht darin, »die Heiligen für ihren Dienst zu schulen« oder nach Luther »zuzurüsten«. Und dann wird beschrieben, wie der Glaube mündig wird. Der Glaubende kann das Geheimnis Christi tiefer und umfassender erfassen. Erkenntnis wächst – das hat mit Wissen und Nachdenken zu tun. Der Glaube verlässt ein Stadium, in dem er unmündig war, nur an andere angelehnt, abhängig von Stimmungen, auf »Milch« angewiesen statt auf »feste Speise« (vgl. Hebräer 5,11-14). Der Glaube wird urteilsfähig, er kann die Geister unterscheiden (z.B.

1. Johannes 4,1-3) und »Lehren« prüfen. Er wird belastbar, stetig und klar. Die Wahrheit, die der Glaube erkennt, verknüpft sich mit der Liebe, die ihn leitet. Das bewahrt vor Starrsinn und Rechthaberei. Um die Gesundheit solcher Glaubensprozesse zu prüfen, hilft es, zu fragen: Werde ich am Ende stärker in meiner Liebe und Beziehungsfähigkeit, zugewandt und dienstbereit, mitfühlend und respektvoll? Oder macht mich das alles eher überheblich, besserwisserisch, kalt und distanziert? In gesunden Gemeinden gibt es einen gesunden Ehrgeiz der Gemeinde und der einzelnen Christen, eine Art Koalition für das Erwachsenwerden im Glauben.

Im Grunde brauchen wir also nicht nur »Kurse zum (Anfangen mit) Glauben«, sondern auch »Kurse (zum Wachsen) im Glauben«. Das Emmaus-Material, das an den Emmaus-Kurs anschließt, bietet dazu einiges.[6] Gordon MacDonald, einer der Theologen, die mich im Blick auf die praktische Gestalt des Glaubens am meisten geprägt haben, hat mit seinem Buch »Tiefgänger«[7] die Richtung gewiesen, in die wir mit unseren Gemeinden gehen sollten: ein strukturiertes, begrenztes, vielfältiges Programm für Menschen, die im Glauben weiterkommen wollen. Das ist nach meiner Kenntnis bisher in Deutschland kaum umgesetzt worden. Vielleicht bietet dieses Buch einige Hilfestellungen für Gemeinden, die mit ihren Gemeindegliedern erste Schritte in diese Richtung gehen wollen.

Ich glaube, dass diese Frage auch über die Zukunft unserer Gemeinden und unserer Kirchen entscheidet. Vitale Gemeinden investieren in lebendiges, mündiges Christsein. Gerade im Umbau unserer Volkskirchen von kulturdominierenden Großkirchen zu öffentlichen, missionarischen Minderheitskirchen, in der Transformation von pfarrzentrierten Betreuungskirchen zu Kirchen des allgemeinen Priestertums ist dies eine der wichtigsten »Baustellen«. Vitale Gemeinden brauchen lebendige, mündige Christen.

Christsein!

Lebendig und mündig – so sei also unser Christsein. Und Christ ist, wer zu Christus gehört, wer ihn kennt und ihm vertraut. Doch es gibt eine gewisse Zurückhaltung in der von Martin Luther inspirierten Theologie gegenüber Begriffen wie »Wachstum« oder »Heiligung«. Luther lag an der Veränderung des Lebens, am Gehorsam gegenüber Gottes Geboten und an einer heilsamen Umgestaltung des Daseins unter der Regie Gottes. Aber er fürchtete eine Rückkehr in das unselige Streben, sich von der Gnade unabhängig zu wähnen und auf eigene Werke zu setzen. Er fürchtete beides: die Verzweiflung dessen, der an seinem Bemühen scheitert, wie die Arroganz dessen, der sich mit seinem Bemühen erfolgreich aus den Niederungen des Lebens aus Gnade allein »befreit«.

Wir leben davon, dass Christus für uns gestorben und auferstanden ist. Wir leben von dem wunderbaren Tausch: Alle unsere Sünde liegt auf ihm, alle seine Gerechtigkeit liegt auf uns. Darüber müssen wir nie hinauskommen. Darüber können wir nie hinauskommen. Lebendig und mündig wird unser Christsein nicht durch allmählichen »Ausgang« aus der fröhlichen Abhängigkeit von Jesus Christus, sondern durch ein tieferes Hineinfinden in diese Abhängigkeit: allein Christus, allein die Schrift, allein die Gnade, allein der Glaube. Lebendiger und mündiger Glaube ist gerade nicht mit sich selbst beschäftigt, er sonnt sich nicht im eigenen Vorankommen und er grämt sich nicht wegen der eigenen »Abgründe«. Er übt täglich die Grundübung des Glaubens ein: den Blick wegzuheben von uns selbst und aufzuschauen zu Jesus, dem Anfänger und Vollender unseres Glaubens (vgl. Hebräer 12,1-3).

Zum Schluss (oder besser: zum Anfang)

Sie können die Kapitel in diesem Buch einfach der Reihe nach persönlich studieren. Sie können diese Texte aber auch zur Grundlage von Gesprächen in Ihren Hauskreisen und Mitarbeitendenteams machen. In den Anmerkungen finden Sie Hinweise auf einige Autoren und Prediger, die ähnlich wie Gordon MacDonald mein Nachdenken über lebendiges, mündiges Christsein gefördert haben, vor allem John Ortberg, aber auch Timothy Keller und Bill Hybels.

Meine Hoffnung ist, dass die Lektüre Ihnen Freude bereitet und Ihnen hilft, lebendiges, mündiges Christsein zu (er)leben. Ganz praktisch danke ich denen, die sich dieses Manuskriptes angenommen haben: meinem studentischen Mitarbeiter Matthias Trumpp, Annalena Pabst vom SCM-Verlag und meiner Lektorin Christiane Kathmann. Mein Dank gilt abschließend den Gemeinschaften und Menschen, bei denen ich selbst lebendiges und mündiges Christsein kennenlernen und einüben konnte: dem CVJM in Bielefeld, der SMD-Gruppe in Erlangen, meinem Lehrer Manfred Seitz, der während der Arbeit an diesem Buch in hohem Alter verstorben ist, der Ev. Matthäus-Kirchengemeinde in Münster, der gesamten, insbesondere internationalen Arbeit von Willow Creek, vielen guten Impulsen aus der Bewegung der »fresh expressions of church« in England, insbesondere Bischof John Finney, der GreifBar-Gemeinde in Greifswald und meinem wunderbaren Team am Institut zur Erforschung von Evangelisation und Gemeindeentwicklung sowie last, but certainly not least meiner Frau Christiane, mit der ich diesen Weg im Glauben seit bald vierzig Jahren teilen darf.

Weitenhagen, 1. Februar 2018
Michael Herbst

Erster Teil

Die Grundlage von allem: Gnade

1. Was bedeutet es, ein Jünger oder eine Jüngerin von Jesus zu sein?

Denken Sie einmal an Ihre Gemeinde. Was fällt Ihnen ein? Wie geht es Ihrer Gemeinde gerade? Ich muss oft darüber nachdenken, wie es um unsere Gemeinde steht. Und dann denke ich an viele schöne Erlebnisse, die Taufe von vier iranischen Flüchtlingen, manche Highlights bei GreifBar in der Stadthalle, wenn Kunst und Wort Gottes sich ganz nah kommen, viele Gottesdienste, bei denen der Klang der Lieder plötzlich sehr lebendig war oder bei denen beim Abendmahl plötzlich etwas wahrhaft Heiliges zu spüren war. Vor allem denke ich an Menschen, die in unserer Gemeinde zum Glauben gekommen sind und deren Leben sich verändert hat, ich denke an den Einsatz, den Menschen für unsere Gemeinde bringen. Ich denke aber auch an die Niederlagen, die wir erlitten haben, Menschen, die uns verlassen haben, Gäste, die nicht gekommen sind. Ich denke an Wunden, die mancher Konflikt geschlagen hat, an Schuld, auch eigene, an Schmerz. Und dann denke ich an offene Fragen: Wie es wohl weitergeht, ob es sich überhaupt noch lohnt, Herzblut, Lebenszeit, Geld und Gaben zu investieren. Wo wir zukünftig unsere Schwerpunkte setzen und welche Menschen wir neu gewinnen können. Wie wir aufs Neue Leidenschaft und Freude für das bekommen können, was wir zusammen tun.

Schöne Erlebnisse, schmerzhafte Niederlagen und offene Fragen. Warum tun wir uns das eigentlich an? Warum tun wir, was wir tun? Warum tun wir es in den guten und den schlechten Tagen? Warum werden wir es auch in der Zukunft tun, unverdrossen, mit großem Einsatz und hoffentlich mit Leidenschaft und Freude? Warum gibt es unsere Gemeinde und wozu sind wir auf diesem Planeten?[8] Was hat das mit mündigem Christsein zu tun?

Das »Warum« der Gemeinde

Jesus hat am Ende seiner Wanderung auf diesem Planeten noch einmal grundsätzlich geklärt, wozu es Gemeinde geben wird. Was hatte er im Sinn, als er so etwas wie »Gemeinde« ins Leben rief? In Matthäus 28,16-20 kann man das nachlesen:

Die elf Jünger gingen nach Galiläa. Sie stiegen auf den Berg, wohin Jesus sie bestellt hatte. Als sie Jesus sahen, fielen sie vor ihm nieder. Aber einige hatten auch Zweifel. Jesus kam zu ihnen und sagte: »*Gott hat mir alle Macht gegeben, im Himmel und auf der Erde! Geht nun hin zu allen Völkern und macht die Menschen zu frommen Christen und Kirchenmitgliedern: Tauft sie im Namen des Vaters, des Sohnes und des Heiligen Geistes! Und lehrt sie, alles zu tun, was ich euch geboten habe. Und seht doch: Ich bin immer bei euch, jeden Tag, bis zum Ende der Welt!*«

Okay, das war nicht ganz richtig. Jesus hat nicht gesagt: Macht alle Menschen zu frommen Christen. Er hat sicher auch nicht gesagt: Macht alle Menschen zu Kirchenmitgliedern. Er hat gesagt: »Macht die Menschen zu meinen Jüngern und Jüngerinnen«, das heißt, zu lebendigen, mündigen Nachfolgern und Nachfolgerinnen von Jesus.

Mitglied in einer Kirche oder Gemeinde zu sein, ist gut, aber es bedeutet noch lange nicht, in einer lebendigen, das ganze Leben prägenden Beziehung zu Jesus zu stehen. Dass Menschen einfach nur Mitglieder sind, die ab und an den Service in Anspruch nehmen, aber in ihrem Alltag nichts von der Gegenwart Gottes erleben, das war nicht die Absicht von Jesus. Doch was spricht gegen die Formulierung *fromme Christen*? Fromme Christen haben nicht immer den besten Ruf. Für Außenstehende sind Christen oft so etwas wie moralinsaure, homophobe, bildungsfeindliche, vorurteilsbeladene Frömmler, die nicht an Dinosaurier glauben, aber gewiss sind, dass sie die Einzigen sind, die in den Himmel kommen, und denen außerdem heimlich der Gedanke gefällt, dass alle anderen in der Hölle landen.[9] Da bekommt man kaum Lust, dazuzugehören!

Jesus redet nicht von Kirchenmitgliedern, er redet nicht von Frömmlern. Übrigens kommt das Wort »Christ« im Neuen Testament nur dreimal vor, das Wort »Jünger« dagegen 269-mal. Auf Griechisch steht dort »mathetäs«, das heißt so viel wie »Schüler« oder »Lehrling« und schließt sowohl Männer als auch Frauen ein. Im Folgenden verwende ich das Wort »Jünger« auf diese Weise, gemeint sind Männer und Frauen. Das Neue Testament ist ein Buch von Jüngern über das Leben von Jüngern, geschrieben für Jünger und solche, die es werden sollen. Und der Auftrag an die Zwölf lautet: Macht zu Jüngern. Helft Menschen, Jünger zu werden. Geht auf Menschen zu und erzählt ihnen vom Leben als Jünger. Tut alles, damit Menschen Lust darauf bekommen, Jünger zu werden. Gewinnt möglichst viele für ein Leben als Jünger. Am Anfang des Evangeliums sagt Jesus zu einem kleinen Kreis von Menschen: Werdet meine Jünger. Folgt mir nach. Am Ende des Evangeliums sagt Jesus zu diesem kleinen Kreis von Menschen: Zieht die Kreise immer weiter. Alle sollen werden können, was ihr seid: Jünger. Mündig und lebendig.

> Alle sollen werden können, was ihr seid: Jünger. Mündig und lebendig.

Der amerikanische Autor Simon Sinek hat das einmal in einem TED-TALK entfaltet.[10] Er zeigt, dass wirklich lebendige und erfolgreiche Unternehmungen auf Erden ein »Warum« haben, und weil sie dieses Warum haben, haben sie ein »Wie« und ein »Was«. Nicht andersherum! Apple ist nicht erfolgreich, weil Steve Jobs gesagt hat: Wir machen Computer und andere

Geräte und wir machen das so und so, sondern weil Steve Jobs eine Vision hatte: davon, dass Menschen auf der ganzen Erde miteinander verbunden werden, dass alle überall Zugang haben zu Informationen, zu Bildung, auch zu Unterhaltung, und dass dies alles möglichst einfach und intuitiv zu nutzen sein sollte. Er hatte ein »Warum« und darum hatte er ein »Wie« und auch ein »Was«.

Wenn wir nur ein »Was« haben, dann sagen wir: »Wir machen zum Beispiel solche Veranstaltungen und wir spielen freitags Fußball, samstags treffen wir uns mit Kindern und Jugendlichen und sonntags organisieren wir mit einigem Aufwand Feiern mit Musik und einer laaangen Rede.« Wenn wir nur das sagen (oder denken), wird uns irgendwann die Luft wegbleiben und die Freude und die Leidenschaft werden immer mehr schrumpfen. Warum sollten wir das alles auch tun ohne ein »Warum«?

Unser »Warum« heißt: Wir wollen selbst lebendige und mündige Nachfolger von Jesus sein, Jüngerinnen und Jünger, und wir wollen andere gewinnen, dass sie auch Jüngerinnen und Jünger werden. Warum? Weil dies das Beste ist, was Menschen auf Erden angeboten wird. Weil es stimmt, was Dallas Willard über diese besondere Verbindung zu Jesus sagt: »There is no problem in human life that apprenticeship to Jesus cannot solve.«[11] Es gibt kein Problem im menschlichen Leben, das in der Schule von Jesus nicht gelöst werden könnte. Furcht, Gier, Rassismus, Hunger, Gewalt, Einsamkeit, Schuld, Tod, Leiden, Zurechtweisung, persönliche Enttäuschungen, gemeinsame Niederlagen, Scheidung, Bitterkeit, Sucht, Hass – das alles kann in der Schule von Jesus gelöst werden. Das schließt ein: Vergebung meiner Schuld, Versöhnung nach langem Streit, Befreiung von Abhängigkeiten, Mut zu neuen Schritten, Geduld im Leiden, Kraft, Unveränderliches zu tragen, Hoffnung über den Tod hinaus. Darum gibt es nichts Besseres, was Menschen geschehen kann, als dass sie Jüngerinnen und Jünger von Jesus werden.

Merkmale lebendigen, mündigen Christseins

Wenn wir uns das Matthäus-Evangelium als Ganzes anschauen, dann können wir noch genauer sagen, wie ein Jünger lebt und was ihn ausmacht:

Ein Jünger lernt bei Jesus, wie das Leben funktioniert, und dadurch verändert es sich. In der Bergpredigt steht eine Menge darüber: ohne Sorge, ohne Hass und Arroganz, mit einem offenen Herzen und einer großzügigen Hand für Arme, mit einer natürlichen Frömmigkeit, in ehelichen Beziehungen, in denen Sexualität ihren rechten Ort findet usw. Wenn ein Jünger lange außerhalb dieser Schule gelebt hat, lernt er manches neu, muss manches verlernen, neu einordnen und anders einüben. Der Clou besteht darin, keinen Lebensbereich vor dem Meister und Lehrer zu verschließen. Die Freude besteht darin, zu erleben, dass das guttut.

Ein Jünger wird darum Jesus mehr lieben als jeden anderen und alles andere. Je tiefer er versteht, welches Privileg es ist, mit Jesus unterwegs zu sein, desto tiefer wird seine Liebe zu Jesus sein. Alle anderen Beziehungen ordnen sich dahinter ein. Und das tut gut. Es tut gut, wenn mein Ehepartner nicht mein Herr und Heiland sein muss. Auch der Ehe tut das gut. Es tut gut, wenn mein Geld nur ein Mittel ist, und Jesus den Umgang mit dem Geld steuert. Es tut gut, Jesus mehr zu lieben als alles andere.

Ein Jünger wird sich von Jesus an die Arbeit stellen lassen. Jesus hat seine Jünger eine ganze Weile zuhören und zuschauen lassen. Doch dann hat er gesagt: »Jetzt seid ihr dran. Jetzt dürft ihr meine Arbeit in eurer kleinen Welt tun. Heilen und vergeben, trösten und herausfordern, mahnen und erklären. Ihr werdet dabei Schritt für Schritt eure Grenzen erweitern und mehr und anderes tun, als ihr euch jetzt vorstellen könnt. Ihr werdet dabei spüren, wie reich euer Leben wird, wenn ihr meinem *Warum* dient.«

Ein Jünger ist nicht allein. Ein Jünger hat immer andere, und zwar bestimmte andere, mit denen zusammen er Jünger ist. Jesus hat seine Jünger als Gemeinschaft geformt. Die Menschen in seiner Gruppe hätten sonst nie zueinander gefunden. Sie waren füreinander nicht nur nette Freunde, sie waren eine Zumutung und eine Herausforderung. Aber Jesus will das genau so: dass wir verlässliche Weggefährten werden in der Gemeinde der Jünger. Ein Jünger kann nicht allein für sich Jünger sein.

> Die Jünger sind häufig völlig schiefgewickelt – und Jesus entlässt sie nicht.

Einen Jünger lässt Jesus nie im Stich. Wenn man die Geschichte in den Evangelien von vorne bis hinten liest, dann muss man manchmal den Kopf schütteln: Die Jünger bekommen es so oft nicht geregelt, sie sind dermaßen häufig völlig schiefgewickelt, sie enttäuschen Jesus, sie lassen ihn im Stich, sie sind mit ihren kleinen Selfie-Projekten beschäftigt, sie verstehen ihn komplett falsch – und Jesus entlässt sie nicht. Noch am Ende, nach allem, was sie erlebt hatten, was unter anderem eine Auferstehung von den Toten einschließt, heißt es: »Aber einige hatten auch Zweifel« (Matthäus 28,17). Tolle Truppe! Doch Jesus hält zu ihnen. Er bleibt den Treulosen treu. Er fängt wieder von vorne mit ihnen an. Er sagt es noch einmal. Er vergibt noch einmal. Er sucht ihr Herz noch einmal. Er kann nicht anders. Er will nicht anders. Er lässt nicht los. Niemals. Davon leben Jünger. Es geht hier nie um die Kraft und Kompetenz der Jünger. Es geht um die Kraft und Kompetenz von Jesus. Der leistet am Ende ein riskantes Versprechen, fast einen Eid: Ich bin bei euch, immer und überall, bis zum Ende!

Darum geht es in der Gemeinde: um diese eine Festlegung im Leben. Dallas Willard sagt: »Ein Jünger ist derjenige, dessen höchstes Ziel es ist, sein Leben so zu leben, wie Jesus es leben würde, wenn er an seiner Stelle wäre.«[12] Eine Zeit lang trugen viele junge Christen ein WWJD-Armband: »What would Jesus do?« – »Was würde Jesus tun?« Das ist die große Frage. Unser Warum ist die Erkundung dieses Lebens. Wir wollen an der

Hand von Jesus leben lernen und dabei mündig und lebendig werden. Unser Warum ist die Einladung an Menschen, die uns etwas bedeuten: Komm, lerne mit mir, an der Hand von Jesus zu leben. Das ist eine Festlegung: Ich will bei diesem Meister und Lehrer bleiben und alles von ihm lernen, was er mir über diese Kunst zu leben beibringen kann. Das Handwerk, das der Lehrling hier lernt, ist das Leben, nicht die Mitgliedschaft in einer Kirche, nicht eine seltsame Frömmelei, nicht der Erfolg einer Organisation. Die Schule, in die wir als Schülerinnen und Schüler von Jesus gehen, ist das Leben. Wir lernen, wie es gelingen kann. Denn es gibt kein irdisches Problem, das in der Schule von Jesus nicht gelöst werden könnte. Darum bitten wir Jesus, dass wir bei ihm sein dürfen, um von ihm zu lernen, wie er zu leben.

Das gilt in allem, was wir tun: Wie kann ich mit Jesus und wie Jesus Ärztin sein oder Krankenpfleger, Mutter oder Vater? Wie kann ich mit Jesus und wie Jesus eine Gemeinde oder einen Hauskreis leiten, studieren oder meine Arbeit tun, in der Familie leben, allein sein, auf eine Ehe zugehen, alt werden, Auto fahren, mein Geld verteilen, meine Gefühle im Griff behalten? Wie kann ich mit Jesus und wie Jesus verbindlich und treu werden in meinem Dienst oder Leid tragen? Was würde er jetzt tun, wäre er an meiner Stelle? Was möchte er jetzt tun, weil er ja mit mir an meiner Stelle ist?

Jeder Mensch ist irgendjemandes Jünger. Irgendjemandem folgen wir immer. Es ist nur die Frage, *wem* wir folgen, nicht *ob* wir überhaupt jemandem folgen. Und dann ist letztendlich die Frage, ob der, dem wir folgen, guttut, aufbaut, entfaltet, mündig macht, zum Blühen bringt, durch Täler führt, in der Tiefe trägt, im Versagen aufrichtet, durch den Tod hindurchrettet. Das ist die Frage. Bei Jesus ist sie beantwortet. Darum gibt es nichts Größeres, als sich in der Schule von Jesus einzuschreiben, als die Lehre des Lebens bei ihm zu beginnen und sein Jünger zu werden. Das »Warum« gesunder Gemeinden ist es, diese Möglichkeit möglichst niemandem vorzuenthalten. Wir können bei denen beginnen, die uns nah sind oder die wir lieben. Alles, was wir als Gemeinde veranstalten, ist immer Mittel zum Zweck und niemals der Zweck selbst.

Jünger lernen bei Jesus, wie das Leben funktioniert. Wir wollen unser Herz daran gewöhnen, ihn mehr zu lieben als alles andere. Wir sind von ihm in der Gemeinde zusammengebracht worden. Aber dann lernen wir einander kennen: Unvollkommen, störrisch, eigensinnig, manchmal sprunghaft, immer mal für eine böse Überraschung gut, keineswegs vollkommen. Doch Jesus lässt nicht los. Und dann lassen wir auch nicht los. Nicht voneinander. Nicht von unserem Warum. Dann beten wir um die Wette, bis wir wieder froh und leidenschaftlich sind und die nächsten Schritte sehen und gehen.

Fragen zum Nachdenken

Haben Sie diesen Schritt schon einmal getan, ein Jünger oder eine Jüngerin von Jesus zu werden? Oder haben Sie diesen Schritt zwar schon einmal getan, sind aber irgendwie ein bisschen aus der Bahn geraten? Dann ist es an der Zeit, sich bei Jesus anzumelden oder zurückzumelden, sich sozusagen neu bei ihm zu immatrikulieren, nein, mehr noch, das eigene Leben in seine Hand zu legen. *Jesus, lieber Herr und Meister, hör auf unser Sehnen, unseren Wunsch, bei dir das Leben zu lernen, unseren Willen, uns dir anzuvertrauen, und bestätige in uns, dass genau das dein Wunsch und Wille ist.*

Die zweite Frage gilt der Gemeinde: Nach allen guten Erlebnissen, trotz aller Niederlagen und Schmerzen, in allen unsicheren Fragen sendet uns Jesus aufs Neue in unsere Lebenswelt. Vor ihm denken wir an Menschen in unserem Umfeld, an Freunde, Nachbarn, Kollegen, Verwandte. Er erinnert an das »Warum«: Macht Menschen zu meinen Jüngerinnen und Jüngern. Und er fragt: Willst du dich senden lassen? Wollt ihr euch wieder auf den Weg machen? Unsere Antwort könnte sein: »Hier bin ich, sende mich« (Jesaja 6,8).

2. Liebe – Der tiefste Grund für lebendiges, mündiges Christsein

Gott ist nicht der *liebe* Gott, aber er *ist* Liebe! Ohne Umschweife redet der Apostel Johannes vom Kern des Glaubens: »Gott ist Liebe« (1. Johannes 4,16). Gott und Liebe gehören so sehr zusammen, dass ich nicht angemessen von Gott reden kann, ohne zu bekennen: Er *ist* Liebe.

Nun können wir uns so an die größten und gewaltigsten Sätze gewöhnen, dass sie uns nicht vom Hocker reißen. Deutschland wird Weltmeister, der Chef gibt eine Gehaltszulage, der Urlaub steht vor der Tür, die Regierung senkt alle Steuern, das begeistert uns, aber »Gott ist Liebe«? – Hast du noch etwas Neues, Spannenderes zu sagen? Nein, habe ich nicht! Weiter komme ich nicht, sagt Johannes: »Gott ist Liebe.« Wir müssen uns Gottes Innen- und Gottes Außenpolitik anschauen, um ein bisschen besser zu begreifen, worum es hier geht.

Gottes Außen- und Innenpolitik

»Gott ist Liebe«, das ist eine Aussage über Gottes *Innenpolitik*. Christen glauben an einen Gott, von dem wir als dem *einen* Gott immer nur so reden können, dass *drei* Personen ins Spiel kommen: der Vater, der Sohn und der Heilige Geist. Der Grund dafür ist einfach: Gott ist seinem Wesen nach Liebe. Er ist nicht einsam, sondern dreisam. Er ist von Ewigkeit her ein Liebesbund, nicht erst dadurch, dass er uns Menschen ins Leben ruft. Von aller Ewigkeit her ist er der Vater, der den Sohn liebt, der

Sohn, der den Vater ehrt, und der Geist, der Vater und Sohn als Band der Liebe verbindet. »Gott ist Liebe.« Nicht nur in seiner Außenpolitik, sondern auch in seiner Innenpolitik. Seit dem hohen Mittelalter stellen Künstler dieses Geheimnis mit dem Bild des »Gnadenstuhls« dar.[13] Der Vater thront als der König in der Mitte. Er hält den Sohn auf seinem Schoß, und zwar als den Gekreuzigten. Über beiden schwebt der Heilige Geist in Gestalt einer Taube. Von Ewigkeit her ist Gott Liebe, ein ungetrübtes Miteinander, ein Verhältnis voller Hingabe, ein Bund unermesslicher Freude aneinander, Vater und Sohn und Heiliger Geist.

Davon wissen wir, weil wir Gottes *Außenpolitik* kennengelernt haben. Der Apostel Johannes macht das glasklar: Gottes Liebe zeigt sich daran, dass Gott seinen einzigen Sohn in die Welt gesandt hat, damit wir durch ihn leben sollen (1. Johannes 4,9). Was das bedeutet, wird am Bild vom Gnadenstuhl mehr als deutlich: Der Sohn im Schoß des Vaters ist der Gekreuzigte. Wenn der Vater den Sohn zu uns sendet, wissen Vater, Sohn und Heiliger Geist, was das bedeutet: nämlich Hingabe, Leid, Schmerz, Tod, Opfer! Für alles Weitere ist das entscheidend: Liebe ist bei Gott Opfer und Hingabe. Liebe ist kein billiges Gefühl. Liebe ist keine unverbindliche Sympathie. Liebe sieht den armen Menschen und kann nicht anders, als sich für ihn zu opfern. Liebe verlässt die Komfortzone und begibt sich mitten ins Getümmel. Liebe wendet sich dem widerspenstigen Geliebten zu, ohne ihn zähmen zu können. Liebe zahlt den höchsten Preis, wenn es darauf ankommt. Liebe gibt lieber sich selbst in den Tod, als den Geliebten preiszugeben. Das ist Gottes Liebe.

Das Kreuz ist der Ausweis der Liebe

Das Kreuz ist der eine entscheidende Ausweis der Liebe: »für dich« heißt es hier stets. Das heißt auch: »an deiner Stelle«. Eigentlich hätten wir nichts anderes verdient, als dort zu hängen. Das Kreuz sagt weiter: »zu deinen Gunsten«. Hier geschieht der große Austausch: Christus hat sich alles auf seine Schultern laden lassen, was uns beschwerte und von Gott trennte. Und er reicht uns vom Gnadenstuhl entgegen, was sonst nie und nimmer unseres hätte werden können: Leben, Vergebung, Erneuerung, Gemeinschaft mit Gott. Anders war uns nicht zu helfen. So ist uns für immer und ewig geholfen: Liebe ist Hingabe an uns, Liebe ist Opfer, Liebe ist im Kreuz Christi: für uns, an unserer Stelle, zu unseren Gunsten.

Gottes Wesen ist opferbereite Liebe. Diese Liebe ist nicht etwas, was zu Gott hinzuaddiert würde, nichts, was er sich gelegentlich zulegt und was er darum auch wieder ablegen könnte. Die Liebe ist keine Tugend, keine antrainierte Fähigkeit. Jedes bisschen an Gott ist vielmehr durchtränkt, geformt, bewegt, bestimmt und durchwebt von der Liebe, und zwar von der Liebe zu uns. Von nichts anderem könnte man das in gleicher Weise behaupten, nicht von Gottes Gerechtigkeit, nicht von Gottes Kraft, auch nicht von Gottes Wissen. Mit nichts anderem sollen wir Gott so identifizieren wie mit Liebe.

Gottes Wesen ist Liebe, und diese Liebe gilt uns. Wir sind von Gott geliebt, egal ob wir es wissen oder nicht, ob wir es fühlen oder nicht, ob wir meinen, es zu verdienen, oder nicht, ob wir gerade gut drauf sind oder völlig neben der Spur. Wir sind in seinem Herzen. Wir stehen vor seinen Augen. Wir bewegen sein Empfinden. Wir rühren ihn zu Tränen. Wir bringen ihn zum Lachen. Wir sind von ihm umsorgt und umgeben, getragen und erhalten, begabt und gesendet, und das aus *einem* Grund: weil er uns so liebt. Johannes sagt an anderer Stelle: »Die Liebe besteht nicht darin, dass wir Gott geliebt haben, sondern dass er uns geliebt hat. Er hat seinen Sohn gesandt, der für unsere Schuld sein Leben gegeben hat. So hat er uns mit Gott versöhnt« (1. Johannes 4,10). Bei Plato heißt es, dass sich die Liebe immer auf etwas richtet, was durch seine Liebenswürdigkeit anziehend ist. Etwas ist irgendwie attraktiv und liebenswert, und dann lieben wir es. Bei Gottes Liebe ist das anders, und anscheinend haben wir ein Leben lang damit zu tun, das nachzubuchstabieren: Gottes Liebe findet das Liebenswürdige nicht vor, sondern schafft es erst, so hat es Martin Luther 1518 formuliert. Noch spitzer schreibt er: »Die Sünder sind darum schön, weil sie geliebt werden; nicht darum werden sie geliebt, weil sie schön sind.«[14] Liebe macht schön! Darum ist die Gemeinde eine schöne Versammlung oder eine Versammlung der Schönen.

> Gottes Liebe findet das Liebenswürdige nicht vor, sondern schafft es erst.

Die schenkende und die empfangende Liebe

Wie sähe dann die Liebe auf unserer Seite aus? Wenn es heißt, wir sollten nun auch lieben, weil uns der liebende Gott mit Liebe zuvorgekommen ist, dann denken wir natürlich zuerst: »Okay, jetzt sind wir an der Reihe. Jetzt sollen wir auch so lieben, wenigstens ansatzweise, wie wir es bei Gott sehen. Es geht jetzt um unsere Liebestaten.« Das ist nicht ganz falsch, aber voreilig. C.S. Lewis unterscheidet zwei Arten der Liebe: die schenkende und die empfangende Liebe.[15] Die schenkende Liebe ist die starke Liebe, die sich für andere hingibt und einsetzt. Die empfangende Liebe ist eine Tochter der Armut. Sie ist bedürftig und angewiesen auf das Schenken des anderen. Beide sind nötig. Die schenkende Liebe verhält sich zur empfangenden wie das Negativ zum Positiv. Damit ist nicht gemeint wie das Gute zum Bösen, sondern vielmehr wie die Kuchenform zum Kuchen selbst. Unsere Liebe ist zunächst und auf Dauer empfangende Liebe. Wir sind der Liebe Gottes bedürftig. Wir bleiben dieser Liebe bedürftig. Wir wachsen niemals darüber hinaus. Und das ist gut und genug. Käme nicht mehr aus unserem Leben heraus als dieses, dass wir der Liebe Gottes bedürftig gewesen wären und uns ihr in empfangender Liebe entgegengestreckt hätten, so wäre es schon gut, schon genug, schon ausreichend. Gottes bedürftig zu sein und zu bleiben, ehrt Gott und gibt ihm Raum, zu sein, was er ist: schenkende Liebe ohne Maßen. Darum geht es: Kommen Sie zum Gnadenstuhl. Lassen Sie sich beschenken. Lassen Sie es sich sagen. Sie können es schmecken im Abendmahl. Sie können es fühlen durch den Zuspruch des Segens, durch das Kreuzzeichen auf Ihrer Stirn oder durch all das Gute, das Sie empfangen. »Für dich, nichts als Liebe.«

Zurück zum Gnadenthron

Erst dann wird spannend, was Johannes noch sagt: Diese Liebe hat eine innere und eine äußere Folge (vgl. 1. Johannes 4,17-21). Die innere Folge ist Zuversicht. Die äußere Folge ist Liebe untereinander zu den Schwestern und Brüdern, denn Gottes Wesen färbt auf uns ab. Wer sich in Gottes Nähe aufhält, verändert sich: Da wachsen innere Stärke, Gewissheit und Zuversicht. Da wächst die Fähigkeit, andere zu lieben, hingebungsvoll und auch zum Opfer bereit. Johannes spricht nicht nur von dem, was sich tut, sondern auch von dem, was sich nicht tun soll: Der Zuversicht widerspräche die Furcht, der Liebe der Hass. Das soll nicht sein: Furcht statt Zuversicht, Hass statt Liebe. Und das kann Johannes auch begründen: Wenn Gott uns so liebt und alles Nötige tat, warum sollten wir uns vor dem letzten Urteil dann noch fürchten? Das wäre doch wieder nur unser altes Misstrauen, das Gott nicht über den Weg traut. Wenn Gott uns so liebt, wie könnten wir dann den anderen hassen? Wer behauptet, Gott zu lieben, den er nicht sieht, aber seinen Bruder hasst, den er sieht, der ist ein Lügner (vgl. 1. Johannes 4,20). Das passt nicht zusammen.

Im Grunde wissen wir das auch. Und wenn wir ein bisschen länger im Glauben unterwegs waren, leiden wir daran: Warum nur spielt mein Herz, mein Gewissen, mein Gefühl mir immer wieder Streiche und traut der Liebe Gottes nicht über den Weg? Und wie kommt es, dass Gottes zuvorkommende und mitfühlende Liebe so wenig auf mich abfärbt? Wir wissen doch: Das sollte eigentlich ganz anders sein. Wenn wir dann solche Worte hören, wird es gefährlich, denn dann könnte es passieren, dass wir uns immer mehr in uns selbst verdrehen, immer mehr mit uns selbst befassen und um uns selbst bemühen.

Zum Beispiel: Wir sollen uns doch nicht fürchten! Wer sich fürchtet, beweist nur, dass die Liebe in ihm noch nicht ganz angekommen ist. Also denke ich: Fürchten soll ich mich nicht, fürchte ich mich doch, ist etwas mit mir grundverkehrt, darum muss ich mich vor meiner Furcht fürchten und fürchte mich umso mehr. Und was ist das Ergebnis? Ich bin völlig mit mir selbst beschäftigt.

Oder: Wir sollen doch den anderen lieben. Mit den Netten geht das ja noch einigermaßen, aber warum gibt es hier so viele Nervige? Doch ich soll sie lieben, sonst bin ich am Ende ein Lügner. Also quetsche ich so viel angestrengtes Lieben aus mir heraus wie nur möglich. Aber dann erwische ich mich dabei, dass ich schlecht von anderen denke, hinter ihrem Rücken rede, spitze Kommentare abschieße und mich keinen Deut um die Not der anderen schere. Am Ende bin ich wieder völlig mit mir beschäftigt.

So geht es also nicht. Es geht nur eines: zurück zum Gnadenthron. Weg von mir selbst. Weg von dem Versuch, Gott gute Gründe zu liefern, warum er mich doch lieben müsste. Schluss damit! Weg von dem Versuch, in mir warme und gewisse Gefühle zu erzeugen oder aus eigener Kraft alle zu lieben. »Gott ist Liebe«, ich bin es nicht! Gott ist Gewissheit, ich nicht. Gott ist Kraft zum Lieben, Erbarmen, Mitfühlen, ich nicht. C.S. Lewis lässt in seinen »Dienstanweisungen für einen Unterteufel« einen Teufel dem anderen Folgendes erklären: Wenn die Aufmerksamkeit der Menschen dem Feind selbst gilt (er meint damit Gott), dann sind die Teufel besiegt. Deshalb müssen sie dies verhindern. Er erläutert auch, wie das geht: »Der einfachste Weg ist der, ihr Augenmerk von Ihm weg auf ihr eigenes Ich zu richten. Halte sie dazu an, nur auf ihren Seelenzustand zu achten und in sich durch eigene Anstrengung gewisse Gefühle zu erregen. Wenn sie vorhaben, Ihn um Nächstenliebe zu bitten, dann lasse sie stattdessen versuchen, nachsichtige Gefühle gegen sich selbst zu schaffen, ohne zu merken, was sie eigentlich tun. [...] Wenn sie sagen, sie bitten um Vergebung, dann lasse sie sich anstrengen, das Gefühl der Vergebung zu erlangen. Lehre sie den Wert jedes Gebetes nach der Befriedigung einschätzen, die das von ihnen erregte Gefühl ihnen bringt.«[16]

Wie also kommen wir weg aus dieser Drehung um uns selbst? Durch Umkehr, genauer gesagt, durch Buße! Das bedeutet: Ich bekenne meine Lieblosigkeit dem Bruder gegenüber, ich räume mein notorisches Misstrauen Gott gegenüber ein – und wende mich ab von mir, hin zum Gnadenstuhl. Gottes Wesen ist immer noch Liebe. Erstaunlich genug! Es war gestern so, ist heute so und wird morgen so sein. Darum

> Gottes Wesen ist immer noch Liebe. Es war gestern so, ist heute so und wird morgen so sein.

kann es im Blick auf mein Gestern, Heute und Morgen nur heißen: Umkehr, Freude der Buße. Ich darf mich abkehren von meinem Versagen. Ich darf mich wegwenden von meinem Misstrauen. Ich muss meinen Gefühlen nicht trauen. Hin zum Gnadenstuhl!!

Ich drehe es noch einmal um: Was ist das Problem von uns alten Sündern? Der Theologe Oswald Bayer sagt: Der Sünder ist in erster Linie ein Kostverächter.[17] Er verweigert die Liebe, die ihm gilt. Er ist ein geistlicher Suppen-Kaspar, der sich gnadenlos selbst abstrampelt. »Meine Suppe ess' ich nicht!«[18] Das muss nicht sein, sagt Johannes, denn »Gott ist Liebe.«

Dann erst kann zum Schluss auch wirklich davon geredet werden, dass Zuversicht und Liebe gedeihen. Sie gedeihen nicht, indem wir an unseren Gefühlen herumschrauben und uns ein bisschen mehr Mühe geben. Sie gedeihen, sobald wir uns selbst vergessen und ganz auf den Gnadenstuhl ausgerichtet sind. Wer liebt, sieht und sieht *nicht*. Er sieht den anderen, er sieht die unausgesprochene Bitte und die ausgestreckte Hand des anderen. Er sieht die bittende Seele derer, die am Wegesrand sind. Und er sieht sich selbst nicht. Es ist wie mit einem gesunden Auge: Es sieht sich selbst nicht, aber es sieht den anderen.

Die Liebe sieht den armen Lazarus, der vor der eigenen Haustür liegt. Sie geht nicht kalt an der Not des anderen vorüber. Sie lässt sich berühren. Sie empfindet die Not des anderen wie eine eigene. Sie packt zu und tut, was nötig ist. Sie opfert die eigene Bequemlichkeit. Sie ehrt den Armen. Sie gehorcht dem Gebot. Denn auch und gerade für den Lazarus gilt ja: »Gott ist Liebe.« Die Liebe sieht die Frau, deren Leben ein einziges Chaos ist. Sie nimmt wahr, wonach diese sich sehnt. Sie ehrt die Ehrlose. Sie trinkt aus einer Dose mit der Verachteten. Sie spricht an, was gesagt werden muss, auch wenn es wehtut. Sie öffnet den Blick auf ein anderes Leben, das möglich wäre. Denn auch für sie gilt ja unverdientermaßen: »Gott ist Liebe.«

Je mehr wir wachsen, umso wichtiger wird es, dass wir sehen lernen und nicht übersehen. John Ortberg erzählt von einer 70-jährigen Frau, korpulent, mit Haarausfall und Arthritis, die eine Liebesaffäre hat.[19] Wie es begann? Sie hatte einen Bekannten im Altersheim, auch über 70. Die beiden telefonierten miteinander und trafen sich hin und wieder. Als sie wieder einmal telefonierten, erzählte sie von einer Einladung bei Freunden, und er hörte interessiert zu. Dann fragte er: »Und was hattest du an?« Da fing sie an zu weinen und sagte: »Weißt du, wie viele Jahre es her ist, dass mich jemand gefragt hat, was ich anhatte?« Das ist das Kleingeld der Liebe: Sie hört zu. Sie schaut hin. Sie sieht die Trauer. Sie erkennt den müden, erschöpften Blick. Sie weiß um den Geburtstag. Sie erinnert sich an den Todestag des Mannes einer Witwe. Sie denkt an die Examensprüfung und fragt nach. Sie repariert die Lampe. Sie streicht die Wohnung mit. Sie übernimmt den kleinen Fahrdienst. Sie geht dem nach, der länger nicht mehr da war. Sie ist verlässlich. Sie nimmt sich ein Herz und spricht an, was ihr auffällt, wenn jemand vom Weg abkommt. Sie spricht jemanden auf seine Gabe an. Sie versucht, zu verbinden, was sich trennen will. Sie tut das alles, ohne es zu wissen. Es geschieht, weil ein Mensch zum Gnadenstuhl gefunden hat.

Lebendige, mündige Christen wollen Jesus auf diesem Weg folgen. Dann sehnen sie sich danach, dass Menschen in ihrer Nähe Zuversicht und Liebe finden. Wir sind ja [kein religiöses Unternehmen] zur Steigerung der kirchlichen Absatzstatistik. Wir merken nur zu oft, wie uns unser Herz Streiche spielt. Wir sind tief verstrickt in unsere Beziehungsnöte, da kann diese nicht mit jener und jener wieder nicht mit diesem. Wir wissen das und es ist gefährlich. Doch wenn Gott Liebe ist, dann ist es ein heilloses Unterfangen, eine lieblose Gemeinde wachsen lassen zu wollen. Geht es um Gottes Liebe, dann wird sein Wesen auf uns abfärben. Nicht irgendein warmes Liebesgefühl, nicht eine großzügige Gleichgültigkeit, die jeden so lässt, wie er ist. Nicht eine Liebe als Forderung an den anderen. Sondern eben Liebe nach Gottes Art: voller Hingabe, Mitgefühl, bereit zu vergeben, bereit Opfer zu bringen, bereit zu Neuem herauszufordern, bereit zuzupacken. Gar nicht klebrig, überhaupt nicht billig, keineswegs unser Werk. Aber geboren aus Gott, dessen Wesen Liebe ist.

3. Freude –
die kleine Schwester der Gnade

Tief im Westen gibt es eine fünfte Jahreszeit. Da sang in den Nachkriegsjahren Ernst Neger in Mainz ein altes Trostlied für Kinder, die sich wehgetan hatten. Es wurde der berühmteste Karnevalsschlager: »Heile heile Gänsje, es wird bald widder gut. Es Kätzje hat e Schwänzje, es ist bald widder gut. Heile, heile Mausespeck, in hunnerd Jahr ist alles weg.«[20] In einer Strophe erklärt der Sänger, wenn er jetzt mal der Herrgott wäre, würde er die zerstörte Stadt Mainz in den Arm nehmen: »Heile heile Gänsje, es wird bald widder gut.«

Das Lied bietet Trost, weil es doch irgendwie gut wird, weil in hundert Jahren alles vorbei ist, auch das Schlimme. Es geht vorbei. Es währt nicht ewig. Nichts. Leider auch das Leben nicht, aber eben auch der Schmerz nicht.

Viele Jahre früher sitzen jüdische Männer und Frauen in einer vom Krieg zerstörten Stadt. Jerusalem liegt in Schutt und Asche. Notdürftig haben sie unter Nehemias Führung die Stadtmauer wieder aufgebaut. Viel Flickschusterei, mehr Lücke als Mauer. Jetzt kommen sie zusammen, und Esra, ihr Prediger, ergreift das Wort. Die Stimmung ist gedrückt, man sieht mehr Zerstörung als Aufbau, man fühlt mehr Kümmernisse als Freude, man hat ringsum mehr Feinde als Freunde. Und Esra sagt nicht: »Heile, heile Gänsje«. Er beschwört auch nicht die Vergänglichkeit als Trost. Esra ist nicht Ernst Neger, er ist ein in der Bibel verwurzelter Tröster und Seelsorger. Und er wagt etwas Ungeheures: Er redet von der Freude. Er verbietet geradezu die kümmerliche Stimmung. Raus, ihr Trauergeister! »Seid nicht bekümmert; denn die Freude am Herrn ist eure Stärke« (Nehemia 8,10).

Thema Nr. 1 des geistlichen Trainings für lebendige und mündige Christenmenschen ist Freude. Zielpunkt Nr. 1 unserer inneren Veränderung ist Freude. »Weicht Ihr Trauergeister, denn mein Freudenmeister, Jesus, kommt herbei.«[21] »Seid nicht bekümmert; denn die Freude am Herrn ist eure Stärke!« Darum geht es in der Nachfolge! Gott versorgt lebendige und mündige Christen mit einem Lebenselixier: der Freude!

Was wir von der Freude wissen sollten

Freude ist ein intensives, ein helles und starkes Empfinden, und zwar als innere Resonanz auf etwas Gutes, das uns widerfährt. Freude ist der Hüpfer, den unser Herz macht. Freude überrascht uns. Freude zieht die Mundwinkel und die Augenmuskeln nach oben. Freude ist ein Kribbeln im Bauch. Freude lässt die Sonne aufgehen.

> Freude ist der Hüpfer, den unser Herz macht. Freude lässt die Sonne aufgehen.

Es ist völlig klar, es gibt tausend Gründe, sowohl für die Freude als auch für ihr Gegenstück, den Kummer. In der Regel denken wir hier zuerst an äußere und irdische Gründe. Und die sind keineswegs zu verachten: ein sonniger Tag nach vielen grauen vernebelten Wochen, eine Frühlingsblume, ein Sieg meiner Mannschaft, frische Brötchen mit Himbeermarmelade, große Dinge, eine bestandene Prüfung, die bevorstehende Hochzeit, die Geburt eines Kindes. Äußere und irdische Gründe: Wenn sie sich einstellen, freuen wir uns – und es ist recht so.

Daneben stehen immer auch die äußeren und irdischen Gründe für großen Kummer, für Sorge, Trauer, ein bedrücktes Inneres. Und die sind alles andere als harmlos: das Alleinsein, die Sorge um den Frieden, Krankheit, eine gefährdete Ehe, zu viel oder zu wenig Arbeit, die Angst vor dem, was kommen könnte. Unser innerer Pegelstand wandert rauf und runter, runter und rauf. Freude und Kummer, mal so, mal so. Das alles ist groß und stark, auch für Menschen, die Gott vertrauen.

Aber Nehemia und Esra sprechen nicht *davon*, wenn sie den Kummer vor die Tür weisen und der Freude die Tür öffnen. Es geht ihnen offenbar um eine andere Art der Freude. Diese Freude ist tief, stark, hell, leuchtend, warm. Und diese Freude scheint vor allem enorm unempfindlich zu sein, wie eine Super-Hardshell-Jacke, die Wasser und Wind abweist. Eine Freude, die nicht abhängig ist von den äußeren und irdischen Umständen. Eine Freude, die sich in uns so verwurzelt, dass sie unzerstörbar erscheint. Eine Freude, die vor Schmerz nicht kapituliert und in der Tiefe noch leuchtet. Die äußeren Umstände in Jerusalem gaben wenig Anlass zu solcher Freude. Und doch sagen Nehemia und Esra: Hört auf mit dem Kummer, Freude steht bereit, und sie macht euch stark. Hier möchte man gleich rufen und fragen: »Ja, liebe Leute, wie soll das denn gehen?« Manche haben es mit der Freude leichter, andere schwerer, ich bin bestenfalls im ersten Lehrjahr, wenn es um die Freude geht.

Aber das ist ja gerade das Originelle an Esras Rede! Uns wird hier etwas Ungewöhnliches angeboten: Es gibt für ganz normale Menschen eine solche widerständige, starke, bleibende und beständige Freude. Für die seelisch heller Gestimmten und für die seelisch dunkler Gestimmten: eine Freude, die zur Grundmelodie des ganzen Lebens wird, egal wie die Umstände aussehen. Nur: Wie soll das gehen?

Vorerst setzen Esra und Nehemia noch eins drauf. Sie reden ja im Modus der Anweisung: »Seid nicht bekümmert!« Sie gebieten, befehlen, ordnen an. Mancher ist der Ansicht, dass man Freude »nicht befehlen kann«. Doch die Bibel sieht das anders. Paulus schreibt den Philippern: »Freut euch immerzu, weil ihr zum Herrn gehört! Ich sage es noch einmal: Freut euch!« (Philipper 4,4). Aufforderung, Modus: Imperativ!! Die angemessene Reaktion darauf finden wir bei einem kleinen Propheten,

Habakuk, am Rand des Alten Testaments. Der sagt: »Ich will mich freuen des Herrn und fröhlich sein in Gott, meinem Heil. Denn der Herr ist meine Kraft« (Habakuk 3,18-19).

Es hat demnach auch etwas mit Entscheidung (»Ich will«) und Übung zu tun, ob ich mich freue oder nicht. Offenbar kann ich der Freude die Tür öffnen und den Kummer vor die Tür weisen. Offenbar kann ich das Leben so leben, dass Freude Raum findet. Das fängt schon bei den äußeren und irdischen Dingen an: Gehe ich achtlos mit Gottes kleinen und großen Geschenken um oder genieße ich aufmerksam, was er mir schenkt? Als Lehrling im ersten Lehrjahr der Freude habe ich mir angewöhnt, an jedem Tag in mein Tagebuch einen Satz zu schreiben: »Wofür ich heute danken kann ...« Ich kann dem Empfinden eine Tür öffnen oder verschließen. Ich bin mir nicht willenlos ausgeliefert. Gott will mir einen Weg zu einer stabilen Freude zeigen. Ich weiß nicht, wie es Ihnen damit geht, aber ich finde das ungeheuer verlockend und bin zugleich ziemlich weit davon entfernt.

Warum die Freude am Herrn uns stark macht

Esra und Nehemia stellen uns diese Freude noch etwas näher vor: Es ist die Freude *am Herrn*. Paulus formuliert es so: »Freut euch immerzu, weil ihr zum Herrn gehört.« Und Habakuk schreibt: »Ich will mich freuen des Herrn.« Es ist Gottes Freude. Darum geht es hier. Können wir uns Gott fröhlich vorstellen? Gott als das froheste Wesen im Universum? Gott sieht sich seine Schöpfung an und sagt nicht schwäbisch: »Isch scho recht«, also: »Wird seinen Zweck erfüllen.« Er redet göttlich, Freude schöner Götterfunken: »Es ist sehr gut.«

Jesus spricht mehrfach über die Freude im Himmel, wenn ein einziger Mensch umkehrt (vgl. Lukas 15,7+10). Wenn Sie sich Gott wieder zuwenden, dann jubelt der Himmel, dann macht Gottes Herz einen Satz. Sie sind Grund genug für göttliche Freude. Wenn Sie wieder einmal ankommen und im Himmel anklopfen, heißt es nicht: »Ach der schon wieder!«, sondern dann braust der himmlische Jubel auf. Freude!

Wie kommt nun solche Freude in unser Leben? Es ist als Erstes Freude *über den Herrn*. Damals in Jerusalem war bei einer Predigt von Esra etwas Bemerkenswertes geschehen, das dem Wort von der Freude eine ganz große Tiefe schenkt (vgl. Nehemia 8,1-12). Esra predigte klar und verständlich die Gebote Gottes und das Volk hörte zu. Das ist ein großes Wort darüber, wie es in der Gemeinde zugehen soll: »Die Ohren des ganzen Volkes waren dem Gesetzbuch zugekehrt.« Und dann? Nach Kurzem fing der Erste an zu schluchzen. Dann weinten sie auch in der vierten Reihe. Und nach einer gewissen Weile strömten die Tränen nur so. »Alles Volk weinte.«

Sie hörten aus der Bibel, wie ihr Leben sein könnte. Gott ehren und lieben. Keine anderen Götter. Einen Tag in der Woche der ewigen Plackerei entkommen und ausruhen. Ehen, die intakt sind. Kinder, die geliebt und umsorgt werden. Alte, die man nicht sich selbst überlässt. Keiner fürchtet um sein Eigentum. Geredet wird, was wahr ist, und das auch noch in Liebe. Fremde werden freundlich aufgenommen. Für die Armen fühlen sich alle zuständig. Dankbar lebt jeder mit dem, was ihm gegeben ist, und starrt nicht neidisch in Nachbars Garten. So sollte es sein, so könnte es sein, aber so ist es nicht. So weit sind sie weg von einem wahrhaftigen Leben. Es ist zum Heulen.

Was tun nun die Prediger? Rufen sie eine Fastenwoche aus? Diesmal nicht. Sie sagen: »Seid nicht bekümmert!« Freut euch vielmehr über den Herrn! Warum? Weil der Herr euch nicht verwirft. Weil er euch nicht verstößt. Er sieht eure Tränen und freut sich, wie sich nur Gott freuen kann, über eure Reue. Er vergibt und verzeiht. Schließt euch jetzt bloß nicht in euren Kummer ein. Freut euch über den Herrn, der euch vergibt. Das ist der erste Weg zur Freude: Das Volk hört und sieht den schmerzlichen Abstand zu dem, was es sein könnte, und staunt, denn Gott vergibt. Da wo wir tief in den Abgrund schauen, wartet nicht Kummer, sondern neue Freude.

Es ist als Zweites die Freude *in der Nähe des Herrn*. Diese Freude ist »eure Stärke«. Sie macht stark, belastbar, lebendig, mündig. Das Wort Stärke meint hier: eine Trutzburg, ein Schutz, ein Ort der Geborgenheit in großer Gefahr, ein Willkommen, wenn wir nirgends mehr hinkönnen. Stärke heißt nicht Muskelpakete, die mir plötzlich wachsen, sondern eine Schutzburg, in die ich immer fliehen kann, jederzeit, wo ich mich bergen kann und daheim bin. Hier bist du willkommen! Dann darf ich erleben: Egal wie meine irdischen und äußeren Umstände sind – die Freude am Herrn steht mir immer offen. Egal wie meine innere und seelische Verfasstheit ist – die Freude am Herrn birgt mich.

Ich muss hier an Paulus denken, der zusammen mit Silas in Philippi im Knast landete (vgl. Apostelgeschichte 16,23-40). Da hocken sie also in einem finsteren Loch und es ist höchst unsicher, ob sie wieder heil herauskommen. Sie sind misshandelt worden und liegen in Ketten. Und was tun sie in so schlimmen Umständen, was machen sie mit der Furcht, die in ihr Herz kriecht? Sie suchen den inneren Zufluchtsort auf, der ihnen offensteht, sie kehren ein in die Freude beim Herrn. Sie handeln absolut gegen alles Erwartbare: Sie beten und singen Loblieder. Nicht, weil sie so unbeeindruckt sind oder weil ihre Frömmigkeit ein olympisches Ausmaß erreicht, sondern weil der Herr in der Nähe ist und sie in die Freude kriechen wie unter einen Schutzmantel.

Ich glaube übrigens, dass Gott solche Erfahrungen gerade dann schenkt, wenn wir in die Verließe unseres Lebens geschickt werden. Ich vertraue darauf, dass wir gerade dann seine Nähe erleben werden. Das ist der zweite Weg zur Freude: in der Tiefe unter den Schutzmantel kriechen, weil der Herr nah ist. Hier sind Sie willkommen und in absoluter Sicherheit.

Und das Letzte: Es ist die Freude *auf den Herrn*. Wir gehen auf die ewige Freude zu. Dafür hat die Bibel das Bild einer langen Festtafel, an der wir sitzen und mit Jesus das neue Leben feiern werden. Darum haben die Menschen der Bibel immer wieder gemeinsam gefeiert, gegessen und getrunken. Esra und Nehemia sagen nicht nur: »Seid nicht bekümmert; denn die Freude am Herrn ist eure Stärke.« Sie sagen auch: »Deckt die Tische. Esst und trinkt und teilt mit denen, die nichts mitgebracht haben« (vgl. V.10) Das Geistliche wird hier ganz leiblich.

Alle Diätberater müssen jetzt sehr tapfer sein: fette Speisen, süße Getränke! Apfelkuchen! Mit Sahne! Extra-Käse auf der Pizza, bitte keine Cola light. Den alten guten Wein! Fasten? Nicht, wenn Gottes Volk feiert. Nur damit es keine Missverständnisse gibt: Sonst schon. Aber nicht, wenn es gilt, gemeinsam Gott zu feiern und sich gemeinsam auf ihn zu freuen.

Wie öffne ich mein Leben einer Freude, die unabhängig ist von äußeren Umständen und seelischem Bauplan? Esra und Nehemia sagen: Freu dich *über* den Herrn, vielleicht unter Tränen, denn er vergibt so gern. Freu dich *in der Nähe* des Herrn, denn er ist wie eine Trutzburg, wenn dir das Leben übel mitspielt. Freu dich *auf* den Herrn und tu das jetzt schon! Iss und trink und feier, was kommt.

Wie schön wäre es, wenn wir Menschen würden, deren Frömmigkeit durch Freude bestimmt wird, und wenn unsere Gemeinden für die Freude berühmt würden, die hier lebt, an guten wie an schweren Tagen! Seid bitte nicht bekümmert, freut euch, »denn die Freude am Herrn ist eure Stärke.«

Zweiter Teil

Veränderung ist möglich

1. Gott auf Wohnungssuche – Gottes Geist in unserem Leben

Menschen in einer Universitätsstadt wissen gut, was es heißt, auf Wohnungssuche zu sein, Anzeigen aufzugeben und Angebote zu studieren. Ein ungemütlicher Zustand, unbehaust, irgendwie schutzlos, im Zwischenland, nicht mehr dort, noch nicht hier. Ungemütlich, anstrengend, nervig. Wer dringend sucht, der muss manches in Kauf nehmen. Sehr einladend finde ich etwa dieses WG-Zimmer: »Sie können alle überflüssigen Möbelstücke rausräumen, und Oma holen wir im Frühjahr auch wieder ab.«

Auch Gott ist auf Wohnungssuche. Vielleicht denken Sie: Na, das ist ein etwas seltsamer Vergleich. Gott – auf Wohnungssuche? Aber wir hören von Jesus öfter, dass er keine Wohnung hatte. Gleich zu Beginn seines Lebens heißt es, dass für Josef und Maria kein Platz in der Herberge war (Lukas 2,7). Ein Stall war die erste Adresse des Herrn auf Erden. Später beschreibt Jesus seinen »Lebensstil« und seine Wohnsituation: Der Menschensohn hat keinen Ort, wo er sein Haupt hinlegen kann, er ist gleichsam obdachlos in dieser Welt (Lukas 9,57-58). Jesus – ein Landstreicher? Als Jesus in sein Eigentum kam, nahmen die Menschen ihn nicht auf. Doch die, die ihn aufnahmen, sind Gottes Kinder (Johannes 1,9-13). Auf seinem Weg von Bethlehem nach Golgatha sucht Jesus immer wieder Herberge bei Menschen, zum Beispiel bei Zachäus (Lukas 19,5). Jesus möchte einkehren. Jesus bittet um Aufnahme und sucht, wo er willkommen ist. Er ist kein Hausbesetzer, er ist ein Wohnungssucher. Der hohe Gast macht sich ganz niedrig. Das bedeutet am Ende ja nichts weniger als: Gott macht sich klein. Er, der größer ist als das Größte, wird kleiner als das Kleinste, um durch unsere Lebenstür zu treten und sich bei uns häuslich niederzulassen. Ich kleiner Mensch werde ganz groß: Gott bittet um Einlass.

Von Jesus hörten wir es, und danach setzt es sich seit Pfingsten fort. Das ist eine wichtige Spur, wenn wir verstehen möchten, wer der Heilige Geist ist und was er tut oder was es für uns bedeutet, mit dem Heiligen Geist in Verbindung zu treten. Um es vorwegzunehmen: Wenn es uns um lebendiges, mündiges Christsein geht, dann kommen wir dem Geheimnis solchen Christseins hier ein ganzes Stück näher. Es geht dabei letztlich um die Frage, ob das Leben eines Jüngers in der Welt ein angestrengter Versuch ist, ein besserer Mensch zu werden, oder ob es ein Leben aus der tiefen, geheimnisvollen Gemeinschaft mit Gott ist.

Dafür bietet sich dieses Bild von der »Wohnungssuche« an, es gewährt uns einen Zugang zum Geheimnis des Heiligen Geistes und zugleich zum Geheimnis des Christseins: Gott nimmt Wohnung in einem Menschen. Er tut das dort, wo Menschen das Wort von Jesus hören und sich daran halten und danach richten. Er tut das da, wo Menschen sich sagen lassen, wer sie sind und was Gott für sie sein will. Wo Menschen das Wort von Jesus so hochachten, da zieht Gott ein. Das ist die einzige Bedingung, die der wohnungssuchende Gott hat: Haltet euch an Jesus und sein Wort. Dann ziehe ich ein. Ich selbst. Gott, der Heilige Geist. Jesus hat gesagt: »Wer mich liebt, wird sich nach meinem Wort richten. Mein Vater wird ihn lieben. Und wir werden zu ihm kommen und immer in ihm gegenwärtig sein« (Johannes 14,23). Luther übersetzte: »… wir werden zu ihm kommen und Wohnung bei ihm nehmen.«

Der Heilige Geist zieht bei uns ein

Schauen wir uns die Szene etwas genauer an, in der Jesus diese große Ankündigung macht (Johannes 14). Die Ausgangssituation ist klar und einfach: Jesus nimmt von seinen Jüngern Abschied. Wir könnten sagen, dass seine Zeit abgelaufen ist. Er sagt es allerdings anders: »Die Stunde ist gekommen!« (Johannes 12,23). *Seine* Stunde ist gekommen. Er wird heimkehren zum Vater in die unsichtbare Welt Gottes. Da bekommen die Jünger Angst. Sie fürchten sich davor, allein zurückzubleiben. Sie haben Sorge, als Waisenkinder herumzulaufen, hilflos, dem Hass der Gegner von Jesus ausgesetzt.

Ist das nicht auch unsere Angst: dass wir letztlich doch allein sind, mutterseelenallein und ohne Gott in der Welt? Sollte das etwa lebendiges, mündiges Christsein sein? Das ist ja auf den ersten Blick die Ausgangslage des Glaubens. Jesus ist nicht mehr so bei uns, wie er bei den Jüngern war. Heutige Christen erleben, was auch Atheisten erleben: Abwesenheit Gottes, nichts hören, nichts fühlen, nichts erleben. Jünger von Jesus und Atheisten unterscheiden sich zuweilen nur durch eines: Atheisten sind Menschen, die in der Abwesenheit Gottes die Geduld verlieren[22], so der Untergrundpriester Tomáš Halík. Jünger von Jesus und Atheisten teilen die dunkle Erfahrung: die Nacht, in der Gott nicht erscheint. Doch Jesus begegnet der Angst seiner Jünger. Er sagt: »Ich gehe fort, aber ich komme zu euch zurück« (Johannes 14,28). »Und wir werden zu [euch] kommen und immer in [euch] gegenwärtig sein« (Johannes 14,23). »Dann werde ich den Vater um etwas bitten: Er wird euch an meiner Stelle einen anderen Beistand geben, einen, der für immer bei euch bleibt. Das ist der Geist der Wahrheit« (Johannes 14,16). »Der Vater wird euch den Beistand schicken, der an meine Stelle tritt: den Heiligen Geist. Der wird euch alles lehren und euch an alles erinnern, was ich selbst euch gesagt habe« (Johannes 14,26). Jesus kehrt zum Vater in die unsichtbare Welt Gottes heim, aber zugleich kommt er zu jedem seiner Jünger zurück. Das ist der

Heilige Geist. Gott bei uns, Jesus nach Himmelfahrt, Geist Gottes in uns bis zum Ende der Zeiten.

Jetzt aber schauen wir noch einmal auf das besondere Bild, das Jesus uns hier schenkt: Er sagt: Wir (das heißt: Vater, Sohn und Geist) werden kommen und bei euch einziehen, wir beziehen unsere Wohnung auf Erden – bei euch. Wir haben eine Wohnung in der unsichtbaren Welt, aber wir nehmen uns einen zweiten Wohnsitz bei euch. Das gilt für jeden, der Jesus liebt und sein Wort hält. Das ist das Geheimnis jedes Christen: In jedem noch so armseligen Christenleben wohnt Gott durch den Heiligen Geist. Das ist die Würde und Ehre und das Geheimnis noch des ärmsten und äußerlich missratensten Christenlebens. Und wäre da noch so vieles psychisch verbogen, geistlich armselig, lebensgeschichtlich missglückt, äußerlich unattraktiv, noch gar nicht mündig, voller ungelöster Rätsel: Wir sind eine Wohnstätte des Heiligen Geistes. So gesehen ist der letzte Bettler, der an Jesus glaubt, ein König, weil der König der Welt in ihm wohnt. Und ebenso ist jeder König ein Bettler, wenn der König der Welt bei ihm nicht wohnen darf. Jeder, der Jesus glaubt und liebt, indem er sein Wort hört, es festhält und danach lebt, ist eine Wohnstätte des dreieinigen Gottes in dieser Welt.

> So gesehen ist der letzte Bettler, der an Jesus glaubt, ein König, weil der König der Welt in ihm wohnt.

Pfingsten leitet uns an, Gottes Gnade zu bestaunen, dass er, der dreieinige Gott, in armseligen Menschenherzen Wohnung nimmt. Es geht eben nicht nach jenem berühmten Tischgebet: »Komm, Herr Jesus, sei unser Gast«. Er kommt nicht als Gast. Er kommt als der, der in uns einzieht, in uns wohnt und in uns bleibt. Er hat keine Kündigungsklausel im Mietvertrag. Sie wohnen dann nicht mehr allein in Ihrem Lebenshaus. Er ist jetzt immer da, wo Sie auch gerade sind.

Und dann geht Gott am liebsten von Raum zu Raum. Dabei macht er Vorschläge, wie man dieses oder jenes anders einrichten könnte. Er wohnt ja jetzt mit in der Speisekammer, im Schlafzimmer, im Büro, in der Kinderstube, sogar im Keller beim Trödel und den Habseligkeiten. Er dekoriert und schmückt die Räume unseres Lebens. Vielleicht möchte er auch dieses oder jenes für den nächsten Sperrmüll rausstellen, aber anschließend werden Sie sagen: Wie viel schöner ist es jetzt doch bei mir. Da Gott bleibt, nimmt er sich auch Zeit; er macht das alles behutsam, in einem Tempo, mit dem wir klarkommen. Manchmal ist es ganz still, wir bemerken ihn gar nicht, aber er ist da. Manchmal ist alles in uns in Aufruhr, aber er ist da.

Eines ist nun sehr wichtig: Das alles ist nicht eine Frage der erhebenden und tiefen Gefühle. Es ist schön, wenn jemand auch fühlt, dass der Geist Gottes in ihm wohnt. Aber sicher ist unser Gefühl in keiner Weise. Das sage ich denen, die meinen, der Geist habe es vor allem mit Gefühlen zu tun. Sei es, dass sie leiden und auf schöne Gefühle warten oder dass sie bei schönen Gefühlen immer meinen, das sei nun der Geist. Nein, aufs Wort sollen wir merken, und das Wort versichert uns mit seiner eigenen Klarheit, dass das wahr ist in unserem Leben: Ich bin eine Wohnstätte des Geistes, auch wenn ich nichts oder gar das Gegenteil fühle. Unsere Gefühle sind viel mehr eine Frage unserer Persönlichkeitsstruktur als der tatsächlichen Nähe zu Gott. Da fühlt der eine mehr als der andere. Da hat es einer leicht mit seinen stabilen Gefühlen, da hat eine andere zu leiden unter Gefühlen, die sie immerzu herunterziehen. Über den Geist sagt das noch nichts aus; da sagt allein das Wort das Nötige. Auch gegenüber den schwankenden Gefühlen: Doch, sagt es, du *bist* eine Wohnung des Heiligen Geistes. Und der Geist tut sein Werk in uns, er ist das Geheimnis unseres Lebens. Er tut ganz still das Nötige in unserer Seele, hält alles beieinander, dass es nicht zerbricht. Er richtet uns immer neu auf Gott aus. Das ist der Grund für alles, was in uns als lebendiges, mündiges Christsein wachsen kann.

Zwei Räume des Lebenshauses möchte ich näher vorstellen, es sind eigentümliche Zimmer. Sie heißen nicht Schlafzimmer oder Wohnzimmer, sondern »Raum, in dem es weint« und »Raum unserer Vergesslichkeit«.

Der Heilige Geist kommt als Tröster: der Raum, in dem es weint

Im Griechischen heißt der Heilige Geist auch »Paraklet«. Das kann man übersetzen mit »Beistand« oder »Tröster«. Trösten ist so sehr das »Amt« des Heiligen Geistes, dass es zu seinem Namen wird: der Tröster. So wird sein *Wesen* gekennzeichnet. Es heißt schon etwas, wenn jemand August der Starke oder Hägar der Schreckliche genannt wird. Jesus stellt uns Gott, den Heiligen Geist, als den Tröster vor. *Gottes Wesen ist Trösten.* Das ist keine Nebenbeschäftigung Gottes, wenn er gerade nichts anderes vorhat. Gottes Wesen ist voller Erbarmen und Nähe. So denkt er von uns: voller Erbarmen. Das können wir uns kaum vorstellen, dass Gott nicht andauernd über uns nörgelt und an uns herumkrittelt, dass er nicht völlig zu Recht unzufrieden, enttäuscht und bitter ist, sondern voller Erbarmen und Trost.

Ist er aber der Tröster, dann sind wir *die, die Trost brauchen*. Es gibt diesen Raum in uns, in dem es weint. Wir sind manchmal untröstlich. Unser Dasein hat manchmal etwas Trostloses. Und echter Trost, der mehr ist als billiges Vertrösten, ist eine seltene Angelegenheit. Viele kennen nur das trostlose Trösten, das den Schmerz verstärkt. Am Ende ist man einsamer als vorher. Da

> Echter Trost, der mehr ist als billiges Vertrösten.

betet einer in Psalm 69,21: »Ich warte, ob jemand Mitleid habe, aber da ist niemand, und auf Tröster, aber ich finde keine.« Manchmal liegt es auch an uns selbst. In Psalm 77,3 muss sich einer eingestehen: »Meine Seele will sich nicht trösten lassen.«

Dabei sind wir so sehr trostbedürftig. Die großartige Krimi-Serie »Broadchurch« erzählt den schrecklichen Mord an einem Kind. Untröstliche Eltern, deren Liebe an diesem Verlust fast zerbricht. Mit der Zeit entfaltet sich das Bild eines untröstlichen Dorfes, lauter Menschen, in denen es irgendwo weint. Ein Pfarrer mit Alkoholproblemen. Eine Frau, deren Mann die gemeinsamen Töchter missbrauchte. Ein Kioskbesitzer mit dunkler Vergangenheit, voller Schuld, aber auch voller Leid. Ein kranker Kommissar, der nicht verwinden kann, einmal einen Mörder nicht dingfest gemacht zu haben. Unter dem Strich sind alle »nicht ganz bei Trost«, in vielem untröstlich, in manchem einfach trostlos. Eine Botschaft der Serie lautet: Bei jedem gibt es so etwas, das nach Trost schreit, nach neuer Lebenskraft und neuem Mut.

Aber wie sollen wir denn getröstet werden, wie macht das der Geist in seiner Hauptbeschäftigung als Tröster, wenn er in uns wohnt? Zunächst gibt es hier eine sehr nüchterne Auskunft: Der Geist zieht offenbar nicht als der Krisenvermeider und Glücksbringer bei uns ein, denn dann bräuchte es keinen Trost. Der Tröster ist kein Magier. Es bleibt dabei, dass wir ein trostbedürftiges Leben führen. Mündigkeit des Christenlebens meint nicht, dass wir fortan keinen Trost mehr brauchen.

Auch Christen erleben vieles, wo sie Trost benötigen: die schmerzliche Einsicht im Studium, dass andere besser sind und die eigene Begabung begrenzt ist; die Einsamkeit, wenn ihnen kein Partner an die Seite gestellt ist; das Unbewältigte aus manchen Dramen der Kindheit; die Not mit den eigenen Kindern, die es schwer haben oder uns durch ihre Entscheidungen das Herz schwer machen; der Kummer nach einem Verlust; die Mischung aus Wut und Verletztheit, wenn wir verlassen werden. Und so häufig sehnen wir uns nach einer Lösung. Es soll vorbei sein. Es soll weggehen. Wie wunderbar, wenn es das tut! Wie großartig, wenn Gott Türen öffnet! Aber manchmal schlagen sie nur so vor uns zu und wir sind untröstlich. Es wird nicht besser, manches wohl nie mehr. Es geht nur hindurch. Trost liegt zwischen purem Glück und letzter Trauer. Es gibt Trost nicht in der Abwesenheit von Schmerz, sondern mitten im Schmerz. Dann kommt Jesus und sagt: Ich bin immer noch da und ich werde nicht gehen. Ich packe nicht die Koffer, wenn dich Menschen im Stich lassen. Ich ziehe nicht aus, weil es bei dir ungemütlich wird. Ich bleibe. Ich halte dich. Ich bringe dich da durch. Das, was du durchmachst, hat nicht das letzte Wort in deinem Leben. Niemals werde ich dich im Stich lassen.

Der Geist ist ein Tröster. Die Behutsamkeit Gottes geht so weit, dass der Tröster sein Trösten oft tief verbirgt. Er verbirgt sich in einer freundlichen Geste, einem guten Zuhörer, einer Melodie, die mich aufrichtet. Er ist kein eiliger Tröster, der sich mit ein paar flachen Sprüchen seiner Aufgabe entledigt. Er verbirgt sich in einer aufmerksamen Karte, einem verständnisvollen Gespräch, einem starken Kaffee. Am liebsten aber tröstet der Geist durch das, was sein Ureigenstes ist: im Zuspruch eines Wortes Gottes oder im Empfang von Brot und Wein beim Abendmahl. Martin Luther wurde getröstet, wenn er an die Taufe dachte. »Ich bin getauft«, das war ihm letzter Halt in aller Krise. »Ich bin getauft«, also ist Gott mir gut. Pfingsten sagt uns: Rechne nicht mit Magie, aber mit Trost. Stell dich ein, wo der Trost zu erwarten ist. Du darfst damit rechnen, getröstet zu werden.

Wie ist das, getröstet zu werden? Die Tränen trocknen, das Schluchzen erschöpft sich. Wir heben den Kopf, wir atmen durch. Wir sehen wieder klar. Wir stehen auf. Es geht weiter. Es ist nicht zu Ende mit uns. Wir spüren ein bisschen Mut und ein wenig Kraft. Das Leben hat auch wieder helle Seiten. Wir spüren Zuversicht: Am Ende macht Gott es gut, selbst mit uns. Ein bisschen Freude lugt um die Ecke. Der Herr ist gut. Der Geist ist Tröster. Gott sei Dank!

Der Geist arbeitet als Lehrkraft: der Raum unserer Vergesslichkeit

Der Heilige Geist ist nicht nur Tröster, er ist auch *Lehrer*. Er lehrt uns, die Wahrheit Gottes zu verstehen. Jesus sagt: Der Geist »wird euch alles lehren und euch an alles erinnern, was ich selbst euch gesagt habe« (Johannes 14,26). »Wenn dann der Beistand kommt, wird er euch helfen, die ganze Wahrheit zu verstehen. Denn er ist der Geist der Wahrheit« (Johannes 16,13).

Der Geist der Wahrheit leitet in alle Wahrheit, erinnert an die Worte von Jesus und lehrt uns so, in der Wahrheit von Jesus zu bleiben. Der Geist Gottes ist ein Lehrer für lebendiges, mündiges Christsein. Er lehrt anhand der Worte, die Jesus uns hinterlassen hat. Sein Lehrbuch ist die Bibel. Wir sind Schüler des Heiligen Geistes, indem wir Schüler der Bibel sind und bleiben.

> Der Geist Gottes ist ein Lehrer für lebendiges, mündiges Christsein. Sein Lehrbuch ist die Bibel.

Wir brauchen offenbar einen Lehrer, egal ob wir alt sind oder jung. Wir irren uns häufig. Wir haben die Weisheit nicht mit Löffeln gefressen. Wir sind zuweilen verwirrt. Uns fehlt die Klarheit. Wir vergessen, was wir gelernt haben. In manchen Lebenslagen benehmen wir uns wie Erstklässler. Auch das gilt für Schlaue und Schlichte, unabhängig vom Schulabschluss. Wir vergessen einfach im Ernstfall, dass der Herr in unserem Haus wohnt. Und dann wieder fragen wir uns völlig verunsichert, was wir tun sollen. Wie sollen wir in diesem oder jenem entscheiden? Was ist richtig und was falsch? Wir brauchen einen Lehrer. Jesus sagt: Ich weiß. Und ich lasse euch nicht im Stich. Ihr bekommt einen Lehrer, das ist mein Geist, und sein Lehrbuch ist mein Wort.

Mir ist aufgefallen, dass Jesus den Geist als Lehrer zusammenbringt mit unserer *Vergesslichkeit*: Wir brauchen fortwährend und immer wieder Erinnerung. Erinnerung brauchen wir, weil wir vergessen, weil uns das, was wir schon einmal wussten, immer wieder gegenwärtig werden muss. Das ist nie ein für alle Male klar und erledigt. Der Geist als Lehrer macht uns gegenwärtig, was wir schon einmal wussten.

Nehmen wir ein paar »harmlose« Themen wie »Geld« und »Sorge«. Geld ist ja ein merkwürdiger Stoff. Auf Geld reagieren wir wie das Hündchen aufs Stöckchen. Kaum fliegt der Stock, schon laufen wir los. Es ist auch egal, ob wir Geld haben oder nicht. Wir wollen gern immer mehr haben. Wir sehen einen, der mehr hat, und der Neid kriecht hoch. Wir sehen etwas im Schaufenster, von dem wir fortan meinen, es zu brauchen, bis wir es haben. Wir überlegen uns, was wir für Gottes Reich und arme Menschen abgeben könnten, aber dann denken wir, nein, das ist zu viel, wir müssen erst einmal an uns denken! Das denkt natürlich nicht unser christliches Ich, das schicken wir derweil in den Keller, ein Bier holen, aber das andere Ich, das denkt so. Natürlich wissen wir nach einer gewissen Weile, was Jesus dazu sagt und wie er uns an dieser Stelle auf einen gesunden Kurs bringen will. Aber im Ernstfall sind wir vergesslich.

Deshalb brauchen wir den Geist, damit uns das, was Jesus rät, *nicht entfällt, sondern einfällt* (vgl. zum Folgenden Matthäus 6,19-34): Lasst es euch genug sein, wenn ihr Kleidung und Essen habt. Macht euch nicht selbst zu Sklaven des Geldes. Geben ist seliger als Nehmen, es ist nicht edler, nicht frömmer als Nehmen, aber fröhlicher könnt ihr nicht werden, als wenn ihr gern gebt und teilt. Lasst euch nicht täuschen: Geld ist keine gute Lebensversicherung, denkt nur an den reichen Kornbauern. Guckt euch an, wie ihr in die Welt gekommen seid, denn genau so werdet ihr sie auch verlassen. Ihr könnt ja keinen Cent mitnehmen.

Es ist nicht das Wissen, das uns fehlt, es ist die Erinnerung im Ernstfall, die wir brauchen. Jesus weiß, dass wir es immer wieder vergessen oder es wissen, aber andere Gedanken in unseren Herzen stärker und mächtiger werden. Der Geist muss seine Worte neu in uns zur Wirkung bringen. Das ist dann ein kleines Pfingsten.

Mit der *Sorge* ist es ähnlich. Wer Kinder möchte, beschließt, bis ans Ende seiner Tage Sorgen haben zu wollen. Von anderen Sorgen ganz zu schweigen: Wie geht es mit der Gesundheit weiter? Ist mein Job sicher? Geht Europa den Bach runter und kehrt die Armut zurück? Bleibt uns der Frieden erhalten? Wird unsere Ehe halten? Bin ich dieser neuen Aufgabe gewachsen? Kaum wälzen wir des Nachts Gedanken, kriecht die Sorge in unser Herz. Die Sorge findet, dass unser Herz eine erstklassige Wohnlage darstellt. Natürlich haben wir gehört: »Macht euch keine Sorgen!« (Philipper 4,6). Wir wissen, dass wir unsere Sorge auf Gott werfen sollen, weil er für uns sorgt. Wir haben es tausendmal gehört, dass alle Sorge um den nächsten Tag sinnlos ist, aber es hat uns tausendmal nicht berührt. Jesus könnte sich jetzt die Haare raufen (ich weiß aber nicht, ob man im Himmel Haare hat) oder sich etwas einfallen lassen. Er sagt: »Okay, dann muss ich mal durch die Wohnung gehen und der Geist von Pfingsten muss den ollen Sorgen-Lümmel vor die Tür setzen.« Und plötzlich wird eine Stimme in uns stärker: »Verlass dich auf mich. Ich sorge für dich. Ich bringe dich da durch. Hör auf, diese Gedanken hin und her zu wälzen. Wälze lieber meine Worte hin und her, protestiere gegen die Sorge, argumentiere mit meinen Worten, häng sie auf wie Plakate an die Wand.« Der Geist erinnert unser vergessliches Herz.

Das ist Gottes Pfingstversprechen: »Du bekommst Erinnerung. Ich mache das, was Jesus sagt, stark in deinem Kopf, deinem Herzen, deinen Entscheidungen, deinen Prioritäten, deinem Willen. Setz dich nur immer wieder meinem Wort aus. Dann wirst du es erleben, wenn es nötig ist.«

Der Geist Gottes wohnt in jedem, der Jesus lieb hat. Der Geist ist kein Magier, aber ein Tröster. Er geht auch in die Räume unseres Lebens, in denen es weint. Und der Geist ist zugleich ein Lehrer: Er erinnert uns vergessliche Menschen an das, was Jesus gesagt hat.

2. Vom Geist getrieben – Die Kraft zur Veränderung

Einer meiner ältesten Freunde begleitet mich schon fast mein ganzes Leben lang. Seine Geschichte ist schnell erzählt. Als ich vier oder fünf Jahre alt war, lebten wir in Bielefeld. Da meine Eltern einen größeren Betrieb führten, hatten wir eine Haushaltshilfe. Frau Staratzke nahm mich immer mit zum Einkaufen. Das führte uns in lauter kleine Läden, zum Bäcker, zum Fleischer, ins Milchgeschäft und in den Obstladen. Dazu mussten wir die große Ringstraße überqueren, vierspurig, in der Mitte Straßenbahnschienen. Das war immer ein Abenteuer! Eines Tages, als wir gerade die Schienen überquerten, entdeckte ich einen Teddy. Er lag genau in der Rille der Schienen, in der die Räder der Straßenbahn fuhren, und war nur knapp zehn Zentimeter groß. Die nächste Bahn hätte ihn wohl zermalmt. Ich hob ihn auf und nahm ihn mit. Ich wurde größer und älter und hörte irgendwann auf, mit Teddys zu spielen. Aber ich habe es nie übers Herz gebracht, diesen kleinen Kerl wegzugeben oder gar wegzuwerfen. Er musste bei jedem Umzug mit, und seit Langem hat er seinen festen Platz in meinem Bücherregal, Abteilung Seelsorge.

Im Grunde ist es mit uns genauso: Irgendwann hat uns Gott aufgelesen, oft aus prekärer Lage, in großer Not, kleine Wesen, unscheinbar und vergänglich, und er hat uns zu sich genommen und dann gesagt: »Ich lasse dich nie wieder allein. Du gehörst jetzt zu mir. Für immer und für ewig, was auch geschieht. Nichts könnte mich dazu bringen, mich von dir zu trennen. Du bist mein und ich bin dein.« Jetzt haben wir unseren festen Platz bei Gott.

Für meinen Teddy war's das, für uns nicht. Paulus hat einmal beschrieben, wie es weitergeht: Gott »hat sie schon im Vorhinein ausgewählt. Schon im Voraus hat er sie dazu bestimmt, neu gestaltet zu werden – und zwar so, dass sie dem Bild seines Sohnes gleichen« (Römer 8,29).

»Dem Bild seines Sohnes gleichen!« Gott hat eine Wahl getroffen, wir sind sein Eigentum. Wir lassen uns das als Christen gern gefallen und singen: »Jesus, zu dir kann ich so kommen, wie ich bin. Du hast gesagt, dass jeder kommen darf. Ich muss dir nicht erst beweisen, dass ich besser werden kann. Was mich besser macht vor dir, das hast du längst am Kreuz getan.«[23] Das ist Gnade Nr. 1. Wir tun nichts dazu, wir sind wie aufgelesene Teddybären, wir dürfen kommen, wie wir sind. Und nun? War es das?

Nein, sagt Gott, so gewiss du nun für immer und ewig deinen Platz bei mir hast, so gewiss bin ich mit dir noch nicht fertig. Jetzt beginnt nämlich ein Abenteuer, das Abenteuer der Veränderung. Wir könnten auch sagen: das Abenteuer der Heilung, der Wiederherstellung, der Erneuerung, der Verwandlung. Das Abenteuer, ein lebendiges und mündiges Christenleben zu beginnen. Das ist auch Gnade, Gnade Nr. 2. Paulus schreibt: Gott hat uns eine Bestimmung mitgegeben: Wir sollen dem Bild seines Sohnes, dem Bild von Jesus, gleichen. Etwas anders gesagt: Es geht darum, dass wir verändert werden. Es wird etwas anders in unserem Leben. Das ist unsere Bestimmung.

Darum singen wir auch die andere Strophe: »Jesus, bei dir muss ich nicht bleiben, wie ich bin. Nimm fort, was mich und andere zerstört. Einen Menschen willst du aus mir machen, wie er dir gefällt, der ein Brief von deiner Hand ist, voller Liebe für die Welt.«

Wie ist das mit dieser zweiten Gnade? Wie genau müssen wir uns das vorstellen?

Veränderung ist wohltuend – und möglich

Es ist gut zu wissen, dass wir uns ändern können. Es muss nicht alles so bleiben, wie es ist. Ich muss nicht so bleiben, wie ich bin. Ich sehe immer einige Baustellen, an denen ich hoffe, dass die Dinge anders werden können. In mir. In meiner Lebenswelt, sofern ich für sie verantwortlich bin. Ich bin nicht mit allem zufrieden und ich bin nicht bereit, zu resignieren, weil der Charakter sich so schwer ändert. Ich möchte mich verändern. Gut, wird meine Frau jetzt denken, ich hätte gleich ein paar Vorschläge, wie das aussehen könnte.

Wer lebendig ist und ein bisschen auf sich achtet, möchte sich verändern. Warum sonst gehen Menschen in Selbsthilfegruppen, ins Fitnessstudio, zum Therapeuten oder kaufen sich Ratgeberbücher? Wir wollen uns verändern. Auch wenn das in vielerlei Hinsicht Arbeit ist. Auch wenn es Mühe kostet, alte Gewohnheiten abzulegen und neue einzuüben. Woody Allen meinte, es sei ganz leicht, mit dem Rauchen aufzuhören, er habe es schon 23-mal geschafft. Es ist Arbeit und es gibt Rückschläge, aber Veränderung ist möglich. Jedenfalls, wenn es um Dinge geht, die in unserer Reichweite sind. Und das sind einige: ob wir uns genug bewegen, ob wir gesund und maßvoll essen, ob wir uns Hilfe holen, wenn wir Probleme haben, unseren Alltag zu bewältigen, und ob wir auch auf andere zugehen und nicht nur erwarten, dass andere sich um uns bemühen. Man kann – eine nach der anderen – neue Gewohnheiten aufbauen. Unser Leben ist nicht so sehr vom Schicksal bestimmt, dass das nicht möglich wäre.

Wenn Veränderung nicht in unserer Reichweite liegt

Aber Veränderung liegt nicht immer in unserer Reichweite. Sonst könnten wir sagen: »Gib dir gefälligst ein bisschen Mühe, kontrolliere deine Gesundheit mit der neuesten App, vervollkommne deine Fitness, stärke deinen Geist – werde einfach *besser*!« Aber damit kratzten wir ja nur an der Oberfläche. Paulus hat etwas Tieferes im Sinn, unser Innerstes. Er denkt an unser Herz, jenes merkwürdige Zentralorgan, in dem die Strebungen wohnen, die Denkmuster und die Wünsche, die Antriebe und die Empfindungen, jenes Herz, von dem aus wir uns steuern, unsere Beziehungen, unsere Schwerpunkte, unser ganzes Dasein. Und er sagt: Da soll einiges anders werden, und du kannst dir noch so viel Mühe geben, aber dieses trotzige und verzagte Etwas in dir, das wirst du nicht mit einer App und mehr Disziplin verändern. Es widersetzt sich störrisch dem Versuch, dich selbst zu optimieren. Es führt ein komisches Eigenleben. Es ist deinem Streben nicht zugänglich. Da braucht es andere Kräfte!

Wie soll es denn dann klappen?

Genau das ist die Pointe bei Paulus. Er meint das alles völlig ernst. Eure Bestimmung ist Veränderung. Aber wie soll das zugehen? Indem ihr verwandelt werdet in das Bild von Jesus. Oder ganz ähnlich im Brief an die Galater: Indem »Christus bei euch Gestalt angenommen hat« (Galater 4,19). Und jetzt müssen wir einen Moment lang Schwarzbrot kauen, das ist nicht ganz einfach. Da sind ein paar Worte, die kommen so arglos daher und sind es doch nicht:

Dem *Bild* von Jesus gleichen. Wieso sollen wir in ein Bild und nicht gleich in Jesus verwandelt werden? Wir sind, so lesen wir am Anfang der Bibel, nach dem Bild Gottes geschaffen. Wir sind Ebenbilder des Schöpfers (vgl. 1. Mose 1,27). Aber was haben wir mit diesem Ebenbild angestellt? So wie wir sind, sind wir nur noch Zerrbilder dessen, was wir sein sollten. Ebenbild Gottes – ade! Jesus ist der eine, der so ganz und gar und ohne Abstriche Mensch ist, Mensch, wie Gott ihn schuf und wollte, ganz Ebenbild des Vaters. Wir können nicht zu Adam und Eva zurück. Aber wir werden verwandelt in das Bild des neuen Menschen, in das Bild von Jesus.

Neu gestaltet werden, also in das Bild von Jesus *verwandelt werden*. Die Wortwahl ist entscheidend. Hier wird kein Appell erteilt. Jesus ist nicht eine Art Super-Vorbild, dem wir nacheifern. Vorbildern kann man nacheifern, dann möchte der kleine Marco so werden wie der große Marco Reus in Dortmund, bis auf das Autofahren. Das Nacheifern ist aber unter Umständen eine sehr anstrengende Sache. Jesus als Vorbild ist dann vielleicht doch eine Nummer zu groß, da würden wir uns übernehmen. Doch Paulus sagt nicht: »Gib dir anständig Mühe, damit du so wirst wie Jesus.« Dann bräuchten wir eine Jesus-App, die uns rundum kontrolliert, unsere Fortschritte misst und uns täglich antreibt, damit wir nicht aufgeben. Aber Jesus ist nicht das Vorbild, dem wir nacheifern. Er ist das Urbild, das allmählich auf uns abfärbt. Er ist das Bild, nach dem wir umgestaltet *werden*. Das war die Erfahrung der ersten Wegbegleiter von Jesus: In seiner Nähe änderten sie sich, er färbte auf sie ab, sein Einfluss brachte etwas in ihnen in Bewegung. Wo er war, sortierte sich ihr Innenleben neu. Was sie früher freute, ließ sie jetzt kalt. Was sie früher kaltließ, das bewegte jetzt ihr Herz. Wo sie früher verdammten und fluchten, fingen sie jetzt an zu vergeben und zu segnen. Wo sie früher nur ihre Schäflein ins Trockene bringen wollten, da stellten sie sich jetzt anderen zur Verfügung. In seiner Nähe sortierten sich die Dinge um, es gab neue Bewertungen, neue Empfindungen, neue Schwerpunkte. Kein Vorbild, aber ein Urbild! Die Jünger konnten sich dem gar nicht entziehen. In der Nähe von Jesus wuchs eine Sehnsucht, so zu leben, wie sie es an ihm sahen. Sie wehrten sich nicht, sie sanken nicht hin, sie wollten es, und das immer mehr und immer tiefer.

Der Neutestamentler Otto Michel schreibt über diese Stelle: »Im Bild liegt also eine Macht, die verwandeln kann.«[24]

In das Bild von *Jesus* verwandelt werden. Was sehe ich, wenn ich dieses Bild betrachte? Ich sehe Güte, Demut, Klarheit, Mut, Gelassenheit, Hingabe, Dankbarkeit, Mitgefühl, Einfachheit, Freude am Schönen, Verzicht, Freundlichkeit, offene Worte und heilsame Strenge. Ich sehe ein sehr helles Licht, Augen, die hinsehen und nicht übersehen, einen Mund, der sagt, was er denkt, Hände, die tun, was der Mund sagt, Füße, denen kein Weg zu weit ist. Ich sehe – ein Kreuz, Bereitschaft zu leiden, nicht zu fluchen. Ich sehe den festen Willen zu vergeben, sich festnageln zu lassen auf die versprochene Liebe, nicht die Hand der Menschen loszulassen, um keinen Preis. Ich sehe ein Grab, aber es ist leer. Ich sehe Leben und einen überirdischen Glanz. Ich sehe Jesus. Und ich fange an, mich danach zu sehnen, dass das alles mir nicht nur zugutekommt, sondern auch abfärbt auf mich. Mich verändert. Nicht, um etwas damit zu verdienen. Schaue ich ihn an, weiß ich: Hier ist nichts zu verdienen. Sondern nur, weil es gut ist, schön, erstrebenswert, froh machend, wohltuend, heilsam, erquickend, selig, glücklich, herrlich. Ich sehe ihn an und sehe Leben, wie es sein sollte. Könnte. Kann. Wird.

Ich sehe ein Grab, aber es ist leer. Ich sehe Jesus.

Der Bibelforscher Johann Albrecht Bengel soll an dieser Stelle beim Schreiben die Feder aus der Hand gelegt haben, die Hände gefaltet und ausgerufen: »O Gott, was machst du aus uns!« All das oben Beschriebene wird möglich. Für ganz normale Menschen, für schwierige, für junge und alte, für gebildete und einfache, für Sie und mich. Jesus, der in unserem Leben Gestalt annimmt.

In der Nähe von Jesus wartet Veränderung auf uns

Alle unsere Übungen als Jüngerinnen und Jünger, alles was wir an »Frommem« tun, hat keinen anderen Zweck als diesen: Wir begeben uns in die Nähe von Jesus, damit er unser Leben verwandelt. Das ist das Geheimnis.

Und es ist ein kritisches Maß. Lebendiges mündiges Christsein ist ein Leben, das sich »under construction« befindet, im Prozess der Veränderung. Was immer wir tun: ob wir beten, die Bibel lesen, Tagebuch führen, Gottesdienst feiern, Schuld bekennen, Abendmahl empfangen, uns segnen lassen, klärende Aussprachen suchen, uns versöhnen, spenden und den Armen dienen oder unsere Gaben in der Gemeinde einsetzen. Geistliches Leben ist Leben »under construction«. Das ist ein kritisches Maß.

Manche denken, ihr geistliches Leben sei in Ordnung, wenn sie viel beten und sich täglich diszipliniert eine Zeit der Stille erkämpfen oder eine Seite Tagebuch füllen. Aber das verwechselt die Mittel mit dem Zweck. Geistliches Leben ist gesund, wenn es uns in die Nähe von Jesus bringt – und da unsere Verwandlung anhebt. Es geht darum, so zu leben, als ob Jesus ungehinderten Einfluss auf uns hätte. Ja, als ob er an unserer Stelle lebte. Wird mehr von ihm sichtbar, wenn man mich sieht? Können Menschen durch mich hindurch auf ihn sehen? Nimmt meine Liebe zu Jesus und zu den Menschen zu, wenn ich fromm werde? Oder werde ich nur selbstgefällig und überheblich, weil ich ja – anders als jene schlimmen Sünder – so fromm und gut bin? Meine Liebe zu Jesus und zu den Menschen, beides gehört unauflöslich zusammen!

Dann gewinnt in meinem Leben das die Oberhand, was ich an Jesus gesehen habe: Seine Güte. Seine Demut. Seine klaren Worte. Sein Mitgefühl. Sein Mut. Sein Entschluss, zu dienen. Seine Hingabe. Seine Freude und Dankbarkeit. Seine Freundlichkeit. Seine hilfreiche Strenge. Seine Bereitschaft, für andere zu leiden.

Aber all das kommt weder automatisch noch durch harte Disziplin. Es wird uns zuteil in der Nähe von Jesus. Darum tun wir das Wenige, was wir tun können, und das ist der Sinn der geistlichen Übungen. Darum beten wir, darum lesen wir in der Bibel, ringen um die tägliche Stille, gehen treu zum Gottesdienst und nicht nur, wenn uns danach ist, bekennen Schuld, werden verlässlich in unserem Dienst und unserer Mitarbeit.

Die Geschichten vom Ende her lesen

Es ist reizvoll, einmal die Lebensgeschichten der großen Helden in der Bibel von hinten zu lesen. Nehmen wir Petrus. Ich sehe am Ende eine Führungsperson in der jungen Christenheit, die alle beeindruckt. Man hört auf ihn. Er manövriert die junge Kirche durch tausend Schwierigkeiten und opfert sein Leben, wie sein Herr. Ein tiefer Glaube. Ein Leben, durch das Jesus durchscheint. Er hat Erbarmen mit einem Bettler am Tempeltor. Er geht für Jesus in den Knast. Er ist bereit, sich Neuem zu öffnen, als ihm klar wird, dass auch die Heiden zum Volk von Jesus gehören.

Aber das ist das Ende seines Weges. Unterwegs sah vieles anders aus. Petrus, mit großem Maul und dann doch zu feige, sich zu Jesus zu bekennen. Petrus, mit scharfem Schwert, jähzornig und gewalttätig. Petrus, mit verdunkeltem Sinn, als er Jesus den Weg ans Kreuz ausreden will. Petrus – »under construction«, im Umbau.

Was hat ihn geändert? Was ändert Menschen? Wie passiert es, dass sie in das Bild von Jesus verändert werden? Es passiert allmählich, langsam, mit Rückschlägen, wenn sich Menschen immer wieder in die Nähe von Jesus begeben, sein Wort hören, es ernst nehmen, es sich sagen und gefallen lassen, Schritte wagen, Altes lassen und etwas Neues riskieren, sich in den Dienst stellen und nicht nur konsumieren. Da passiert es, ganz allmählich, und irgendwann stehen wir staunend und froh da und sehen etwas von unserem Herrn in unseren Geschwistern und sie sehen etwas von ihm in uns. Wir selbst sehen es oft am wenigsten gut in uns. Und das ist gut so.

»Jesus, zu dir darf ich so kommen, wie ich bin.« Immer wieder. Immer aufs Neue. Bis zum letzten Atemzug. Mit leeren Händen. »Jesus, bei dir muss ich nicht bleiben, wie ich bin.« Ich darf es erwarten: In der Nähe von Jesus verändert sich etwas, die inneren Schwergewichte verlagern sich, es geht ans Herz, es wird anders.

An welcher Stelle Ihres Lebens wollen Sie sich in den nächsten Wochen Jesus neu aussetzen? Wo sehnen Sie sich danach, von ihm verändert und in sein Bild verwandelt zu werden? Wie können Sie darum Ihr Dasein neu justieren und sich wieder neu in der Nähe von Jesus einfinden?

3. Taufe – Zeichen der Freiheit

Es gibt ausgesprochen dumme Fragen. Zum Beispiel: Wer wird denn wohl der nächste Fußball-Weltmeister? Das ist doch völlig klar. Dumme Fragen gibt es auch im Alltag: Da liegt sie nachts neben ihm im Bett und fragt leise: »Schatz, schläfst du schon?« Was, wenn er mit Ja antwortet?

Es gibt eine Website namens Stupidedia, die »Enzyklopädie ohne Sinn«, sozusagen das Gegenstück zu Wikipedia.[25] Da findet sich unter der Rubrik »dumme Fragen« u. a. folgende Frage, die Sie vielleicht schon einmal gehört haben, wenn Sie pitschnass durch die Tür kamen: »Regnet es draußen?« Stupidedia lässt einen da nicht im Stich und bietet verschiedene Antworten an:

»Bin noch schnell durch die Waschstraße gehuscht.«

»Nein, ich wurde gerade getauft.«

»Ha, du bist schon der Dritte, der drauf reinfällt. Das ist das Muster auf meinem Shirt. Sieht täuschend echt aus, oder?«

Auch Paulus hat es mit einer ausgesprochen dummen Frage zu tun, und ich staune, dass er nicht zu einer frechen Antwort greift, sondern in großer Geduld auf diese Frage eingeht. Die Frage lautet: Wenn die Großzügigkeit und Güte Gottes mit allem unserem Versagen fertig wird, wenn das wirklich stimmt, öffnet das dann nicht Tür und Tor für Menschen, die gerade so leben, wie es ihnen Spaß macht, ohne Rücksicht auf Verluste, weil ja hinterher Gott alles wieder richtet? Kürzer: Ist zu viel Gnade nicht gefährlich für die Moral? Ist zu viel Güte nicht schädlich? Ist Freiheit ohne Druck nicht der Freibrief zum Tun des Bösen? Wörtlich: »Was sollen wir dazu sagen? Etwa: ›Lasst uns in unserer Sünde bleiben, damit die Gnade noch größer wird!‹?« (Römer 6,1).

Paulus seufzt, aber er kontert nicht, er nimmt sich der Frage an: *Freiheit ist sicher kein Freibrief zum Tun des Bösen. Freiheit ist das glatte Gegenteil: Sie ist die größte Ermutigung zum Tun des Guten, die man sich denken kann.* Das ist die kluge Antwort auf eine dumme Frage.

Drei Etappen der Freiheit

Die Lebenserinnerungen von Joachim Gauck sind eine sehr beeindruckende Lektüre.[26] Der Präsident der Herzen spricht darin über die Unfreiheit früher und die große Freiheit heute. Er erinnert an Václav Havel, den tschechischen Schriftsteller und Präsidenten, der das Leben im Osten mit dem Leben in einem Gefängnis verglich: mit einem festen Tagesablauf, fest zugemessenen Rationen, zugewiesenem Nachtlager und strengem Reglement. Da kommen wir her, sagt Gauck, aus einem Regime, das uns keine Freiheit ließ, nicht zum Reden, nicht zum Reisen, nicht zum Lernen, nicht zum Handeln. Fürsorgliche Knebelung, eben ein Gefängnis. Und deshalb kann Gauck von der Befreiung schwärmen. Er erzählt die Geschichte der Freiheit in mehreren Etappen.

Erstens: Die Freiheit, *wenn sie jung ist*. Das ist die Freiheit, nicht mehr tun zu müssen, was andere vorschreiben. Freiheit von Bevormundung. Freiheit von einengenden Mauern. In dieser Freiheit muss man erst innerlich ankommen. Zu sehr ist man der Freiheit entwöhnt, wenn man so lange in einem Gefängnis festgehalten wurde.

Zweitens: Die Freiheit, *die auch anstrengend ist*. Nach der ersten Freude ist Freiheit auch Verantwortung. Ich soll jetzt für mich selbst entscheiden, ich bin jetzt für mich selbst verantwortlich. Ich habe, wie es Lothar de Maizière einmal sagte, nicht nur den gestrengen Vater verloren, sondern auch die fürsorgliche Mutter. Der Tagesablauf ist nicht mehr klar, die Rationen werden nicht mehr zugeteilt, das Nachtlager nicht mehr zugewiesen. Freiheit, wenn sie Alltag wird, ist anstrengend.

Drittens: Die Freiheit, *wenn sie erwachsen wird.* Jetzt ist es nicht mehr genug, dass ich frei bin von den Zwängen und dass mich niemand mehr bevormundet und beschneidet. Jetzt will die Freiheit etwas Größeres. Sie ist nicht mehr nur die Freiheit *von* etwas, sie wird die Freiheit *zu* etwas, das größer ist als ich selbst. Ich finde meine Bestimmung, indem ich meine Freiheit nutze, das zu tun, wozu ich geschaffen und berufen bin. Ich darf jetzt tun, was ich tun soll, und indem ich tue, was ich tun soll, werde ich frei.

Alles zusammen macht Freiheit aus: Befreiung von einer zwingenden Macht, ankommen in der ungewohnten Freiheit, frei sein von etwas und zugleich Verantwortung für mich übernehmen und meine Freiheit nutzen, für etwas Größeres da zu sein als für mich selbst. Frei sein von etwas Bösem wird Freiheit zu etwas Gutem. So weit Joachim Gauck. Und wir können festhalten: Mündigkeit, wie sie ja den Jünger und die Jüngerin auszeichnet, ist genau solche Freiheit. Auch Paulus spricht von dieser Freiheit:

> Frei sein von etwas Bösem wird Freiheit zu etwas Gutem.

Ihr wisst doch: Bei unserer Taufe wurden wir förmlich in Christus Jesus hineingetaucht. So wurden wir bei der Taufe in seinen Tod mit hineingenommen. Und weil wir bei der Taufe mit ihm gestorben sind, wurden wir auch mit ihm begraben. Aber Christus ist durch die Herrlichkeit des Vaters vom Tod auferweckt worden. Und genauso sollen auch wir jetzt ein neues Leben führen. Denn wenn wir ihm im Tod gleich geworden sind, werden wir es auch in der Auferstehung sein. Wir wissen doch: Der alte Mensch, der wir früher waren, ist mit Christus am Kreuz gestorben. Dadurch wurde der Leib vernichtet, der im Dienst der Sünde stand. Jetzt sind wir ihr nicht mehr unterworfen. Wer gestorben ist, auf den hat die Sünde keinen Anspruch mehr. Wenn wir nun mit Christus gestorben sind, dann werden wir auch mit ihm leben. Das ist unser Glaube.

Römer 6,3-8

Was meint Paulus damit? Er sagt: »Eure Taufe war ein großer Akt der Befreiung.« Und wir können nun deuten, was diese neue Freiheit bedeutet: Sie ist Freiheit von einem bösen Zwang. Diesen bösen Zwang nennt Paulus *Sünde*. Er meint, dass die Sünde wie eine üble Diktatorin ist. Sie sperrt uns hinter ihren Mauern ein und lässt uns nicht los, bis wir sterben. Sie gibt uns nicht frei, wir müssen ihr dienen. Sünde ist nicht so sehr eine böse Tat, sie ist eine böse, dunkle Macht, die nach uns gegriffen hat, als wir meinten, ohne Gott besser klarzukommen. Diese miese Tyrannin verführt uns und dann treibt sie es böse mit uns. Adam und Eva dachten, sie könnten werden wie Gott, und landeten jenseits von Eden. Kain dachte, was soll's, der Neid übermannte ihn und er erschlug seinen Bruder. Die Menschen von Babel wollten einen eigenen großen Namen haben und am Ende blieb kein Stein auf dem anderen. David ließ sich verlocken zur Untreue und verführte Batseba, aber am Ende hielt er ein totes Kind in seinen Armen. Saul suchte Rat in trüben Quellen, befragte eine Hexe und am Ende rammte er sich selbst verzweifelt das Schwert in den Leib. Petrus war selbstgewiss bis zum Anschlag, dann aber weinte er, weil er keine Sekunde treu bleiben konnte. Von der Sünde verführt, am Ende gefangen und gebunden. Eine miese Tyrannin, die Sünde, eine Sklavenhalterin, Generalin eines Söldner-Heeres, die ihren Lohn pünktlich zahlt, und ihr Lohn ist der Tod.

Aber dann kam Christus und riss die Mauer nieder, befreite uns aus diesem Knast und machte uns los von dieser bösen Macht. Unsere Taufe ist das Zeichen, das wir an uns tragen, dass das für uns geschah. »Ich bin getauft«, das heißt: Nun bin ich durch Christus befreit aus dieser Diktatur der Sünde. Ich bin frei. Ich gehöre nicht mehr hinter Mauern. Ich habe eine neue Identität. Gleich mehrfach sagt es Paulus: Du bist nun »mit Christus«.

Mit Christus gestorben und begraben, mit Christus in einem neuen Leben. Mit Christus gehst du auf die Auferstehung zu. Du hast nun einen zweiten Pass, Reisefreiheit in ein neues Land: Du bist immer noch Michael oder Elke oder Stefan oder Christine, aber zugleich bis du jetzt freier Bürger des Christus-Landes.

Aber was dann? Wir können die Gedanken von Joachim Gauck als Vergleich heranziehen:

Erste Etappe auf dem Weg der Freiheit: Wer befreit ist, muss sich daran gewöhnen. Zu lange war er gefangen und versklavt. Es dauert, bis wir auch innerlich in der neuen Freiheit ankommen. Bis wir aufatmen und wissen: Ich lebe in einer neuen Heimat bei Gott, und diese Heimat atmet Freiheit. Ich kann die Angewohnheiten eines Häftlings, eines Sklaven, eines Unfreien wirklich ablegen.

Zweite Etappe: Wer befreit ist, lernt noch einmal von vorne, zu leben. Er übt dieses und jenes ein, wie es ist, wenn man nicht mehr hinter Mauern lebt. Er fängt an, neue Verantwortung für sich zu übernehmen. Er erfährt, was es bedeutet, mündig zu sein. Er lernt, richtig von sich zu denken: Ich halte mich daran fest, dass ich getauft bin, also frei von der Sünde, also mit Christus verwoben, zu einem neuen Leben bestimmt.

Dritte Etappe: Wer befreit ist, wird sich irgendwann fragen, was er nun mit der neuen Freiheit anfangen soll. Bald weiß er, dass er frei ist von den alten Zwängen, aber das genügt ihm nicht mehr. Er fragt: »Was kann ich mit meiner neuen Freiheit anfangen? Wozu bin ich bestimmt, was soll ich tun, damit ich ganz der werde, der ich sein soll?« Mündige Freiheit *von* etwas will Freiheit *zu* etwas werden.

Nie mehr zurück

Und damit bin ich wieder bei der dummen Frage vom Anfang: Wie könnte nun ein Getaufter stattdessen von sich sagen: »Hm, eigentlich war es doch ganz lustig und schön früher im Gefängnis der Sünde. Warum melde ich mich nicht bei der alten Sklavenherrin und diene ihr mal wieder ein bisschen? So schlecht war das doch gar nicht! Eigentlich machte es sogar mehr Spaß, zu sündigen, als zu tun, was Gott für hilfreich und förderlich hält! Ich glaube, ich besuche die Sünde mal wieder und schaue mal, wie es ihr so geht.«

Da überschlägt sich der Apostel geradezu: Wie sollte das gehen? Du bist doch frei. Nicht dass du nicht mehr sündigen kannst. Doch, das kannst du, man sieht es ja, du tust es auch. Aber du wirst doch nicht so dämlich sein, freiwillig wieder hinter die Mauern deines alten Gefängnisses zu kriechen!

Paulus benutzt noch ein stärkeres Bild: Lieber Christ, sagt er, meine liebe Getaufte, du bist für die Sünde tot. Mausetot. Du bist nicht nur tot, du bist beerdigt. Mit Christus. Und jetzt sollst du in einem neuen Leben wandeln. Du kannst nicht zurück! Du willst doch wohl nicht ernsthaft zurück?

Auf die dumme Frage seiner Gegner: »Ist nicht zu viel Güte Gottes gefährlich für die Moral? Ist Freiheit ohne Druck nicht der Freibrief zum Tun des Bösen?«, antwortet Paulus: »Nein, das ist ausgemachter Blödsinn, Stoff für Stupidedia. Wie könnte ein Befreiter freiwillig wieder in die Klauen der Sklavenmacht zurückkehren? Undenkbar!« Das sagt Paulus nach außen, zu seinen Gegnern. Er sagt aber auch etwas nach innen, zu den Christen in der römischen Gemeinde: »Denkt nun auch richtig von euch. Wisst, wer ihr seid! Vergesst nicht: Ihr seid frei.«

> Ihr lieben Getauften, freut euch eurer Freiheit. Für die Sünde seid ihr tot. Ihr gehört zu Christus.

Das bedeutet: Ihr lieben Getauften, freut euch eurer Freiheit. Für die Sünde seid ihr tot. Ihr gehört zu Christus. Denkt auf diese Weise von euch! Denkt über euch selbst als Leute, denen Christus in der Taufe verspricht: Mit der Macht der Sünde ist es vorbei. Ab jetzt gehörst du zu mir. Es scheint sehr wichtig zu sein, richtig von sich zu denken, d.h., innerlich in der Freiheit anzukommen. Wir müssen nicht mehr wie früher. Wir sind frei.

Es scheint zu ganz dummen Fragen zu führen, wenn wir nicht richtig von uns denken. Unsere Gedanken prägen unser Empfinden: Denken wir richtig von uns, führt das zu anderen Konsequenzen, als wenn wir anfangen, dumm über uns zu denken. Wenn wir vergessen, wer wir sind, dann wird die Sünde, diese miese Tyrannin, plötzlich zu einer attraktiven und verlockenden Möglichkeit, und das Leben mit Jesus ist nur noch anstrengend und schwer. Darum denken Sie bitte richtig von sich. Üben Sie es ein!

Wenn Sie in den Spiegel schauen, dann sehen Sie mit den Augen eines getauften Menschen zwei Personen: sich selbst und Christus. Christus vor Ihnen zu Ihrem Schutz, Christus neben Ihnen als Ihr Trost, Christus unter Ihnen, der Sie auffängt, Christus hinter Ihnen, wenn andere über Sie herfallen. Christus bei Ihnen, weil er Sie liebt, als gäbe es nur Sie auf der Erde. Das ist keine Sache des Gefühls, ob es uns gerade gut geht, keine Sache der Stimmung. Das verspricht Christus Ihnen, und das Siegel auf diesem Versprechen ist Ihre Taufe. Und worauf gehen Sie zu? Nicht auf Tod und Grab, das haben Sie hinter sich, sondern auf Ostern, auf die Ewigkeit mit Christus und den Seinen.

Die alten Taufsteine sind in der Regel achteckig[27], weil wir auf den achten Tag zugehen, nach den Tagen hier, den Tagen zwischen Geburt und Sterben, da wartet der achte Tag, der Tag der Auferstehung, der Tag des neuen Lebens. Wir leben also nicht nur zwischen Geburt und Sterben, wir leben ebenso zwischen Taufe und Auferweckung, nicht nur zwischen dem ersten und dem siebten Tag, sondern auch zwischen dem ersten und dem achten Tag. Wir sind frei von der Macht der Sünde: deren Ende ist der Tod. Das ist der Sold, den diese böse Herrin allen auszahlt. Unser Ende ist das Leben mit Christus, das uns geschenkt ist. Deshalb sagt Paulus: »Freut euch eurer Freiheit. Haltet euch für Befreite des Herrn und nutzt eure Freiheit.« Freiheit von der Sünde wird Freiheit zum Leben nach unserer Berufung und Bestimmung.

Echte Freiheit

Nun mag uns das alles abstrakt vorkommen. Wenn Gottes große Güte nicht dazu führt, dass wir uns gehen lassen, wozu führt sie dann?

Kehren wir noch einmal zum Beispiel Geld zurück. Dabei geht es nicht darum, ob wir viel besitzen oder wenig, sondern um die Frage: Sind wir frei in Bezug auf Geld? Vielleicht denken wir: Wenn ich endlich frei wäre von der Knappheit und frei zum Kaufen und Ausgeben, das wäre Freiheit! Ich gebe zu: Freiheit von Schulden und Freiheit, sich etwas zu leisten, ist nichts Böses. Aber bin ich dadurch wirklich frei? Oder hat mich das Geld im Griff? Geld ist einer der Knastwärter im Reich der Sünde. Wer ist frei, wenn es um das Thema Geld geht?

Die arme Witwe, die Jesus einmal beobachtet, ist frei (vgl. Markus 12,41-44). Sie gibt das Wenige, das sie hat. Sie ist frei von Angst und Zukunftssorgen, sie ist frei von Neid und Kummer. Sie ist frei, mit dem Wenigen, das sie hat, Gutes zu tun. Sie weiß, für sie wird gesorgt.

Der reiche Jüngling, der zu Jesus kommt, ist nicht frei (vgl. Markus 10,17-27). Er klebt am Geld. Nicht *er* hat große Reichtümer, vielmehr haben die großen Reichtümer ihn. Er ist nicht frei, sein Schatz besitzt ihn und hält ihn. Der Jüngling würde so gern das große Abenteuer erleben und Jesus folgen, aber er ist nicht frei. Der Sünde bester Knastwärter, sein Reichtum, hält ihn fest.

Paulus sagt: Denke richtig von dir, du getaufter Mensch. Du bist frei. Klar kannst du immer noch sündigen. Aber die Sünde hat keinen Anspruch mehr auf dich. Du kannst frei leben. Gott gönnt dir, was dir Freude macht. Aber vor allem möchte er, dass du frei bist, frei von Gier und Geiz, von Sorge und Kummer, frei zu geben und Gutes zu tun. Dein Geld, sei es viel oder wenig, wandelt sich vom Mammon zum Kapital, mit dem du frei bist zu Gutem. Zu etwas, was größer ist als du. Zu etwas, was Bestand hat, was Menschen aufatmen lässt und Gott zum Lächeln bringt.

Wie denken Sie über sich und wie denken Sie über Geld? Ich glaube, dass freie Getaufte auch daran zu erkennen sind, dass sie anfangen, mit ihrem Geld anders umzugehen und etwas für das Reich Gottes tun: für die Sammlung des Volkes von Jesus, für Projekte, die die Gemeinde unterstützt, für ein besseres Leben der Menschen im Plattenbauviertel, in Haiti oder Zimbabwe, in Peru oder Indien, für eine große Reich-Gottes-Sache, an der unser Herz hängt.

Und dann sagen freie Getaufte: »Hier bin ich, ich befreiter Mensch, sende mich! Nimm, was du mir anvertraut hast! Ich investiere mich und was ich bin und habe in dein Reich.«

4. Innere Antreiber und das Führen des Heiligen Geistes

Was zeichnet eigentlich lebendiges und mündiges Christsein aus? Woher bezieht es seine Energie? Und woran orientiert es sich? Im Römerbrief findet sich eine interessante Wendung, die eine Antwort auf diese Fragen gibt: »Alle, die sich vom Geist Gottes führen lassen, sind Kinder Gottes« (Römer 8,14). Luther übersetzt hier etwas dynamischer: »Welche der Geist Gottes treibt, die sind Gottes Kinder.«

Paulus geht es also um die Frage, wer oder was uns antreibt. Nicht *ob* uns jemand oder etwas antreibt, nur *wer*.

Das »Gerenne in den Beinen«

Wenn man wissen möchte, wie es sich anfühlt, so richtig angetrieben zu sein, dann findet man bei Astrid Lindgren eine Antwort. Eines der Kinder aus ihrer Familie prägte einen Satz, der dann später in »Ferien auf Saltkrokan« verewigt wurde: »Ich habe so ein Gerenne in den Beinen.«[28] Wer je mit Kindern zu tun hatte, versteht es ohne jede Erklärung. Wir hätten vielleicht Hummeln, wahlweise auch Ameisen im Hintern, Pelle auf Saltkrokan hat »Gerenne in den Beinen«. Unmöglich, drinnen still zu sitzen! Angetrieben, hinaus, vorwärts, weiter und immer weiter, gar nicht anders können, es läuft, man muss, es drückt, schiebt. Wir sind Menschen, die getrieben werden.

Paulus spricht von unserem »Gerenne in den Beinen«, und er fragt: Wer oder was treibt dich? Was ist die innerste Antriebskraft deines Lebens? Was führt dich, leitet dich und bewegt dich?

Damit wird schon deutlich: Irgendjemand ist das. So oder so: Ich werde bewegt, getrieben, geleitet. Sorge ich nicht dafür, dass mich der Richtige treibt, wird jemand da sein, der das gern übernimmt. Im Klartext: Wenn nicht Gottes Geist in mir die Kraft ist, die mich treibt, bewegt und führt, dann wird es eine andere Kraft sein, die das tut. Und Paulus sagt: Das ist möglich, aber sinnlos.

Wer oder was treibt mich?

Schauen wir uns als Erstes einmal ein paar Dinge an, die uns antreiben können.

Gier. Ich muss dabei immer an den Film »Wall Street« (1987) denken. Michael Douglas spielt darin den Investmentbanker Gordon Gecko, der Prototyp eines Menschen, der von Gier getrieben wird und über Leichen geht. Wunderbar ist die Szene in der Fortsetzung »Wall Street – Money never sleeps« (2010), als Gecko 2010 aus dem Gefängnis freikommt und man ihm seinen Besitz übergibt, darunter sein Handy aus dem Jahr 1987, groß wie ein Pflasterstein. Hinter dem Film stehen reale Personen. Ivan Boesky hat vor den Absolventen von Berkeley gesprochen und gesagt: »Übrigens ist Gier in Ordnung. Ich will, dass ihr das wisst. Ich denke, Gier ist gesund. Man kann gierig sein und dennoch mit sich im Reinen.«[29] Gordon Gecko hat genau so gelebt. Am Ende steht er vor den Trümmern seines Lebens. Gier treibt.

Nun sagen Sie vielleicht: »Okay, das gibt es, aber hier *bei uns* vielleicht doch eher selten.« Einverstanden, darum zweiter Anlauf: Was treibt uns an? Mich beschäftigt immer wieder die Frage, warum manche Menschen keine gesunden Grenzen setzen können.[30] Warum sind manche Menschen gerade in dieser Frage so ängstlich oder nachgiebig oder auch unsicher? Was treibt sie an? Eine Erklärung ist, dass sie in ihren ersten Lebensjahren nicht genug sichere Geborgenheit erlebten, also keine ausreichend sichere Bindung zu Mutter und Vater hatten. Die Folge:

Sie sind sich ihrer selbst nie sicher. Auf die Frage: »Bin ich gut genug?«, hören sie innerlich die Antwort: »Nein, sei perfekt, dann wirst du vielleicht annehmbar sein. Gib lieber nach, wenn man etwas von dir fordert, dann ist dein Dasein vielleicht gerechtfertigt. Wenn du Nein sagst, bist du nicht gut genug, dann wirst du erleben, dass dir jede Anerkennung, Zuwendung und Bejahung verwehrt bleibt.« Wer sich nicht gewiss ist, dass er bedingungslos anerkannt und geliebt ist, der wird es schwer haben. Ihn wird antreiben, immer mehr zu leisten, besser zu werden, immerzu Ja zu sagen, möglichst vollkommen zu sein, alle Erwartungen nicht nur zu erfüllen, sondern überzuerfüllen, dann vielleicht, vielleicht mag es einmal reichen, aber gewiss kann ich mir da nie sein. Was treibt mich an? Der Versuch, endlich genug zu tun, darunter: die Sehnsucht, dass ich es wert bin, geliebt zu werden?

Wir sollten nicht denken, Glaube und Kirche seien ein sicherer Schutz gegen diesen Antreiber. Wenn es dumm läuft, und es läuft zuweilen *sehr* dumm, dann treibt uns auch noch ein Bild von Gott, dem wir nie genug geben können, an dessen Forderung wir nie heranreichen, so sehr wir uns auch mühen.

Ein letztes Beispiel: Es kann sein, dass uns antreibt, *was »man« gerade denkt.* Mächtig ist der Sog durch das, was politisch korrekt, ethisch angesagt, für meine Lebensführung als gut betrachtet wird. Es wird uns wie eine Dauerinfusion im Krankenhaus eingeträufelt, stetig, stark, ununterbrochen, durch Medien verstärkt, durch Filme sympathisch gemacht, durch Vorbilder ins Herz gesprochen, durch Schule und Uni als selbstverständlich gelehrt. Der Geist der Zeit ist das, was jetzt gerechtfertigt scheint, wie man Partnerschaft lebt, wie Kinder zu betreuen sind, wann das Leben keinen Sinn mehr hat, welche Rolle es spielt, ob man in einem weiblichen oder männlichen Leib geboren wurde oder ob das überhaupt eine Rolle spielt. Dieser Geist ist stark, man will sich ja nicht lächerlich machen, kein Außenseiter sein, nicht ein Leben von gestern führen. In mancher Hinsicht mag das durchaus gut sein, aber in jeder? Habe ich noch eine andere Perspektive, die mir hilft, zu diesem Geist Ja oder Nein zu sagen, oder bin ich getrieben von dem, was gerade jedermann treibt?

Die Vision eines Lebens, das sich beständig erneuert

Paulus fragt die Christen in Rom: Was treibt dich, wer oder was leitet dich im Innersten? Und dann erinnert er an das, was den Menschen, die an Jesus glauben und ihm folgen, eröffnet und geschenkt ist. Es ist die Vision eines Lebens, das sich Stück um Stück erneuert und zum Guten verändert, weil Gottes Geist im Innersten des Inneren die Führung übernimmt. Die aber der Geist Gottes treibt, die sind Gottes Kinder. Hier passiert etwas, dessen Tragweite wir wahrscheinlich ein Leben lang staunend nachbuchstabieren können. Paulus redet davon, dass die Menschen, die zur Gemeinde von Jesus zählen, vom Geist geleitet, bewegt, ja getrieben werden – und so entfaltet sich eine lebendige Mündigkeit.

Das, was Paulus dazu sagt, hat eine weitere höchst originelle und bedeutsame Pointe: Zu wissen, was Gott wollen könnte, wäre in Israel nicht so schwer gewesen. Es gab ja Gottes Gebote. Auch die junge Christengemeinde war da gut informiert: Sie kannten die Weisungen, die Jesus seinen Jüngern gegeben hatte. Das Besondere ist hier, wie sich das Leben verändert, wenn der Geist Gottes ins Spiel kommt. Etwas früher im Brief an die Römer schreibt Paulus, dass der Geist in uns wohnt, in den Jüngerinnen und Jüngern von Jesus. Das, was Gott will, begegnet uns dann nicht mehr von außen. Wenn der Geist im Herzen wohnt, geschieht eine Verwandlung. Ich stelle einmal die beiden Ansichten einander gegenüber, um es ganz klarzumachen:

Der *religiöse* Mensch kennt Gottes Gebote. Sie begegnen ihm als Forderung von außen. Sie sagen ihm, mehr oder weniger streng, was Gott will, und er muss das abgleichen mit dem, was er will. Er kann sich dann unterwerfen, wie es die Bedeutung des Wortes »Islam« etwa nahelegt: »sich hingeben, sich unterwerfen«. Vielleicht fürchtet er die Strafe, wenn er nicht gehorcht. Vielleicht sieht er ein, dass das Gebotene gut ist, seufzt aber innerlich, weil er zutiefst anders fühlt. Vielleicht hofft er auf Belohnung. Er soll Geld opfern, sich mit dem Nächsten vertragen, Schuld verzeihen und nicht hinter fremden Röcken herschauen. Aber da gibt es einen Widerstand im eigenen Fühlen.

Paulus sagt: Wenn ein Mensch vom Geist geleitet wird, dann ändert sich etwas: Was Gott will, wird zutiefst und ganz innerlich das, was der Mensch selbst von Herzen möchte. Er ist ganz einig mit Gottes Willen, kann sich nichts Besseres vorstellen, als genau so zu leben. Im Alten Testament ist das die große Hoffnung. Jeremia etwa hört von Gott ein Versprechen: Ein neuer Bund soll geschlossen werden und Gott kündet an: »Ich will mein Gesetz in ihr Herz geben und in ihren Sinn schreiben« (Jeremia 31,33). Jetzt sind Gottes Wille und mein Wille nicht mehr zweierlei, sondern vermählt und verbunden, sodass ich mich nach nichts mehr sehne als danach, ein Leben zu führen, wie es Gott entworfen hat.

So getrieben vom Geist hört der elende Zwang auf, das Falsche zu tun. Wir werden anfangen, Stück für Stück in unserem Leben das Alte durch das Neue zu ersetzen. In der alten Sprache: die Taten des Fleisches, des von Gott abgewandten Daseins zu töten. Aber: nicht aus Furcht, nicht unter Zwang, nicht widerwillig, sondern voller Freude an dem Neuen, voller Sehnsucht nach einem wiederhergestellten Leben. So kann ich gleichzeitig mündig sein *und* »geleitet«. Denn das Leiten des Geistes ist jetzt nichts Fremdes oder Äußerliches mehr. Meine mündigen Entscheidungen, die ich treffe, werden sich gern am Leiten des Geistes orientieren. Die Transformation durch den Geist macht mündige Menschen!

Das ist also die Pointe dieses Abschnitts aus dem Römerbrief: Das gibt ein »Gerenne in den Beinen«, wie es feiner nicht sein könnte. Es ist die Vision eines Lebens, das allmählich heil wird. Das wurde uns geschenkt, als wir Christen wurden bzw. als wir getauft wurden.

Sechs Gaben des Heiligen Geistes

In wenigen Sätzen zusammengefasst sind es sechs Geschenke, die Gott uns macht, wenn uns sein Geist leitet.

1. Erstens: *die Gabe einer unverschämten Gewissheit.* Paulus sagt es so: Der »Geist bestätigt unserem Geist, dass wir Kinder Gottes sind« (Römer 8,16). Über unseren Stand ist entschieden. Es ist nicht wie bei den Kindern, die sich der sicheren Bindung an ihre Eltern nie gewiss sein konnten. Hier wartet etwas Neues: Ins tiefste Innere pflanzt Gottes Geist die Gewissheit: Ich bin und ich bleibe Kind des Vaters im Himmel und nichts und niemand kann mich aus seiner Hand reißen. Das ist kein warmes Gefühl, das ist keine Frage der Stimmung, das zeigt sich bei Menschen höchst verschieden, aber es ist etwas, das der Geist tut, von Geist zu Geist, von Gott ins Innerste unserer Seele: Du bist und bleibst mein Kind.

2. Zweitens: *die Gabe eines unverstellten Zugangs zum Vater.* Da redet Paulus nicht von Kindern, sondern von Söhnen und Töchtern. Als adoptierte Söhne und Töchter des Vaters ist für uns der Zugang zu Gott offen. Jederzeit. Wir treten ein beim Vater und sagen: »Abba«, das heißt Vater (Römer 8,15). Manche lehren, es ginge hier darum, zu Gott »Papa« oder Ähnliches sagen zu können, wie ein kleines Kind es tun würde. Das ist nicht gemeint, Abba ist auch die Anrede erwachsener Kinder an den Vater, voller Zutrauen und Erwartung. Wir brauchen zum Beten kein kindliches Gemüt, der Geist treibt uns hin zum Vater und dann sagen wir »Abba« und besprechen alles in unserem Leben mit ihm.

3. Drittens: *die Gabe einer neu geschenkten Freiheit.* Paulus sagt: Wenn euch der Geist treibt, dann seid ihr keine Sklaven (vgl. Römer 8,14-15). Ihr seid nicht Knechte, ihr müsst euch nicht fürchten. Man kann die Geister unterscheiden: Wird unser Geist ängstlich, fühlen wir uns wie Sklaven, zu harter Arbeit ohne jeden Anspruch verdammt, dann ist es nicht Gottes Geist. Was für eine Freiheit, wenn ich sagen darf: Ich bin kein Sklave. Ich bin

der adoptierte Sohn, die adoptierte Tochter Gottes. »I'm no longer a slave to fear, I am a child of God« (»Ich bin nicht länger
Sklave der Angst, ich bin ein Kind Gottes«) heißt es in einem
Lied von Bethel Music.[31] Der Geist macht frei. Und das ist nicht
Theorie. Das gilt gerade für Men-
schen, die sich unter großem
Druck sehen oder nur sehr
schlecht Nein sagen können, deren Tempo stets zu hoch ist. Ich
denke dabei an eine Begegnung
mit einem Kreis von Pfarrern hier

> Der Geist macht frei. Das
> gilt gerade für Menschen,
> die nur sehr schlecht
> Nein sagen können.

in Greifswald. Wir sprachen über die chronische Überforderung
in diesem Beruf. Ich bin überzeugt, dass die Therapie nicht in
besserem Selbstmanagement liegt, sondern in der tiefen Gewissheit: Ich bin kein Sklave. Auch nicht meiner Gemeinde. Gott hält
mich nicht als Sklaven bei sich. Ich bin sein Sohn, seine Tochter,
und das darf jeder Forderung eine Grenze setzen.

4. Viertens: *die Gabe allmählicher Veränderung meines Lebens.*
Ich erkenne Gottes Geist in meinem Leben daran, dass ich mir
Stück für Stück tatsächlich wünsche, dass sein Reich kommt,
sein Wille geschieht und sein Name überall einen guten Klang
hat. Daran, dass ich es nicht widerwillig oder gar aus Furcht will,
sondern tatsächlich als das eine wirklich Gute, Erstrebenswer-
te, Lebensförderliche und Frohe herbeisehne. Dann kann ich
mit dem Geist als engem Berater und als starker Kraftquelle ein
Stück meines Lebens nach dem anderen aufräumen. Und ich
werde es tun, mit Rückschlägen und Siegen, weil ich es will und
nicht, weil ich fürchte, sonst am Ende in der Hölle zu enden.

5. Fünftens: *die Fähigkeit zum Mitfühlen und Leiden.* Paulus
schreibt in diesem Kapitel eine Menge über das Leiden. Er bremst
damit eine falsche Erwartung, als stünde nun, so vom Geist getrieben, für jeden das Paradies vor der Tür. Doch es bleibt eine
Welt voller Schmerzen, und Paulus sieht es klar: Wenn ihr vom
Geist getrieben werdet, dann werdet ihr mit Christus leiden
(vgl. Römer 8,17). »Tolles Geschenk!«, werden Sie jetzt vielleicht

denken. Aber ich denke hier nicht zuerst an Leiden als Widerstand anderer Menschen, Verfolgung, Spott, Unterdrückung. Das Leiden bei Jesus, das allem äußeren Leiden voranging, war das Leiden am Elend von Mensch und Schöpfung. Es ist sein tiefes Mitgefühl mit Menschen, sein Erbarmen, wenn er auf das Geschick von Menschen schaut, die Leiden – sei es, weil sie fern vom Vater sind, weil sie sich nicht geliebt wissen, weil ihnen Unrecht oder Gewalt geschieht. Es bricht ihm das Herz. Es bricht Gott das Herz. Mit Christus leiden bedeutet: Was ihm das Herz bricht, lässt uns nie mehr gleichgültig zurück. Man kann den Geist daran erkennen, dass wir nicht hartherzig und gefühllos, nicht zynisch und nicht gleichgültig werden, sondern mitfühlend und tätig – wie unser Herr.

6. Sechstens: *eine gelassene Perspektive über dieses Leben hinaus*: Wer Kind ist, ist auch Erbe (vgl. Römer 8,17). Das Beste wartet noch auf uns. Hier bleibt alles vorläufig, dort wird alles vollkommen sein.

In diesem Kapitel ging es um die Vision lebendigen, mündigen Christseins: getrieben vom Geist, mit der unverschämten Gewissheit, Gottes Kind zu sein, mit dem unverstellten Zugang zum Vater, mit der neu geschenkten Freiheit, niemandes Knecht zu sein, mit der allmählichen Veränderung des Lebens, mit der Fähigkeit zum Mitfühlen und Mitleiden, mit der gelassenen Perspektive eines Menschen, der das Beste immer noch vor sich hat.

Wieder einmal stehen wir vor der Frage: Will ich das? Die Frage lautet nie, ob wir überhaupt von etwas oder jemandem so tief bestimmt, angetrieben und bewegt werden wollen. Die Frage lautet immer nur, wer oder was das »Gerenne in unseren Beinen« in Gang setzt. Wollen Sie, dass es der Vater ist, Jesus, der Heilige Geist? Gottes Geist zwingt nicht, aber er fragt: Ist dies das Leben, das du führen willst?

5. Allmählich wachsen

Es ist ziemlich aufregend, zuzusehen, wenn kleine Menschen wachsen. Ich sehe gerade noch einmal, an unseren Enkelkindern, wie sie eine Fertigkeit nach der anderen erlernen. Sich drehen, robben und krabbeln, sich hochziehen und stehen, dann gehen und laufen, erst brabbeln, dann reden. Bald können die Kleinen schon eine Menge, z.B. wesentliche Worte wie Oma und Opa, aber ich verrate nicht, wie der Jüngste »Opa« exakt ausspricht.

Es gibt solches Wachstum auch im Glauben. In unserer Beziehung zu Gott bleiben wir nicht am Anfang stehen, sondern gehen weiter. Wir wachsen.

Man kann manchmal »bei Kirchens« den Eindruck haben, dass alle zufrieden sind, solange die Leute da sind und nicht weglaufen. Kirche hat dann etwas unermüdlich Bestätigendes an sich: »Es ist okay, wie du bist. Und es ist auch okay, wenn du so bleibst, wie du bist.« Ich sehe das nicht so. Ich glaube: Es ist völlig normal zu wachsen. Gesundes Leben wächst. Das Verhältnis zu Jesus ist ein Verhältnis, das uns in jeder Hinsicht verändert, verwandelt, zum Besseren hin wachsen lässt. Die Gemeinde ist ein Ort des Wachstums und nicht des Stillstands. Gottes Geist setzt in uns lauter kleine Wachstumsimpulse, sodass sich unser Leben wandelt. Fortwährend. Immer wieder.

Dabei spielt die Bibel eine herausragende Rolle. Wir können das schon in den späteren Schriften der Bibel selbst lesen:

Du aber sollst an dem festhalten, was du gelernt und worauf du dein Vertrauen gesetzt hast. Du weißt ja, wer deine Lehrer waren. Und du kennst auch von klein auf die heiligen

Schriften. Daraus kannst du die nötige Weisheit erhalten, um durch den Glauben an Christus Jesus gerettet zu werden. Dazu ist jede Schrift nützlich, die sich dem Wirken von Gottes Geist verdankt. Sie hilft dabei, recht zu lehren, die Irrenden zurechtzuweisen und zu bessern. Und ebenso dazu, die Menschen zur Gerechtigkeit zu erziehen. Damit ist der Mensch, der sich Gott zur Verfügung stellt, gut ausgerüstet. Er ist auf alle Aufgaben seines Dienstes vorbereitet.

2. Timotheus 3,14-17

Warum lesen wir eigentlich die Bibel? Um gebildeter zu werden? Um bibelfester argumentieren zu können? Um den Predigern besser auf die Finger schauen zu können? Sicher wird auch das alles dabei passieren. Aber vor allem aus einem Grund: Das Wort der Bibel wird uns wachsen lassen. Es wird uns vergewissern, trösten, aufrichten, klarer denken und Zusammenhänge verstehen lassen. Die Bibel, die wir lesen, wird uns verändern. Und zwar so, dass wir als Menschen und Kinder Gottes nicht schrumpfen, sondern wachsen.

Der Wachstumsprozess des Glaubens lässt sich in vier Phasen beschreiben.[32]

Der Ort, von dem wir alle herkommen

Die erste Phase ist der Ort, von dem wir alle herkommen. Es ist das Stadium des Nicht-Glaubens. Vielleicht sagen manche: Genau da bin ich. Und da kommen wir alle her. So fängt es an: Wir sind irgendwie und irgendwo und irgendwann auf dieser Erde aufgeschlagen. Wir haben irgendwann angefangen, unser Leben bewusst zu leben. Was ist uns wichtig, was möchten wir erreichen? Was halten wir für richtig oder falsch? Wer wollen wir sein? Was möchten wir werden?

In dieser Phase sind wir selbst »Gott«. Ich meine das nicht so, dass wir morgens aufwachen, uns vor den Spiegel stellen und uns selbst anbeten – auch wenn es das durchaus gibt. Wir sind vielmehr in dem Sinne selbst »Gott«, dass wir selbst unser Leben regieren. Wir sitzen am Steuer. Wir bestimmen die Richtung, wir entscheiden, ob es rechts- oder linksherum geht, ob wir Gas geben oder bremsen.

Das kann sehr gut funktionieren oder auch weniger gut. Vielleicht läuft unser Leben gerade sehr gut: Wir haben einen guten Job, eine nette Familie, gute Freunde, ein ordentliches Einkommen oder sogar mehr. Und trotzdem kriegen wir die Krise. Das muss gar keine Katastrophe sein, es kann schlicht etwas sein, was ich schon bei atheistischen Philosophen gelesen habe: Es geht uns so gut, wir würden uns so gern bedanken – aber bei wem eigentlich? Oder es kann sein, dass wir alles Gute haben, von dem wir träumen, aber es nagt doch Unzufriedenheit an uns: »Größeres gibt es nicht?«, fragen wir dann. Unsere Seele wird nicht satt. Oder es läuft gerade nicht gut. Das Leben zeigt uns seine dunklen Seiten – ich muss gar nicht aufzählen, was das ist –, und wir fragen, was oder wer uns jetzt hält, hilft, rettet, erlöst.

Das sind nur Beispiele, aber irgendwann treten wir an den Rand von Phase 1. Und immer, egal wo wir herkommen, ist der Schritt heraus aus dieser Phase die Entscheidung, Gott die Schlüssel zu übergeben.

Die unter uns, die Autofahrer sind und obendrein Eltern größerer Kinder, verstehen dieses Bild sofort: Da macht ein junger Mensch den Führerschein. Bisher hat er immer hinten gesessen. Aber jetzt hat er den Führerschein, und der Lewis Hamilton in uns muss abdanken. Wir setzen uns auf den ungewohnten Beifahrersitz und überlassen uns den fragwürdigen Fahrkünsten des oder der 18-Jährigen. Wir vertrauen uns seinen Entscheidungen an oder lassen uns dorthin bringen, wohin sie fährt. Mit unserem »heiligen Blechle«.

Genau das passiert, wenn wir Phase 1 verlassen – aber nicht mit einem riskanten 18-Jährigen, sondern mit dem treuen Gott selbst. Wir überlassen Gott die Schlüssel. Wir rücken zur Seite auf den Platz des Beifahrers. Wir geben die Kontrolle ab. Wir vertrauen uns den göttlichen Fahrkünsten an und wir lassen uns dorthin fahren, wo er mit uns hinfahren möchte. Mit unserem »heiligen Blechle«, dem einzigen Leben, das wir haben.

Die Bibel erzählt lauter Geschichten von Menschen, die genau das erlebt haben. Von Menschen, die ohne Gott in der Welt lebten, von ihren Freuden und Krisen, davon, wie plötzlich Gott in ihr Leben trat, von dem Ringen um Vertrauen und vom Zweifel, vom Ja zu Gott und vom Risiko, die Schlüssel aus der Hand zu geben. Da ist ein Mann mit Namen Simon, der später als Petrus berühmt wurde (vgl. Lukas 5,1-11). Ein erfolgreicher Fischer. Wie findet er den Weg? Wie kommt es, dass er anfängt, Jesus zu folgen? Nicht in der schlimmsten Niederlage, sondern nach seiner erfolgreichsten geschäftlichen Aktion bricht sein Lebensentwurf zusammen. Er hat mehr Fische gefangen als je zuvor. Er schaut Jesus an und Jesus schaut ihn an. Und in diesem Moment spürt Simon, dass sein Leben ohne Gott ein einziger großer Fehler ist. Er sieht Jesus, diesen einen, der nichts als Liebe und Güte ausstrahlt, und er merkt: So bin ich nicht, ich bin völlig auf dem falschen Weg. Doch Jesus tut das, was seither Menschen überrascht: Er verurteilt Simon nicht. Er ruft ihn. »Du kannst Größeres erleben als Fische fangen. Komm mit mir.« Und Simon geht mit. Wir lernen in der Bibel, wie es ist, den ersten Schritt zu tun.

Die Zeit der Regeln

2 Dann kommt die zweite Phase. Ich nenne es einfach mal die Zeit der Spielregeln, Übungen und Überzeugungen. Das ist ein spannendes Stadium. Jetzt ist alles neu und irgendwie aufregend und es ist alles klar. Nie zuvor waren wir an diesem Ort. Wir haben herausgefunden, dass Gott wirklich da ist. Die Ungewissheit ist weg, Sicherheit ist da. Sinnlosigkeit ist weg, Sinn ist da. Vielleicht hat uns Gott an einer entscheidenden Stelle aus irgendeinem dunklen Loch herausgeholt, vielleicht ging es uns auch gut. Doch jetzt fangen wir an, das Leben mit Gott einzu-

üben. Der Glaube ist ja zuerst eine bestimmte Weise, das Leben zu leben.

Dazu gehört, dass wir die *Spielregeln* lernen: Das findet Gott gut, das dagegen findet er nicht gut. Verzeihen, geben, sich hingeben, beten, lieben, dienen – das ist gut. Raffgierig sein, zornig, gehässig, eigensinnig, grenzenlos begehrend – das ist schlecht.

Wir machen uns mit den *Übungen* vertraut: Wir lernen zu beten, wir wissen, dass man nicht allein Christ sein kann, und dass der Gottesdienst am Sonntag für ein Leben mit Gott unverzichtbar ist.

Es ist auch vieles ganz einfach, glasklar und richtig. Wir eignen uns die *Überzeugungen* an, auf die es ankommt: Jesus ist der Herr. Er hat mich mit Gott versöhnt. Er zeigt mir den richtigen Weg. Wenn ich ihm nur vertraue und folge, passieren viele gute Dinge. Eines Tages kommt er und dann wird alles wieder so, wie es sein soll. Bis dahin gilt es, möglichst viele Menschen für dieses neue Leben mit Jesus zu gewinnen.

Es ist ein Abenteuer, diese Phase zu durchleben. Wer noch nie den Schritt getan hat, aus dem Nicht-Glauben in diese Anfangsphase des Glaubens, der verpasst so viel! Er verpasst das Wissen: Ich war verloren – und bin gefunden. Ich war draußen – und bin drinnen.

Petrus ist uns auf diesem Weg vorangegangen. Er war tagtäglich mit Jesus zusammen und hat sich alles abgeschaut, was er sich nur abschauen konnte. Jesus hat mit ihm geredet. Und allmählich lernte er, wie man betet und wie man in den alltäglichen Dingen der Fürsorge Gottes vertraut. Er lernte, wie man ein guter Mitarbeiter von Jesus wird und vieles mehr.

Aber diese zweite Phase hat ihre Grenzen und ihren Schatten. Wenn man zu lange in Phase 2 bleibt, dann wird man zu einem dieser seltsamen Christenmenschen, die unbeirrbar, aber ein bisschen merkwürdig sind. Phase 2 ist absolut wichtig, aber eben in dem Sinne wichtig, wie das Laufen- und Sprechenlernen des Kleinkindes wichtig ist. Wer zu lange in Phase 2 bleibt, wird ein bisschen unausstehlich. Vor allem gegenüber Menschen, die nicht glauben oder deren Leben nicht glattläuft. Unausstehlich, weil unbarmherzig. Unbarmherzig, weil ein bisschen zu selbstgewiss.

In Phase 2 funktioniert der Glaube nach der Regel unverrückbarer Formeln: »Wer (mehr) betet, empfängt!« »Wer gehorcht, wird gesegnet!« »Wer Gott vertraut, muss sich vor dem Leben nicht fürchten!« »Keine Ehe muss scheitern, wenn sich beide an Gottes Gebote halten.« »Wer Gott ehrt, wird ein gutes Leben leben.« <u>Die Welt ist schwarz oder weiß, gut oder böse.</u> Die Welt des Glaubens nährt sich von Milch, nicht von Schwarzbrot.

Zugleich bekommt der Kontakt zu allen anderen etwas Kämpferisches. Als ich ein, zwei Jahre Christ war, habe ich erbarmungslos in meiner Schulklasse meinen nicht hinterfragbaren Glauben vertreten, in Deutschaufsätzen, Debatten im Religionsunterricht und auf dem Schulhof. Es war alles klar, wahr und eindeutig. Gewonnen habe ich damit niemanden, verprellt vielleicht manchen. Andererseits war es mir wichtig, die anderen zu gewinnen, und ich war tapfer, ich habe nicht gekniffen oder nach Entschuldigungen gesucht, weshalb ich mit anderen nicht über meinen Glauben sprechen konnte. Das ist Elend und Glanz von Phase 2.

In der Bibel gibt es viele Phase-2-Menschen. Petrus ist ein leidenschaftlicher Vertreter von Phase 2: Er hat alles aufgegeben, er hat ganz auf Jesus gesetzt. Und er staunt: Es war richtig so, es ist gut so! Aber er weiß nun auch genau, wie das Leben mit Gott funktionieren soll. Er kennt keinen Zweifel, wenn es darum geht, was Jesus anständigerweise tun darf und was nicht. Leiden z.B. ist nicht im Plan mit drin. Petrus greift auch schon mal zum Schwert und haut einem Gegner das Ohr ab. Er hat klare Auffassungen, die Jesus (meist) nicht infrage stellt: Du bist der Gesalbte, der ersehnte Befreier und Erlöser. Er ist leidenschaftlich, mit dem Mund immer vorneweg. Seine Überzeugungen lassen keinen Platz für Zweifel.

Durch Zweifel und Tiefen

Aber Gott lässt uns nicht in Phase 2 – er lässt Phase 3 folgen. Das ist der Wachstumsschritt, der wehtun kann. Ich nenne ihn: Zweifel und Tiefgang.

Häufig kommen wir in diese Phase, wenn Gott uns bestimmte Erfahrungen mit uns selbst machen lässt. Oder wenn die Dinge bei Menschen, an denen unser Herz hängt, schiefgehen. Ein Gebet um Heilung wird nicht erhört. Unser tapferes Zeugnis trifft auf Menschen, die uns fragen: Geht es dir um mich oder nur um ein Kreuzzugopfer? Eine Ehe zerbricht. Ein Kind gerät nicht so wie erhofft, obwohl wir doch alles richtig machen wollten. Eine Firma geht in Konkurs. Eine Beterin bleibt wider Willen allein und findet keinen Partner. Die Formeln passen nicht mehr zum Leben. Das Leben passt nicht in diese Schachtel voller fragloser Gewissheiten. Gott scheint uns bitter zu enttäuschen. Er scheint uns im Stich zu lassen. Das bin ich – und ich dachte doch, ich hätte verstanden und durchschaut, was die Welt im Innersten zusammenhält. Gott mutet uns schwere Erfahrungen zu.

Zu den schwersten können auch Erfahrungen mit uns selbst gehören: Wir selbst können fallen, sehr tief unter Umständen. Wir hätten nie gedacht, dass das noch in uns steckt: so leicht zu versuchen, so zum Bösen hingeneigt, so ablenkbar, so einfach vom Weg abzubringen. Wir schauen in Abgründe und der Glaube weint bittere Tränen. Wir haben Gott bitter enttäuscht und haben ihn im Stich gelassen. Das bin ich – und ich dachte doch, ich hätte es gepackt!

Wenn wir da drinstecken, denken wir nicht, dass wir daran wachsen sollen. Und doch: Gerade jetzt ist Gott bei uns am Werk und lässt uns wachsen. Wenn beim Heranwachsenden das Längenwachstum einsetzt und aus dem Kind ein Erwachsener wird, geht es durch Schmerzen, es geht durch Verunsicherungen, es geht durch Zeiten, in denen es niemanden mag und niemand es zu mögen scheint, aber es braucht diese Zeiten, damit Wachstum passiert. Wie schräg wäre es, wenn wir das meiden und in Phase 2 bleiben wollten. Wir brauchen jetzt Hilfe, Gesprächspartner, Wachstumsbegleiter, Menschen, die auch noch an uns glauben, wenn wir es nicht mehr können.

Petrus erlebt, dass Leiden zum Glauben gehört. Er merkt: Es geht nicht immer schneller, schöner, besser. In der Zeit der Wachstumsschmerzen lesen wir die Bibel anders: Petrus an unserer Seite, wir in der Geschichte eines Petrus tiefer verstanden, tiefer geborgen, gehalten, bis wir merken: So schlecht steht es nicht um uns. Petrus enttäuscht Jesus und ist von sich selbst enttäuscht. Petrus weint bitter, er lässt Jesus im Stich, er redet Unsinn über seinen Herrn. Er ist nicht da, als Jesus ihn so dringend braucht. Er wärmt sich lieber am Feuer mit denen, denen Jesus egal ist.

Aber Jesus lässt Petrus nicht im Stich. Jesus lässt sich nicht von Petrus trennen. Jesus ist da, als Petrus ihn am dringendsten braucht. Jesus geht durch die Hölle für den untreuen Freund. Jesus liebt ihn trotzdem. Jesus lässt lieber sein Leben als seinen Freund los. Und wir lesen es, können es nicht fassen und müssen doch denken: Das ist ja meine Geschichte.

Vertrauen und Anbetung

Und damit stehen wir plötzlich in der vierten Phase: Vertrauen und Anbetung. Wir haben jetzt nicht mehr Formeln und einfache Wahrheiten. Wir wissen jetzt, dass das Leben und der Glaube komplizierter sind.

Alles, was wir in Phase 2 gelernt haben, ist ja wahr, es ist wirklich wahr, aber es ist nicht wahr wie eine Formel, wie eine Sammlung von Sätzen, die die Welt erklären. Ja, wer betet, wird erhört, aber nicht immer so, wie er wollte. Ja, mit Jesus wird das

Leben gut – aber das bewahrt uns nicht vor schweren Erfahrungen. Ja, Jesus verändert mein Leben, aber solange ich lebe, gibt es viele dunkle Möglichkeiten in meiner Seele – ich lebe vom Erbarmen Gottes, der nicht müde wird, zu verzeihen. Und dann kann ich doch nicht anders, als auch mit anderen Erbarmen zu haben. Und wenn es schwer und dunkel wird, dann ist er da, er hält mich über dem Abgrund, er ist in der tiefsten Tiefe bei mir. Gerade wenn ich unten bin, ist er da. Wo ich ihn nie erwartet hätte, kommt er mir mit einer Güte und Wärme und Freundlichkeit und Kraft und Hoffnung entgegen, die ich in den guten Tagen nie erahnt hätte.

Jetzt wächst der Glaube in die Tiefe. Jetzt ist es Vertrauen, nicht nur unumstößliche Sicherheit eines Glaubenssystems. Jetzt ist es Liebe, die sich in Anbetung äußert, nicht nur Kenntnis der Wahrheiten, die ich mit eiserner Gewissheit vertrete. Ich drohte doch so tief zu fallen – und landete in Gottes sanften Händen.

In der Bibel treffen wir auf Menschen, die so in die Tiefe wuchsen. Petrus kann am Ende nur noch sagen, dass er Jesus liebt, alles andere, alle Selbstgewissheit ist ihm genommen (Johannes 21,15-17). Aber nun wird er zu dem, der die erste Gemeinde mit aufbaut. Mit Kraft und Überzeugung predigt er und Menschen werden gewonnen. Am Ende ist er bereit, in den Tod zu gehen für Jesus. Wenn wir seine Geschichte lesen, lesen wir uns hinein in diese Geschichte des Wachstums, und das Aufregende ist, dass Gott uns durch *Lebenserfahrungen* führt, aber durch *Leseerfahrungen* tröstet, vergewissert und im Glauben neu beheimatet. Das Lesen erst deutet unser Leben, und das Wort verändert uns – darum lesen wir die Bibel.

Dieses Wachstum geht nicht von eins nach vier und das war es dann. Wir durchlaufen diese Phasen wieder und wieder, vielleicht aber auf Dauer mit immer mehr Phase 4, vielleicht so, dass sich das unserem Leben tief einprägt, was wir hier gelernt, gelebt und gelesen haben. Doch Gott ist mit uns in jeder dieser Phasen, das ist unsere Hoffnung.

Dritter Teil

Lebendiges, mündiges
Christsein einüben

1. Einüben: Alles dreht sich um Jesus!

Es ist wunderschön, Kinder zu haben. *Fast* immer. Nur ist es eben nicht immer *ungetrübt* schön, Kinder zu haben. Nein, ich denke jetzt nicht an durchwachte Nächte, volle Windeleimer und vollgespuckte Wohnzimmermöbel. Ich denke ans Autofahren. Kinderkassetten im Auto, das ist – mir fehlen die Worte. Sie können das gern in zeitgenössische Technologie übersetzen, das unterscheidet sich im Ergebnis nicht. Ein Beispiel? Schulweg-Hitparade! »Wo kein Gehweg ist, da geh ich links.« Klar, warum fahren Kinder überhaupt im Auto mit? Rolf Zuckowski – dagegen ist Florian Silbereisen geradezu ein Genuss für die Ohren. Wer jetzt nicht versteht, worum es geht, dem kann ich nur sagen: Sie haben keine Ahnung, was Ihnen noch bevorsteht! Und wenn die Kinder endlich auch Sting, U2 oder Coldplay hören wollen, dann füllen Enkel die Lücke – und es geht von vorne los!

Neulich aber wurde ich einmal eines Besseren belehrt. Unser Enkel Jonte, der uns schon mit der Kinder-Fußballlieder-CD von Arminia Bielefeld gefoltert hatte, brachte eine Astronomie-CD mit. Und es fällt mir schwer, dies zuzugeben, aber mit Jonte zusammen habe ich noch einmal Wesentliches fürs Leben gelernt: nämlich den Unterschied zwischen Sternen und Planeten. Na, wüssten Sie sofort den Unterschied? Also, es gibt zwei Dinge, die wir über Sterne und Planeten wissen müssen:

1. Die Planeten kreisen um die Sterne und nicht andersherum. Es ist eine Illusion zu sagen, die Sonne wandere vom Morgen zum Abend, von Ost nach West. Unser Planet Erde wandert um die Sonne. Es hat gedauert, bis die Kirche das anerkannte!

2. Die Planeten leuchten nicht aus sich selbst heraus, sondern sie werden beleuchtet. Aus sich heraus leuchten Sterne. Sterne sind riesige glühende Gaskugeln, die per Kernfusion Energie erzeugen und Licht abstrahlen, wie unsere Sonne.

Doch was hat das mit dem Thema zu tun? Ich will es ein bisschen erläutern, am besten mit einem kurzen Abschnitt aus dem Markusevangelium:

Sechs Tage später nahm Jesus Petrus, Johannes und Jakobus mit sich. Er führte sie auf einen hohen Berg, wo sie ganz für sich waren. Da veränderte sich sein Aussehen vor ihren Augen: Seine Kleider wurden strahlend weiß – kein Tuchhersteller dieser Welt kann Stoff so hell machen. Dazu erschienen vor ihnen Elija und Mose. Die redeten mit Jesus. Und Petrus sagte zu Jesus: »Rabbi, es ist gut, dass wir hier bei euch sind. Wir wollen drei Zelte aufschlagen: eins für dich, eins für Mose und eins für Elija.« *Aber Petrus wusste nicht, was er sagte – so erschrocken waren sie. Dann zog eine Wolke auf und ihr Schatten legte sich über sie. Und eine Stimme erklang aus der Wolke:* »Das ist mein Sohn, ihn habe ich lieb. Hört auf ihn!« *Plötzlich waren sie mit Jesus allein. Als sie sich umsahen, konnten sie niemanden mehr erblicken.*

Markus 9,2-8

Worum geht es in dieser Geschichte? Meine These: Es geht um Sterne und Planeten. Es ist eine der großen ungewöhnlichen Geschichten in der Bibel, eine Stern-Stunde für die, die mit Jesus unterwegs sind. Mit Jesus scheint es in dieser Zeit abwärts zugehen, von Leid und Tod haben seine Jünger jüngst gehört. Aber an diesem Tag geht es aufwärts, hinauf auf einen Berg. Mit Jesus geht es zugleich abwärts und aufwärts, das Kreuz ist in den Dreck dieser Erde gerammt und doch weist es hinauf in die Herrlichkeit des Himmels.

Jesus macht einen Ausflug auf einen Berg und er nimmt seine

drei engsten Freunde mit: Petrus, Johannes und Jakobus. Oben wartet nicht ein beeindruckender Ausblick, auch kein berührender Sonnenaufgang, sondern etwas Ungeheures, etwas in der Bibel absolut Einzigartiges. Die Jünger werden sehen, wie der himmlische Vorhang beiseitegezogen wird. Sie werden der Herrlichkeit Gottes in die Augen schauen. Sie werden einmal, ein einziges Mal sehen, betrachten, bestaunen, was sie sonst nur glauben, denken, für möglich erachten. *Er ist da*, und sie sehen ihn, unverhüllt, offenbar, nicht mehr verborgen.

Das ist die Geschichte, und Petrus, der als Erster den Mund zu- und dann wieder aufkriegt, Petrus, der nie um eine Idee verlegen ist, fragt: »Können wir das jetzt nicht festhalten? Wäre es nicht wunderschön, zu bleiben? Jesus, wir bauen dir sofort ein kleines Ferienhaus hier auf dem Berg, und für Mose und Elia gleich eines mit.« Aber das ist nicht der Sinn dieser Geschichte: dass es jetzt *immer* so sein soll. Der Vorhang fällt wieder zu. Das Licht verlischt. Der Moment ist vorüber, und Petrus hat nicht einmal ein Selfie gemacht! Was also soll dieser eine, viel zu kurze Moment, in dem der Vorhang sich geöffnet hat? Wozu ist das geschehen und wozu wird es uns erzählt?

Die Antwort heißt: Damit wir wissen, wer Jesus ist, wozu er kam und wie wir darauf reagieren sollen.[33]

Wer ist Jesus?

Um zu verstehen, was hier so besonders ist, müssen wir in das Alte Testament schauen (vgl. 2. Mose 19-34). Die Israeliten sind aus Ägypten geflohen. Während sie durch die Wüste ziehen, begleitet und leitet sie Gott: tags in einer Wolkensäule, nachts in einer Feuersäule (2. Mose 13,21). Dann kommen sie zu einem Berg, dem Sinai. Und da ist Feuer, Donner und Blitz, Rauch und Beben, da ist die Stimme Gottes, da ist Lebensgefahr, wenn man den Berg auch nur berührt. Nur Mose darf hinaufsteigen. Gott redet mit ihm aus der Wolke. Aber Mose möchte mehr: Er will die Herrlichkeit Gottes sehen. Doch Gott sagt zu ihm: Das geht nicht. Du *kannst* die Herrlichkeit Gottes nicht sehen. Du würdest es nicht ertragen, du müsstest sterben. Deshalb darf er nur hinterhersehen, als Gott vorbeigeht. Als Mose zum Volk zurückkehrt, glänzt er so sehr, dass es die Leute nicht ertragen, er muss sich ein Tuch auf das Gesicht legen. Mose darf nur hinterhersehen, aber er glänzt wie verrückt. Dabei ist er nur ein Planet und kein Stern, nur angestrahlt und nicht strahlend.

Als Jesus mit seinen Jüngern auf dem Berg ist, passiert etwas täuschend Ähnliches: Wieder ist es ein Berg, wieder ist Mose da, jetzt auch Elia, der Prophet, wieder geht es hinauf auf den Berg, wieder gibt es Licht und Wolken und Gottes Stimme. Aber jetzt ist es Jesus, der strahlt, so hell, wie es niemand auf Erden hinbekommen könnte. Er wird verklärt, übersetzt Luther. Man versteht aber auch das Griechische: von Metamorphose spricht Markus, vom Gestaltwandel. Dabei wird nur für einen Moment sichtbar, was seit jeher wahr ist: Jesus strahlt mit einem unvergleichbaren Licht, von innen, denn er ist kein Planet, er ist der Stern. Er ist nicht wie Mose und Elia. Er ist selbst die Gegenwart der Herrlichkeit, das reine Strahlen, der pure Glanz. Hier ist nicht *noch* ein großer Mensch, der uns auf Gott hinweist, zu Gott führt oder über Gott aufklärt. Hier ist nicht *noch* ein Mose oder Elia. Wenn wir auf Jesus schauen, schauen wir Gott ins Herz. Das wird hier für einen Moment enthüllt. »Das ist mein lieber Sohn«, schallt es herab, wie bei der Taufe von Jesus (vgl. Markus 1,11). Da galten die Worte Jesus selbst: »*Du* bist mein lieber Sohn.« Hier gelten sie denen, die dabei sein dürfen: »*Das* ist mein lieber Sohn!«

Wozu ist Jesus gekommen?

Mose wollte Gott sehen und durfte es nicht. Das erscheint uns vielleicht eng, aber es ist nur realistisch. Die Menschen in der Bibel zeichnet ein tiefer Respekt aus. Sie kämen nie auf die Idee, es sei harmlos, mit Gott zu tun zu haben. Einer von ihnen ist Jesaja, der am Anfang seines Weges als Prophet einmal so sehr in die Nähe Gottes geriet, dass es brenzlig wurde (vgl. Jesaja 6,1-5). Er wehrt ab. Er erträgt es nicht. »Weh mir«, ruft er. Gott wirklich so nah zu kommen, ist etwas, das auch den Menschen in der Bibel äußerst selten geschah, und wenn, sorgte es für Furcht und Zittern, nicht für Wonne und Freude.

Das ist unser Dilemma. Wir sind doch dafür geschaffen, Gott zu schauen, uns an ihm zu freuen, in seiner Gegenwart zu leben, Tag für Tag, unter seinen Augen ein wahrhaft menschliches Leben zu leben und ihn dabei von ganzem Herzen, völlig ohne Anstrengung zu lieben und zu loben. Das ist unsere innerste Sehnsucht. Und in aller Sehnsucht, die an unserer Seele schmerzhaft zieht und zerrt und nicht zu stillen ist, sehnen wir uns nach der verlorenen Heimat bei Gott. Und umgekehrt: Jeder Moment, in dem wir etwas von Erfüllung spüren, jede Berührung durch Musik, jeder erhabene Moment in der Natur, jede Sekunde der Verschmelzung mit einem anderen Menschen, jeder Gedanke, der unseren Geist fasziniert, ist ein Echo auf die Erfüllung, die wir bei Gott haben könnten.

> Jeder Moment, in dem wir etwas von Erfüllung spüren, ist ein Echo auf die Erfüllung, die wir bei Gott haben könnten.

Ein Moment oft nur, nicht festzuhalten, so schnell vergangen wie gekommen. Nicht schlecht, gar nicht schlecht, gut, sicher gut, aber nur gut als Echo, als kleiner Nachklang der Erfüllung unserer Sehnsucht bei Gott. Dafür sind wir geschaffen.

Das Elend unseres Lebens ist, dass uns der Zugang zu dieser Erfüllung verschlossen ist. Die Tür ist zu. Und damit sind wir an der Stelle, an der Petrus Hütten bauen will. Ich finde das sympathisch. Er ist nicht der kontemplative Typ wie Johannes, der jetzt erst einmal im Betrachten versinken würde, oder der intellektuelle Typ wie Paulus, der sofort noch zwei Kapitel für seinen nächsten Brief aufschreiben würde. Petrus ist »the normal one«[34], der hat schon Hammer und Schraubenzieher in der Hand und will Hütten bauen.

Hütten hatten damals eine besondere Bedeutung. Die Stifts-hütte bei Mose wurde später ersetzt durch den Tempel in Je-rusalem. Die Funktion der Stiftshütte war es, einen Ort für die Begegnung mit Gott zu haben und gleichzeitig vor der lebensbedrohlichen Berührung durch Gott geschützt zu sein. Die Hütte ist ein geschützter Raum, da gibt es einen Vorhang, und all das Lebensgefährliche, das mit Gott zu tun hat, passiert hinter dem Vorhang. Der Vorhang ist Schutz und Schild gegen Gott. Man würde sterben, wenn man Gott direkt begegnete. Die Hütte ist Schutz vor dem gefährlichen Gott.

Petrus macht also einen liturgisch klugen Vorschlag. Nur geht niemand darauf ein. Das ist ja das Schicksal vieler Männer: Sie machen gute Vorschläge und keiner hört auf sie. Denn in die-sem Moment kommt die göttliche Wolke, sie umhüllt die kleine Bergsteigercrew vollständig, die Stimme Gottes erklingt, Jesus glänzt und leuchtet – und niemand stirbt. Gott ist gegenwär-tig und sie bleiben trotzdem am Leben. Wie kann das sein? Die Jünger öffnen die Augen und sehen Jesus, nur Jesus allein. Das deutet bereits auf etwas hin, was später passieren wird. Als Jesus gekreuzigt wird, da reißt der Vorhang im Tempel von Jerusalem. Er ist nicht mehr nötig. Der Tempel ist nicht mehr nötig. Der Schutz ist nicht mehr nötig. Jesus ist jetzt der Vorhang. Jesus ist der Schutz. Jetzt darf ich Gott begegnen und muss nicht sterben.

Im Musical »Jesus Christ Superstar« gibt es eine starke Pas-sage, als Pilatus Jesus zum ersten Mal sieht. Pilatus sagt da: »So this is Jesus Christ, I am really quite surprised. You look so small, Not a king at all.«[35] Jesus verliert alles, seine Schönheit, seine Herrlichkeit, seine Macht, alles, was wir auf dem Berg noch se-hen, gibt er auf. Und darum allein können wir Gott begegnen. Das Kreuz – tief in den Dreck der Erde gerammt, und doch der Zugang zur Herrlichkeit des Himmels.

Wie sollen wir darauf antworten?

Am Ende sehen die Jünger Jesus allein. Am Ende bleibt nur das eine Gebot, das fortan für uns gilt, in allem und in jedem: *Jesus, mein geliebter Sohn – auf ihn sollt ihr hören.* Das bedeutet: Unser Leben mit Gott ist nicht eine Gipfelwanderung, die uns von einem Höhepunkt zum nächsten führt. Für die drei aus dem Jesus-Team blieb es bei diesem einen Mal. Es war ihr Feiertag im Glauben. Ihr Alltag im Glauben hieß: auf Jesus hören.

Auf Jesus hören bedeutet: Gehorche ihm, denn er ist nicht zahm. Ich mag die Idee von C.S. Lewis, Jesus als Löwen darzustellen.[36] Aslan ist voller Liebe, treu und stark, aber er ist nicht harmlos, er ist nicht zahm. Er ist kein guter Freund, der gelegentlich zum Trösten vorbeikommt und ansonsten keine Ansprüche stellt. Auf Jesus hören heißt: Jesus gehorchen. In allem. Alles wird sich dann um ihn drehen. Er ist der Stern, um den wir als Planeten kreisen. Die Gefährdung von uns Frommen ist: Wir sagen nicht, Jesus sei nur ein guter Mensch. Wir wollen es aber auch nicht so radikal, dass sich alles um ihn dreht. Wir halten uns gern in der Mitte auf. Aber diese Mitte ist ein Irrtum. Unsere Geschichte zeigt uns, mit wem wir es zu tun haben. Er ist ein Löwe. Er ist der Stern. Auf Jesus hören bedeutet: ihm jeden Lebensbereich öffnen, ja, auch den, an den Sie just in diesem Moment mit etwas innerer Abwehr denken.

Auf Jesus hören bedeutet auch: Bete ihn an, denn er ist der strahlende Stern. Die Sache mit dem Gehorsam fällt uns schwer, solange wie wir nicht die Schönheit und Güte sehen, die uns hier entgegenkommt. Licht und Farben. Wärme und Güte. Unermessliche und unerschöpfliche Liebe. Mein natürlicher Impuls sagt: »Ich will die Kontrolle nicht verlieren.« Das ändert sich, wenn wir Jesus sehen, vor ihm zur Ruhe kommen, erkennen: »Er ist so klein, gar nicht wie ein König.« Es fühlt sich dann völlig sicher an, ihm zu vertrauen und die Kontrolle abzugeben. Dann wird aus Widerwillen Freude, aus Furcht Willigkeit, aus Pflicht Wahl. Das ist Anbetung.

Auf Jesus hören bedeutet außerdem: Bleib geduldig, denn er ist verlässlich. Meistens sind wir nicht auf dem Berg, wir fühlen uns eher im tiefen Tal. Wir sehen nicht das helle Licht, wir fühlen nichts von der großen Liebe. Auf Jesus hören heißt: Er ist verlässlich. Da ist mehr in unserem Leben, als wir jetzt sehen. Mir schrieb einmal jemand nach einem Vortrag, er sei 55 und habe nicht wirklich etwas Großes zustande gebracht, und jetzt würde ja wohl auch nichts mehr kommen. Kann sein. Kann sein, dass da mehr Tal als Berg, mehr Schatten als Licht, mehr Belangloses als Großes, mehr Mittelmaß als Weltbewegendes ist oder war in einem Leben. Und doch: Geben Sie nicht auf, bevor es vorüber ist. Plötzlich kann es hell werden. Es ist mehr an jedem Menschenleben, als wir sehen. Jesus ist der Stern, um den wir kreisen. Sein Licht fällt auch auf Ihr Leben.

Jontes Kassette war für mich ein erstklassiger Nachhilfeunterricht in Sachen Astronomie. Und was Markus hier schreibt, ist für mich ein erstklassiger Nachhilfeunterricht in Sachen Jesus. Er ist der Stern, ich ein Planet. Um ihn herum zu kreisen und von seinem Licht erleuchtet zu sein, ist das, wozu ich bestimmt bin, das, was meine tiefste Freude und Erfüllung ist.

2. Einüben: Auf Jesus hören lernen

In meinem Arbeitszimmer finden sich etliche Bibeln. Einige sind noch recht neu, andere begleiten mich ein halbes Leben lang, z.b. mein griechisches Neues Testament, das ich zur Ordination bekam. Meine englische Studienbibel, meine Lieblingsbibel. Meine Lutherbibel von 2017. Meine Basisbibel, nur noch elektronisch. Und dann meine alten Bibeln, die so vollgemalt sind, dass ich irgendwann mit einer neuen weitermachen musste. Auch sie sind noch da. Ich schaffe es einfach nicht, eine Bibel wegzuwerfen oder zum Altpapier zu geben – das käme mir wie ein Sakrileg vor, eine Schande geradezu. Vielleicht beerdige ich sie eines Tages, wie es die Juden mit ihren heiligen Schriften tun. Fast mein ganzes Leben lang hat mich immer eine Bibel begleitet, durch alle Stationen, auf allen Wegen, allen Hochs und Tiefs.

So sehr ich viele Bücher liebe, so einzigartig ist es mit der Bibel. Und das hat einen Grund: Dieses Buch ist mehr als ein Buch. Auch andere Bücher können mich berühren, bilden, informieren, in Spannung versetzen, ärgern, meinen Horizont erweitern, mich in ihre Welt entführen. Aber die Bibel kann etwas, das kein anderes Buch kann. Ich höre *Gott* zu mir sprechen. Ich höre Gott *zu mir* sprechen. Nicht immer, aber immer wieder. Nicht eine physisch vernehmbare Stimme, aber als Gedanken und Eindruck, als nachdrückliches Angesprochensein und Berührtwerden.

In diesem Kapitel geht es um das Hören auf Gott. Es geht darum, dass und wie Gott mit uns Kontakt aufnimmt, wie er uns anspricht, wie er uns in einen Wortwechsel verwickelt und wie er uns durch sein Reden verändert. Zum mündigen Christsein gehört das hörende Christsein – so wird es lebendig!

Rede, Herr

Vielleicht sagen Sie jetzt: »Ja, aber wie soll das geschehen? Ein ewiger, mächtiger Gott und ein irdischer Winzling, einer von 7,5 Milliarden Menschen? Und wie soll ich wissen, dass Gott mit mir geredet hat – wirklich Gott und nicht nur mein mächtiges Über-Ich, meine bedürftige Seele, die Maßstäbe meiner Schwiegermutter, mein strenger Lehrer oder ein ins Gewaltige erweiterter Pastor von der Kanzel?

Eine erste Antwort finde ich wiederum in der Bibel. Im 11. Jahrhundert vor Christi Geburt sind die Verhältnisse in Israel schwierig, gerade in religiöser Hinsicht. Selbst die religiösen Führer wirken merkwürdig erkaltet. Einige haben resigniert; so lange schon haben sie nichts mehr von Gott selbst vernommen. Andere benutzen den religiösen Betrieb nur noch, um sich selbst zu bereichern. Die Menschen opfern in den Heiligtümern, und von den Opfern lassen es sich die Priester gut gehen. Mitten in der »Kirche« ist der Glaube erkaltet. Tote Routine, flache Lobgesänge, null Erwartung.

Am wichtigsten Heiligtum sind die Verhältnisse besonders schlimm. Der alte Oberpriester Eli hat zwei durch und durch korrupte Söhne und er selbst weiß auch nicht mehr, wie man Gottes Stimme hören kann. Er hat einen Schüler, zwölf Jahre alt, der als Hilfshausmeister im Heiligtum Dienst tut. Samuel, ein Junge aus gutem Hause, ein Kind, auf das die Mutter lange hatte warten müssen. Aber das ist eine andere Geschichte (vgl. 1. Samuel 1-3).

Nun lebt Samuel am Heiligtum. Mitten in der Nacht ruft ihn Gott. Samuel hat keine Ahnung, was ihm widerfährt, er denkt, der Chef braucht ihn. Aber Eli hat ihn nicht gerufen und mitten im Haus Gottes kommt dem alten Priester nicht der Gedanke, Gott selbst könne den Jungen gerufen haben. Er schickt Samuel wieder ins Bett, dreht sich um und schläft weiter. Das wiederholt sich zweimal. Dann regt sich bei Eli etwas, eine schwache Erinnerung, vielleicht etwas, das er im Studium gelernt und längst vergessen hatte. Ein Ahnen, eine Möglichkeit: Sollte Gott mit einem Zwölfjährigen reden? Beim dritten Mal sagt er daher: Junge, wenn es wieder passiert, dann sag einfach diese Worte: »*Rede,* Herr, denn dein Knecht hört« (1. Samuel 3,10). »Rede, *Herr*«, denn wenn es noch einmal passiert, ist es wirklich der Herr, der dich ruft! Und genau so kommt es.

In jener Nacht beginnt ein aufregendes Leben für einen religiös bis dato völlig unterernährten Jungen. Samuel hört und er wird immer wieder hören, er wird zu einer der großen Gestalten in der Geschichte des Volkes Israel. Ein harter Weg liegt vor ihm. Wer Gott hört, der wird nicht auf Rosen gebettet. Aber sein Leben nimmt Fahrt auf, hat Sinn und Richtung, Kraft und Erfüllung! »Rede, Herr, denn *dein Knecht* hört!«

Gott spricht tatsächlich mit kleinen Leuten. Gott macht es persönlich. Er redet mit dem zwölfjährigen Samuel, er redet mit der jungen Maria aus Nazareth, er redet mit dem hochgebildeten Paulus, er redet mit dem Mörder Mose, mit dem steinalten Abraham und mit dem betrügerischen Jakob, er redet mit dem misshandelten Josef und mit der Prostituierten Rahab. Gott spricht mit kleinen Leuten. Sie müssen nicht mehr sein als diese, damit Gott mit Ihnen reden kann.

Der amerikanische Pastor Bill Hybels hörte als Kind in der Sonntagsschule die Geschichte von Samuel. Danach war er sehr aufgeregt, und statt mit den anderen Kindern hinauszugehen, fragte er die Leiterin: »Sag mal, redet Gott auch heute noch mit kleinen Jungs?«[37] Das ist die große Frage: Redet Gott auch heute noch mit uns?

Wenn man Samuels lange Lebensgeschichte liest, dann gibt es einen roten Faden: Samuel hört und dann spricht und handelt er. Er gehört zu den wenigen Gestalten in der Bibel, auf deren Leben nahezu kein Schatten liegt. Als Samuel ein Junge ist, hat das Volk Israel keinen König, Richter führen das Volk, und Samuel wird ein Richter in Israel. Er muss Eli, seinem alten Priester, das Ende seiner Familie ankündigen – und er tut es. Man beginnt, den jungen Mann zu respektieren, spätestens als er das

Volk im Befreiungskampf gegen die Horden der Philister führt, die wieder und wieder angreifen, morden und plündern. Das Hören formt Samuels Leben, und sein großes Anliegen wird es, dass ganz Israel wieder auf Gott hört und allen anderen Göttern den Abschied gibt. Rastlos zieht er im Land umher und übt in jeder Stadt das Richteramt aus. Ein langes Leben im Dienst des Volkes.

Samuel wird alt und will sich zur Ruhe setzen. Seine Söhne sollen sein Amt übernehmen. Das wird der große Schmerz und eine schlimme Enttäuschung in seinem Leben: Seine Söhne hören nicht auf Gott, sie sind korrupt. Samuel weiß nicht, dass er das Schwerste noch vor sich hat. Jetzt will das Volk nämlich einen König haben. Wir stehen an einer Schwelle der Zeiten: Das Volk organisiert sich neu. Ein König über allen; endlich so sein wie alle anderen Völker. Samuel ist außer sich: Gott ist doch König, wie kann Israel es wagen, sich einen Menschen als König zu wünschen (vgl. 1 Samuel 8,1-22)?

Auch in dieser Situation hört Samuel Gottes Stimme. Interessanterweise sagt Gott einerseits: »Ja, du hast recht, das ist nicht gut, mein Volk traut mir nicht mehr«, aber andererseits: »Sie sollen bekommen, was sie wollen, und ich will es so machen, dass sie wenigstens einen guten König erhalten. Lieber Samuel, tu, was das Volk will.«

So wird der alte Richter noch zum Königsmacher. Er salbt Saul, den ersten König in Israel. Saul scheint eine glänzende Besetzung zu sein (vgl. 1 Samuel 9-10). Aber es ist nicht Gold, was da glänzt. Denn Saul gehorcht Gott an entscheidender Stelle nicht. An Saul kann man sehen, wie ein Menschenleben so ganz allmählich vom Kurs abkommt: hier ein Kompromiss, da eine falsche Entscheidung, da ein Nachlassen im eifrigen Hören, hier ein Nachgeben gegenüber eigenen Begierden. Saul driftet ab (vgl. 1. Samuel 15-31).

Wieder hört Samuel Gottes Reden, und dann redet er und handelt: Er teilt Saul mit, dass Gott nicht mehr auf seiner Seite steht, und er salbt einen anderen zum König, einen Jungen.

David heißt er und ist ein Hilfshirte in seiner Familie (vgl. 1. Samuel 16).

Da rundet sich Samuels Lebensweg. Vielleicht muss er als Greis daran denken: So jung, so unerfahren, so ein unbeschriebenes Blatt war ich auch einmal, und da hat Gott mich angesprochen in der Nacht, und seither immer wieder, es war nicht leicht, nie war es leicht, aber was für ein aufregendes Leben habe ich gehabt! Ich hörte den lebendigen Gott, und dann wurde ich Teil seines großen Volkes, ich habe geleitet, gepredigt, Kriege geführt, Opfer gebracht, Enttäuschungen erlebt, aber immer war Gott da, immer wieder hat er mich überrascht. Und alles begann, als ich einen Satz sagen lernte, meinen Lebenssatz, meinen roten Faden: »Rede, Herr, denn dein Knecht hört.«

Das vielfältige Reden Gottes

Wenn Menschen rufen: »Rede, Herr, dein Knecht hört«, dann redet Gott. Sein Reden hat ganz unterschiedliche Formen, die bezüglich ihrer Klarheit und Eindeutigkeit hierarchisch geordnet sind, wie bei einer Pyramide in Stufen von oben nach unten.

Gott hat zu uns am klarsten geredet, als er *Jesus* zu uns sandte. Im Hebräerbrief heißt es, Gott habe früher schon auf mancherlei Weise mit uns geredet, am Ende aber ein letztes großes Wort gesprochen: Jesus (vgl. Hebräer 1,1-2). Jesus ist Gottes eigenes Wort. Jesus ist eine einzige Liebeserklärung Gottes, mit der er uns anredet. Wenn wir Jesus betrachten, dann hören wir, wie alles ruft: »Das ist mein letztes Wort, meine Hingabe, mein Dienst, mein Opfer, meine Liebeserklärung, mein entschiedener Wille.« Jesus ist Botschaft in Person, Leib gewordenes Wort, verkörperte Rede, Gottes schönstes Gedicht, seine Anrede mitten in unser Herz. Wenn Sie wissen wollen, wie es um Gott und Sie steht, sehen Sie auf Jesus. Sehen Sie auf die Krippe. Hören Sie seine Worte. Betrachten Sie seine Taten. Lassen Sie sich berühren von seinem bedingungslosen Ja. Schauen Sie auf das Kreuz. Sehen Sie, wie die Sonne an Ostern aufgeht. So ist es, das ist es, was Sie hören müssen, um gut leben und getrost sterben zu können. Jesus ist das Wort Gottes.

Eine Stufe tiefer ist *die Bibel*, denn sie erzählt von Gottes Reden, von Abraham, Isaak und Jakob, von Mose, dem Auszug aus Ägypten und den Geboten am Sinai, von den Königen, den Propheten und der Erwartung, ein Retter möge kommen. Und dann erreicht sie ihren Scheitelpunkt, sie erzählt von Jesus, seinem Kommen für uns, seinem Reden zu uns, seinem Wirken, seinem Leiden und Sterben an unserer Stelle, seinem Auferstehen zu unserem Heil, seiner Erhöhung zum Vater, wo er tagaus, tagein für uns eintritt, von der Erwartung, dass er wiederkommt und alles gut wird. Dann kommen die Apostel, erklären uns, was unsere Mission in der Welt ist, wie Gottes Wille für die lebendigen und mündigen Nachfolger von Jesus aussieht und was es bedeutet, Gemeinde zu sein und Gottes großes Volk zu sammeln. Gott spricht durch die Bibel zu uns, und aus toten Buchstaben wird lebendige Anrede. Ich merke plötzlich, dass ich angesprochen werde von Geschichten, Geboten und Gedichten.

Eins tiefer: Dann aber redet Gott auch *durch Menschen* zu uns. Durch den Rat eines Freundes, durch den Trost, durch die Mahnung, durch die Herausforderung von Menschen, die ihrerseits gesagt haben: »Rede, Herr, denn dein Knecht hört.«

Eine Stufe tiefer: Gott redet auch *durch seinen Geist* direkt zu uns. Er tippt uns manchmal auf die Schulter. Er gibt uns einen Auftrag. Er lässt uns etwas denken. Er beunruhigt unser Gewissen. Er tröstet unsere aufgewühlte Seele. Es kommt, und wir können nicht erklären, woher. Aber dass es mehr ist als Einbildung, das ist uns gewiss.

Eine Stufe tiefer: Manchmal redet Gott auch *durch unsere Lebensumstände* zu uns. Er öffnet vor uns eine Tür oder verschließt sie. Er setzt uns eine Grenze, über die wir nicht hinauskommen. Wir verstehen sein Reden dann oft nicht, überrascht vom Glück, getroffen vom Schicksal. Es wird jetzt undeutlicher, je weiter wir uns entfernen von jenem glasklaren Reden, von Jesus und der Bibel.

Eins tiefer: Manchmal redet Gott *durch die Kleinsten und Ärmsten* zu uns: durch einen »Penner« neben uns an der Fleischtheke, durch einen Flüchtling in der Nachbarschaft, durch ein Kind, das verwahrlost ist, durch einen, dem die Kraft ausgeht.

Unterste Stufe: Manchmal redet Gott *durch die Schöpfung* zu uns. Die Bibel weist mit dem Finger darauf: Schau in den Nachthimmel und sieh die Weite des Universums. So groß ist es, und so klein bist du, und doch bist du mir so wichtig und nah. Schau am Strand die Sandkörner. So zahlreich soll mein Volk sein. Schau auf die Berge. So fest und verlässlich ist Gottes Gnade. Schau die Sonne, wie sie aufgeht und die Nacht verdrängt. So wird auch mein Reich alle Nacht zum Ende bringen. Mit der Bibel lernen wir, das Buch der Schöpfung zu lesen und uns von Gott ansprechen zu lassen.

So vielfältig ist Gottes Reden, und, kaum zu glauben, aber wahr: Manchmal redet Gott durch eine Predigt zu uns. Immer wenn Menschen anfangen, Samuels Gebet zu sprechen, beginnt das Abenteuer!

Immer wenn Menschen anfangen, Samuels Gebet zu sprechen, beginnt das Abenteuer!

Ganz klar ist das Reden Gottes durch Jesus und die Bibel. Danach wird es für uns undeutlicher. Darum ist es gut, alles, was wir hören, zu prüfen: Passt das zu der Art und Weise, wie wir Gott haben reden hören, als wir auf Jesus sahen und die Bibel lasen? Oder passt es nicht, ist es doch nur unsere bedürftige Seele, unser mächtiges Über-Ich, die Schwiegermutter, der gestrenge Lehrer?

Wollen wir hören?

Gott redet manchmal so konkret, dass klar ist, wir sollen dies und nichts anderes tun. Aber oft ist das nicht der Fall und muss auch nicht sein. Oft geht es einfach darum, dass unser Verstand und unser Gefühl und unser Wille geformt werden. Und dann sollen *wir* tapfer entscheiden, was wir tun wollen. Nicht unmündige und unselbstständige Kinder will Gott, sondern von seinem Reden durchdrungene Erwachsene, die gute Entscheidungen treffen. Nicht *was* wir im Einzelnen tun, ist entscheidend, sondern *wer* wir werden, wenn wir sagen: »Rede, Herr, denn dein Knecht hört.«

Was aber kann das sein, was könnte es da zu hören geben, wenn Gott mit uns redet? Manchmal ruft alles miteinander und nur unsere fehlende Bereitschaft, hinzuhören, ist das Problem. Ich habe das einmal so erlebt. Wieder einmal hatte sich meine Arbeitslage so verschärft, verdichtet und beschleunigt, dass mir gelegentlich der Gedanke kam, dass dies bestimmt nicht Gottes Wille ist. In einer Predigt von Rob Bell hörte ich den Satz: »You don't have to live like this!« – »So musst du nicht leben.« Aber es änderte sich nichts. »Rede bitte *nicht*, Herr, dein Knecht will noch nicht hören.«

Gott suchte sich dann ein besonders hinterlistiges Sprachrohr aus, und das heißt Christiane (meine Frau). »Du, ich mache mir Sorgen um dich!« Gott redet durch Menschen. Aber es änderte nichts, mein Widerstand war so »vernünftig«: »Wie soll ich denn irgendetwas streichen, reduzieren, verzichten, vereinfachen? Es geht doch nicht.«

Gott redete: »Mein liebes Kind, ich mag dich, aber du fährst vor die Wand. Wenn du vor die Wand fährst, setze ich dich wieder zusammen, falls noch genug zum Zusammensetzen da ist.« Gott redete wieder: »Du, dein Tempo ist zu hoch.« Doch es änderte nichts. »Rede bitte nicht, Herr, dein Knecht mag nicht hören, denn wer viel arbeitet, ist doch wichtig und unersetzlich.«

Gott griff etwas tiefer in die Kiste. Mitten in einer sehr wichtigen Strategiesitzung versetzte er mir einen kleinen Kinnhaken und nahm mich für eine Nacht aus der Mannschaft. In dieser Nacht nach einem Kreislaufkollaps redete er deutlicher: »Mein liebes Kind, ich mag dich und ich habe noch ein bisschen mit dir vor. Aber du musst Tempo rausnehmen. Ich hätte hier ein paar Vorschläge, was du streichen könntest.« In dieser Nacht war ich endlich auf Samuel-Niveau. »Rede, Herr, denn dein Knecht hört.«

Tage später war im Römerbrief das achte Kapitel dran. Gottes Reden in Höchstform, wie immer, wenn die Bibel im Spiel ist. Nach der Übersetzung der Basisbibel sagt Paulus zu den Christen in Rom: Ihr seid frei vom Gesetz. Und dann: »Wir sind … nicht mehr verpflichtet so zu leben« (Römer 8,12). Damit schloss sich der Kreis: Rob Bell, die beste Ehefrau von allen, das Reden Gottes, ein viraler Kinnhaken vom lieben Gott, erneutes Reden Gottes, ein nächtliches Nachdenken und der Apostel Paulus bildeten ein Team. Gott wollte mit einem unbedeutenden Menschen reden und er gab sich größte Mühe, das zu tun. Danach begann mein nächstes Abenteuer: das zu tun, wozu ich berufen bin in den nächsten Jahren, und anderes zu lassen, zu streichen, zu reduzieren. Wie redet Gott also konkret? Vielleicht ungefähr so?

Am Ende geht es darum: dass wir als Einzelne und als Gemeinden hörende Menschen werden, uns leiten lassen von Gott, seinem Reden, zuerst durch Jesus, durch die Bibel, durch andere Christen, durch die Armen und Geringen, durch Lebensumstände und die Schöpfung und sogar durch Predigten. Und dass wir sagen: »Rede, Herr, denn dein Knecht hört.« Dazu müssen wir manchmal entschieden den Lärmpegel senken, den E-Mails den Zugang versperren und das Smartphone ausstellen. Dazu gehört, dass die halbe Stunde Stille am Tag für uns heilig wird, wie auch die Zeit im Gottesdienst am Sonntag, die Zeiten, in denen wir einüben zu sagen: »Rede, Herr, denn dein Knecht hört.« Ohne Übung werden wir eher wie Elis Familie und die »Kirche« zu seiner Zeit, eine Kirche, die nichts mehr hörte und darum unterging. Wir brauchen die einsamen Zeiten mit Gott und das gemeinsame Hören auf Gott. Rede Herr, denn deine Knechte und Mägde hören.

Gott hören – durch die Bibel

Ich möchte Ihnen deshalb Lust auf die Bibel machen. Sie informiert nicht, sie transformiert, wieder und wieder. Irgendwo in unserem Tagesablauf braucht sie darum ihren Platz, regelmäßig und stetig. Dazu muss ich *meine* Bibel haben, eine, in der ich auch zu Hause sein kann, in der ich Dinge anstreiche. Die bringe ich zum Gottesdienst mit, schlage die Texte auf und mache mir Notizen. Die lese ich, bis sie zerfällt. Wie gesagt: Ich bringe es nicht übers Herz, sie dann wegzuwerfen.

Zum Lesen der Bibel schlage ich ein einfaches Modell vor: das vierfache B.

Beschließen. Wenn es so ist, dass Gott durch die Bibel spricht, mehr, tiefer, anders, verheißungsvoller als durch alles andere, abgesehen von Jesus, dann will ich ihr Raum geben. Sie bekommt einen Platz: in meinem Tageslauf, in meiner Wohnung, in meinem Herzen. Ich beschließe das, mal auf Probe, sagen wir für die nächsten vierzig Tage. Und im Haus-, Frauen- oder Männerkreis erzählen wir uns, wie es uns damit geht. Das wird ein fester Punkt: unsere Erfahrungen mit dem Bibellesen. Das ist meine Entscheidung: ein Platz für die Bibel.

Betrachten. Ich lese entweder einzelne Bücher der Bibel kontinuierlich, den Predigttext, die Losungen oder die Verse aus einem Andachtsbuch. Und ich beobachte, was ich dort lese und was es mir sagt – über Gott, über mich, über die Gemeinde, über unsere Mission oder über die Welt. Ich betrachte den Bibeltext. Vielen hilft es, wenn Sie dazu etwas aufschreiben, in eine Art geistliches Tagebuch, eine Seite pro Tag. Das kann so aussehen: *Jesus reinigt durch das Wort. Darum geht es in Johannes 15,1-8. Ich bin offenbar nicht von vornherein rein. Ich habe schlechte Gefühle* und Gedanken und Haltungen. *Aber das muss nicht so bleiben. Er reinigt mich. Sein Wort nimmt in mir Wohnung. Und dieser »Mitbewohner« verwandelt mich, ganz allmählich.*

Beherzigen. Jetzt lasse ich die Gedanken von Jesus in mein Inneres. Seine Gedanken sollen meine Gedanken werden. So reinigt er mein Inneres von allem Müll. Stellen Sie sich vor: Sie sehen einen anderen Menschen und Ihr erster Gedanke ist, ihn zu segnen und zu lieben. Sie geraten in eine schwierige Lage und Ihr erster Gedanke ist: »Ich habe einen starken Herrn!« Sie sehen einen schönen Körper und der andere ist Ihnen wie ein Bruder oder eine Schwester. Etwas läuft nicht gut und Sie können sagen: »Jesus hat Geduld mit mir, also kann ich auch ein bisschen geduldiger sein.« Sie sehen, dass ein Mensch auf Abwege gerät, und Sie wagen es, ihn herauszufordern und zu konfrontieren, anstatt Ihre Gleichgültigkeit als Weite zu kaschieren. Das alles steckt nicht in uns selbst. Wir sind nicht rein, aber Jesus reinigt uns durch sein Wort.

Beten. Aus dem Betrachteten, das ich beherzige, mache ich ein Gebet. Auch das schreibe ich auf – wie spannend wird es, wenn ich nach ein paar Wochen meine Gebete wieder lese! *Herr, ich packe es nicht. Meine Gedanken und Strebungen sind oft negativ, billig, neidisch, wütend, lüstern, böse, gierig, besorgt und voller Angst. Würdest du wohl mein Herz reinigen? Würdest du mich ändern? Da ist heute die Fahrt mit dem Auto. Da ist die attraktive Kollegin. Da ist der Kollege, der mir so auf die Nerven geht. Da ist der Freund in der Gemeinde, dem ich schon lange etwas sagen muss. Würdest du, Jesus, mir helfen? Hilf mir, dass dein Reich zu mir kommt und dein guter Wille geschieht.*

Der große christliche Schriftsteller Chesterton wurde gefragt, welches Buch er mit auf eine einsame Insel nehmen würde, wenn er verbannt würde und nur ein Buch mitnehmen dürfte.[38] Bei diesem Mann kann es eigentlich nur eine Antwort geben: »Die Bibel.« Aber Chesterton sagte: »Ich nähme den Praxis-Ratgeber *Schiffsbau für Anfänger* mit.« Wenn wir auf einer Insel festsitzen, brauchen wir ein Buch, das uns hilft, nach Hause zu kommen, ein Buch, das uns zeigt, wie wir gerettet werden können. Manches Mal sitzen wir fest in unserem Leben, haben uns verrannt, sind verloren in zu viel Arbeit, in unsäglichem Beziehungsstress, in lähmender Trauer, in unbewältigtem Schmerz aus der Kindheit. Wir sitzen fest auf unserer Insel. Wir brauchen ein Buch, das uns zuverlässig sagt, wie wir nach Hause kommen können, das uns beibringt, wie wir Gottes rettende Stimme hören können. Die Bibel. Mit ihr in der Hand rufen wir: »Rede, Herr, denn dein Knecht hört.«

3. Einüben: Beten lernen

Darf man das? Beten – für eine gute Note oder eine plötzliche Erkrankung der Lehrerin, für Sieg oder Niederlage eines Fußball-Teams? Ich muss ein Geständnis machen: Wenn es so richtig hoch hergeht, wenn Laura Dahlmeyer beim stehenden Anschlag im Biathlon alle fünf Scheiben treffen muss oder wenn es beim Fußball darum geht, in der 93. Minute das 2:1 für Werder Bremen zu erzielen, dann durchzuckt mich eine kurze theologische Kontroverse. Der verzweifelte Fan in mir ruft: »Was, wenn ich mal so ein kurzes Gebet, nur mal ausnahmsweise, für Werder, gegen den HSV, für Laura Dahlmeyer?« Der Theologe in mir schaut entsetzt: »Was denkst du dir? Beten für ein Tor, für einen Biathlon-Wettkampf?« Der Fan gibt sich nicht so schnell geschlagen: »Warum nicht, ich dachte, ich darf für alles beten, eine Freundin von uns betet um einen guten Parkplatz in der überfüllten Innenstadt – und bekommt ihn!« Der Theologe bleibt streng: »Auf keinen Fall! Du kannst den Himmel nicht für deine unbedeutenden Leidenschaften beanspruchen!« Der Fan guckt traurig. Der Theologe guckt streng. Dem Fan blutet das Herz. Der Theologe lässt sich nicht beeindrucken. Am Ende setzt er noch eins drauf: »Was soll Gott denn tun, wenn ein Fan für Werder und der andere für den HSV betet? Antwort: Gar nichts! Er lehnt sich gemütlich zurück und genießt das Spiel.« Der Fan findet das nicht zum Lachen und schmollt, zumal der Schlusspfiff allen Hoffnungen ein Ende bereitet.

Hinter dieser Geschichte steht eine ernste Frage: Wofür beten wir mit Recht und begründeter Zuversicht? Es kann sein, dass wir mit Herzblut für Belangloses beten und irgendwie spüren: Das ist nicht unbedingt etwas, wofür wir beten sollten. Es kann umgekehrt auch sein, dass wir ohne Herzblut für Belangvolles beten, für den Weltfrieden und die Erweckung, für Gottes Namen, sein Reich und seinen Willen, wie im Himmel so auf Erden, aber im Grunde lässt uns das ziemlich kalt. Wofür beten wir mit Recht und mit begründeter Zuversicht?

Wir könnten darüber ewig nachdenken, endlose Predigten hören und viele kluge Gedanken austauschen. Wir könnten alle denkbaren Anfragen an das Beten und Nöte mit dem Beten aufzählen und bearbeiten. Doch das würde wenig nützen. Ein Sonntag in der Osterzeit heißt »Rogate«, das bedeutet »Betet!« Eine Aufforderung, ja im Grunde ein Imperativ, ein Befehl. Wer Ostern gefeiert und erfahren hat, dass der Herr auferstanden, ja wahrhaftig auferstanden ist, der soll beten und er soll wissen: Gebet ist ein Gebot, ein freundliches, und zwar zuerst und für alle.

Gebet ist ein freundliches Gebot

Meine erste und wichtigste Bitte ist es, vor Gott für alle Menschen einzutreten.

1. Timotheus 2,1

Das Erste und Wichtigste, wozu Paulus seinen Freund und Schüler Timotheus auffordert, ist das Gebet. Vielleicht mögen wir Gebote nicht so sehr. Wie sollten wir zu so etwas Intimem per Gebot aufgefordert werden? Ist das nicht ein bisschen befremdlich?

Ganz im Gegenteil! Es ist der größte denkbare Trost in Sachen Gebet, weil es mir klarmacht, dass ich nicht bete, weil ich übergeschnappt und größenwahnsinnig geworden bin, sondern weil Gott selbst es so will. Meine Probleme mit dem Beten haben nur in »extremen Krisen« mit Fußball zu tun. Sie haben auch nicht zuerst mit der Frage zu tun, ob Gott erhört oder warum wir es so selten spüren. Wir haben zwar erlebt, wie weh das tut, als wir für eine ernsthaft erkrankte Mitarbeiterin in unserer Gemeinde beteten und sie am Ende doch starb, aber meine Probleme fangen noch ein Stück eher an. Und sie liegen auch weniger auf Gottes Seite als auf meiner eigenen: Wenn ich bete, dann frage ich mich oft, was ich da eigentlich tue. Genauer: Ob ich eigentlich noch alle Tassen im Schrank habe. Wieso das?

Problem Nr. 1: Ein unsichtbares Gegenüber

Mein Gegenüber ist unsichtbar, das ist das Erste. Soll ich ihn mir vorstellen oder mir lieber kein Bild von Gott machen? Aber wie rede ich mit jemandem, von dem ich nicht einmal ein inneres Passfoto habe? Ich denke dann manchmal an das Bild des Gekreuzigten oder schaue auf ein Kreuz, nehme also Zuflucht zu den Bildern, die die Kunst für uns schuf. Ich denke an Zeichen seiner Schöpfung, die Sonne, die Berge, den Himmel. Ich denke an seine Gegenwart in den Armen, Gefolterten, Verfolgten, Hungrigen und Gefangenen. Ich denke an seine Gemeinde, in einer gotischen Kathedrale oder in einem Kellerversteck in China. Und dann kann ich irgendwann denken: Er ist auch hier, nicht fern. Ich muss nicht brüllen, damit er mich hört. Flüstern reicht. Denken reicht. Seufzen reicht. Ihm alles hinhalten reicht. Mich hinhalten reicht. Er will es ja. Dann bin ich ein wenig ruhiger: Er ist nicht fern. Ich stelle durch mein Gebet nicht den Kontakt erst her. Er ist da, streckt mir die Hand entgegen, wartet und gebietet freundlich: Bete!

Ich muss das nicht fühlen. Es ist schön, wenn man es spürt, aber nicht jeder tut es. Andere müssen den Weg über den Kopf nehmen. Philipp Yancey schreibt in seinem großartigen Buch über das Gebet: »Meine Gefühle über Gottes Gegenwart oder Abwesenheit sind nicht seine Gegenwart oder Abwesenheit.«[39] Das tröstet, auch wenn ich wie mancher andere gern etwas mehr empfinden und fühlen würde.

Problem Nr. 2: Gottes Majestät und mein Beten

Aber damit nicht genug: Manchmal fürchte ich, so sehr binnen-christlich dressiert zu sein, so arg theologisch infiziert, dass ich mir gar nicht mehr klarmache, *mit wem* ich rede. Wenn ich dann so mein Leben erzähle und sage, was ich mir wünsche, einräu-me, wo ich wieder einmal falsch liege, und mehr oder weniger konzentriert meine Anliegen für andere aufzähle, erschrecke ich und denke: »Weißt du nicht, wie klein du bist und wie groß die-ser Gott ist? Du redest jetzt nicht mit deinesgleichen, auch nicht mit irdischen Großen.« Ich muss durch meine Aufgaben an der Universität manchmal mit ziemlich wichtigen Leuten verhan-deln. Es flößt mir tiefen Respekt ein, mit ihnen zusammenzu-kommen und sie um Unterstützung für unsere Arbeit an der Universität zu bitten. Und dann denke ich: »Auch diese wich-tigen Menschen sind nur Staub, vergänglich, sterblich, letztlich winzig im Vergleich zum Schöpfer und Richter des Universums. Wie kannst du dich unterstehen, mit ihm über dein winziges Le-ben zu reden, als wäre es die wichtigste Sache auf der Welt? Das ist doch Irrsinn!«

Wenn es besonders unangenehm wird, fällt mir just einiges ein, was dieser Schöpfer und Richter wahrscheinlich an meinem Leben nicht so lustig findet, mancher Eigensinn, mit dem ich lieber mein kleines Königreich baue als sein ewiges Reich, man-cher Ungehorsam, bei dem ich meinen Willen irgendwie wichti-ger finde als seinen, manche Unversöhnlichkeit, wenn ich zwar meine, ein Recht auf Vergebung zu haben, anderen aber dieses und jenes nachtrage, manche beharrliche Weigerung durch Nichtstun, auch wo ich erkannt habe, was Gott will. Wie kann ich es jetzt wagen, zu meinen, dass er mich hört, mir sein Herz öffnet und seine rechte Hand zu meinen Gunsten bewegt?

Augustinus, der große Kirchenvater, sagte: »Wir sprechen von Gott. Was Wunder, wenn du nicht begreifst? Würdest du begrei-fen, dann wäre er nicht Gott.«[40] Weil es Gott ist, von dem wir sprechen, verstehst du es nicht. Würdest du es verstehen, wäre es nicht Gott. Ich buchstabiere nach, dass ich aus diesem Dilemma offenbar nicht herauskomme. Respekt, Ehrfurcht, Aufmerksamkeit, Demut – all das ist höchst angemessen, wenn wir mit Gott reden. Das ist gut so, aber es ist nur die halbe Wahrheit.

Und dennoch: Er will es!

Denn jetzt wird mir deutlich, was Gott mir sagen lässt: »Meine erste und wichtigste Bitte ist es, vor Gott für alle Menschen einzutreten – wenn ihr allein betet oder in Gemeinschaft, ob als Fürbitte oder als Dank« (1. Timotheus 2,1). Das Erste und Wichtigste ist das Gebet. Rogate: Betet! Gott teilt uns mit: »Ich will es. Nicht du maßt dir etwas an, sondern ich messe dir etwas zu: mein Ohr, mein Herz, meine rechte Hand. Nenn mich Abba, ruf mich an als einen Vater, so nah, gütig und stark, wie kein Menschenkind je einen irdischen Vater hatte. Ich will es. Dein Respekt, deine Ehrfurcht, deine Aufmerksamkeit und Demut – alles gut. Aber: Ich bin mehr als der Schöpfer und Richter. Ich wünsche mir, dass du mit mir redest, und darum gebiete ich es dir. Damit du endlich von dir weggguckst. Ich will nichts mehr und dringender als dieses intime Gespräch: mein Wort in dein Ohr, dein Herz und deine Hand, und dein Wort in mein Ohr, mein Herz und meine Hand. In meinem Herzen, liebes Kind, wohnt eine unausrottbare Zuneigung zu dir, ein nie endendes Erbarmen mit dir. Jesus habe ich der Welt geschenkt, damit sie es begreift. Sein Leben hat er als Lösegeld gegeben; alle Hindernisse sind aus dem Weg geräumt. Der Weg ist frei. Schuld ist vergeben. Jesus lebt, darum: bete! Nicht als Pflicht, sondern weil das mein Herzenswunsch ist. Wenn du mir gehorchst und mit mir über dein winziges Leben redest, dann ist das für mich die wichtigste Sache auf der Welt.«

Unsere Not ist, dass wir in doppelter Weise daneben liegen: Wir denken von Gott zu klein, wenn wir plappern wie die Heiden, und ebenso, wenn wir in ihm nur den fernen Weltenlenker erahnen, nicht aber das Herz des Vaters sehen, das voller Zuneigung und Erbarmen nach uns sucht. Darum sollen wir beten.

Ohne das freundliche Gebot hätte ich es längst schon aufgegeben, hätte resigniert und wäre verstummt. So aber sehe ich, was die Bibel erzählt: Abraham betet um einen Sohn, der stolze Josef betet in der Tiefe des Gefängnisses, der Mörder Mose betet am Dornbusch, der Ehebrecher David betet um Erbarmen, Hiob, dieser arme Kerl, betet trotz allem und ringt mit Gott, Jona flieht und betet dann mal zur Abwechslung in einem Wal, Jeremia betet, weil ihm sein Amt zu schwer wird, Daniel betet in der Löwengrube, Petrus betet trotz Verrat, Thomas trotz Zweifel, Paulus trotz seiner Vergangenheit – sie beten, weil der Vater es so will, weil Jesus alles gab und weil der Geist in ihnen ruft – und keines ihrer Gebete geht verloren.

Zuerst und für alle

Zum Gebet *der Gemeinde*, zum Beispiel im Gottesdienst oder in unseren Hauskreisen, werden uns heute vor allem zwei Fragen gestellt: Welchen Rang hat das Gebet? Wofür betet ihr?

Fast müsste es uns wie Schuppen von den Augen fallen. Wenn das Gebet solch ein Privileg ist, müsste uns niemand mehr mahnen, es an die erste Stelle zu rücken. Aber so ist es ja nicht. Darum werden wir erinnert und ermahnt, darum wird uns von Gott ans Herz gelegt: Zuerst und für alle sollt ihr beten. Vielleicht ist dies leichter zu verstehen, wenn wir betrachten, welche zwei Gebetsanliegen uns empfohlen werden.

Für die mit Verantwortung und Macht

Das erste Gebetsanliegen lautet: für alle Menschen, insbesondere für die Regierenden, für alle, die eine hohe Stellung einnehmen.

Meine erste und wichtigste Bitte ist es, vor Gott für alle Menschen einzutreten ... Das gilt auch für die Könige und alle übrigen Machthaber. Denn wir wollen in Ruhe und Frieden leben – in ungehinderter Ausübung unseres Glaubens und in Würde.

1. Timotheus 2,1-2

Beten ist aktive politische Verantwortung und politische Verantwortung von Christen schließt immer Gebet ein. Gebet für die, die Macht haben und Macht ausüben: dass sie tun, was gerecht ist und dem Frieden dient; dass sie nicht trunken werden von ihrem Einfluss und ihrer Größe; dass sie ausreichend Kraft haben, dem Druck der Verantwortung standzuhalten, dass sie weise sind, die Dinge zu durchschauen und kluge Entscheidungen zu fällen. Die Regierenden, die eine hohe Stellung einnehmen, brauchen unser Gebet. Das soll Platz haben, bei uns zu Hause und in unseren Gemeinden. Die neue Regierung hier, die Krisenmanager dort an einem der vielen Brandherde weltweit, die Beschützer der europäischen Einheit, die Verhandlungsführer in Israel und Palästina, die Berater im Irak, die zerbrechliche Regierung in Afghanistan, die Präsidenten, die der Korruption wehren wollen. Für sie beten wir.

Von Martin Luther habe ich gelernt, auch gegen die zu beten, die sich bereichern und ihre Völker unterdrücken, Kriegstreiber sind und Unrecht dulden, alles Fremde bedrängen, Freiheit beschneiden und die Schöpfung ausbeuten. Sie werden eines Tages sagen, was ratlose Mächtige nach dem 9. November 1989 sagten: »Wir waren auf alles vorbereitet, nur nicht auf Kerzen und Gebete.«[41] Gebet ist eine mächtige Waffe in der Hand der kleinen Leute.

Mir ist aber noch ein Aspekt wichtig: dass wir auch für die Mächtigen selbst beten, für ihr Herz und ihre Seele. Der FDP-Politiker Wolfgang Kubicki hat in einem erschütternden Interview gesagt: »Ich würde in Berlin zum Trinker werden, vielleicht auch zum Hurenbock. Ich bin inzwischen zum dritten Mal verheiratet, und ich will auf keinen Fall auch diese Ehe ruinieren. Das politische Leben in Berlin sieht doch so aus: Sie sind den ganzen Tag unter Druck, abends wartet ihr Appartement auf Sie, sonst niemand. ... Da sind dann diese Abende, an denen Sie nur abschalten wollen, Stressabbau. Da sitzt Ihnen plötzlich eine Frau gegenüber, die Ihnen einfach nur zuhört. Und dann geht die Geschichte irgendwann im Bett weiter. Dazu der Alkohol: Sie könnten, weil sie ständig in Terminen sind, den ganzen Tag trinken. Eine Flasche Wein ist da gar nichts, leicht zu verteilen auf fünf Termine. Und abends geht es richtig los.«[42] Auch wenn das vielleicht eine krasse und einseitige Darstellung war: Politiker brauchen Fürbitte, auch persönlich!

Wozu aber das Gebet für die Regierenden und alle, die eine hohe Stellung einnehmen? Weil wir »in Ruhe und Frieden leben« wollen. Vielleicht klingt das für manchen nach Schrebergarten-Idylle, nach kleinbürgerlicher Ordnung, nach Langeweile. Das können wir aber nur sagen, weil unser Land schon über siebzig Jahre Frieden erlebt hat, im Osten bereits über fünfundzwanzig Jahre Freiheit herrschen. Das ist die Ausnahme, geschichtlich und global. Was gäbe ein Vater in Syrien, eine Mutter im Süd-Sudan, ein kleiner Junge in Afghanistan oder ein Mädchen in Libyen für ein bisschen Langeweile! Für ein friedliches Leben, für Schlaf ohne Angst, für einen Schulweg ohne Tellerminen! Für ein normales Dasein, genug Essen, sauberes Wasser, gerechte Regierungen und ein Militär, das bleibt, wo es hingehört. So beten lebendige Christen, die im Glauben mündig werden.

Dafür beten auch die Menschen in der Bibel: Abraham betet für Gomorra, Josef für Ägypten, Mose für sein unterdrücktes Volk, David für sein kleines Königreich, umzingelt von Feinden, Jona betet ein bisschen zu lange gegen Ninive, Jesaja betet für seinen kranken König. Daniel betet sogar für Nebukadnezar –

sie beten, weil der Vater es so will, weil Jesus alles gab und weil der Geist in ihnen ruft – und keines ihrer Gebete geht verloren.

Martin Luther wusste darum; er predigte über die kleine Gebetstheologie in 1. Timotheus 2 so: »Im Frieden können wir Häuser bauen, ackern, fischen, sicher zu Meer fahren, wandern, schlafen, essen, sittsame Frauen haben, Kinder, die strebsam sind und das Vieh versorgen.« Aber: »In Kriegszeiten musst du deinen Tod jeden Augenblick erwarten. Die Keuschheit der Jungfrauen und der Ehefrau sind ebenso in Gefahr wie alle Güter. Gott will Frieden. Der Teufel will das Gegenteil. Deshalb ist es das erste Werk der Christen, dass wir alle öffentlichen Ämter in Ehren halten.«[43]

Für alle Menschen

Das hat nun auch mit dem zweiten Gebetsanliegen zu tun: Für *alle* Menschen sollen wir beten. Denn: »Er will ja, dass alle Menschen gerettet werden und zur Erkenntnis der Wahrheit gelangen« (1. Timotheus 2,4).

Wo Frieden herrscht und gerechte Regierungen sind, da kann sich unser Zeugnis von Jesus frei entfalten. Das steckt auch hinter dem Gebet für die Mächtigen: der Wunsch, das Evangelium allen Menschen sagen zu können. Auch wenn wir wissen, dass die Gemeinde von Jesus unter Verfolgung und durch ihr Blutzeugnis wachsen kann, sollen wir uns das nicht wünschen.

Stattdessen sollen wir uns wünschen, dass Frieden herrscht und allen Menschen Religionsfreiheit gewährt wird; dass wir in Freiheit verkündigen dürfen und dass Menschen in Freiheit zu Jesus Christus Ja oder Nein sagen können. Der Glaube gedeiht nicht unter Zwang. Religionsfreiheit ist eine Freundin der Mission. Darum hängt unser Gebet für die Mächtigen und unsere Mission zusammen. Nicht so, dass unsere Mission der einzige Grund für unsere Fürbitte für die Mächtigen wäre, aber so, dass unsere Mission ein wesentlicher Grund dafür ist.

Geholfen wird den Menschen erst, wenn sie die Wahrheit erkennen und zu Jesus finden, der Wahrheit in Person. Aber auch das ist nicht etwas, was wir in der Hand haben; darum sollen wir für alle Menschen beten, damit allen Menschen geholfen werde, indem sie zur Erkenntnis der Wahrheit finden, und das heißt: sich Jesus anvertrauen.

Ich habe nicht für Werder gebetet und werde mich wohl auch in Zukunft hüten, es zu tun. Aber ich möchte immer tiefer und besser verstehen, dass Beten nicht nur etwas für schwache Geister ist, sondern etwas, das uns freundlich geboten wird, damit wir es als lebendige und mündige Christen tun, gegen unsere Zweifel, manchmal gegen unsere Gefühle, für die Mächtigen und für alle Menschen, für ein Leben in Frieden und Erkenntnis der Wahrheit, damit allen Menschen geholfen werde und sie zur Erkenntnis der Wahrheit, zu Jesus, gelangen.

4. Einüben: In Gemeinschaft

Auf einer Sonntags-Wanderung kamen wir auf die Halbinsel Gnitz, einem Teil von Usedom, an der Krumminer Wiek. Alte Buchenwälder, Blick aufs Wasser und Seeadler. Zu den Kilometern muss für uns immer auch der Kuchen kommen. In diesem Fall im »Gnitzer Seelchen« (sehr empfehlenswert). Dort stand ein Spruch an der Wand, der das Entscheidende zusammenfasst: »Ein Leben ohne Kuchen ist möglich, aber sinnlos.« Loriot lässt grüßen.[44]

Wie ist das mit dem Christsein? Ist Christsein ohne Gemeinde möglich, aber sinnlos, oder unmöglich und unsinnig oder möglich und sinnvoll? So klar ist die Antwort nicht jedem. Geht es nicht auch ohne? Lukas, der Autor der ersten Kirchengeschichte, würde wohl an seine Kirchenmauer sprayen: »Ein Leben als mündiger und lebendiger Christ *ohne Gemeinde* ist unmöglich und völlig sinnlos.« Lebendige mündige Christen und lebendige mündige Gemeinden hängen eng zusammen.

Liest man in Apostelgeschichte 2 den Bericht über die erste Gemeinde, kurz nach Ostern, Himmelfahrt und Pfingsten, dann spürt man den ersten Atem der Kirche. Lukas erzählt davon nicht, um zu sagen: »Ach, wie schön war es damals!«, sondern nach dem Motto: »Liebe Leute, das hier, das ist der Normalfall, so soll es sein und so kann es werden.«

Es geht um die versammelte und ausgesandte Gemeinde, die real ist, ganz wirklich, ganz geerdet, ganz tatsächlich, ganz körperlich, und das in einem Sinn, der vielleicht manchem ein bisschen fremd vorkommt.

Der Überblick

Mit meinem Überblick möchte ich versuchen, dem Geheimnis dieser ersten christlichen Gemeinde ein wenig auf die Spur zu kommen. Vielleicht hilft es uns, wenn wir uns fragen, wie wir in unseren Gemeinden etwas von der Begeisterung und Dynamik erleben können, die diese Gemeinde auszeichnete. Dazu müssen wir uns dem Geheimnis Schritt für Schritt nähern. Es ist nämlich nicht so einfach, wie man vordergründig denken könnte. Stellen Sie sich eine schöne russische Matroschka vor. Bei diesen Holzpuppen steckt eine in der anderen, erst kommen die großen und dann immer kleinere und man weiß nie genau, wie viele kleinere wohl noch kommen mögen.

Die Gemeinde wächst

Bei der Urgemeinde ist das, was man als Erstes wahrnimmt, das Wachstum. Sie schrumpft nicht. Es kommen Menschen hinzu, lassen sich taufen und werden Teil der Gemeinde. »Viele nahmen die Botschaft an, die Petrus verkündet hatte, und ließen sich taufen. Ungefähr 3000 Menschen kamen an diesem Tag zur Gemeinde dazu« (Apostelgeschichte 2,41). Täglich kamen weitere hinzu (vgl. Apostelgeschichte 2,47).

Gesunde Gemeinden gewinnen Menschen. Aber das ist nicht das innerste Geheimnis ihrer Lebendigkeit.

Die Gemeinde ist bekannt für ihre Großzügigkeit

Die Gemeinde war bekannt für ihre Großzügigkeit und Fürsorge (Apostelgeschichte 2,44-47). Da litt keiner Hunger. Da wurde geopfert und gespendet. Irgendwie schienen diese Menschen frei von Gier. Sie kleben nicht an ihrem Besitz. Es kamen damals viele nach Jerusalem, die versorgt werden mussten, und ganz unaufgeregt wurden die Dinge geregelt. Da wurde schon mal ein Grundstück verscherbelt, weil die Reicheren für die Ärmeren sorgten. Da steht nicht, dass das irgendwie angeordnet wurde; es geschah einfach, wie von selbst. Das machte Eindruck bei den Menschen in der Stadt, sogar von Ehrfurcht ist die Rede. Der Ruf der Urgemeinde war vom Feinsten. Das half sicher dabei, dass sich so viele der Gemeinde anschlossen.

In gesunden Gemeinden »bekehrt« sich auch das Portemonnaie. Da wird geteilt und geholfen. Aber das ist nicht das innerste Geheimnis dieser Lebendigkeit.

Die Gemeinde pflegt intensive Gemeinschaft

Die Hilfsbereitschaft der ersten Christen wurzelte in ihrer intensiven Gemeinschaft (Apostelgeschichte 2,42.46). Lukas überschlägt sich fast, man kommt kaum mit: Sie hatten alle Dinge gemeinsam (selbst das MacBook), sie waren täglich beieinander. Sie waren beständig, sie waren einmütig, sie aßen zusammen voller Freude. Und ihre Herzlichkeit war nicht aufgesetzt. Da ist nichts Bemühtes, kein christliches Grinsen, keine aufgeklappten Messer hinter dem Rücken, das ist echt, authentisch. Die waren einfach gern beieinander, sooft es ging, die Küche wurde nicht kalt, es duftete nach frischem Brot und es erklangen fröhliche Gespräche. Man hörte begierig auf das, was die Apostel von Jesus erzählten, und lernte so das Leben eines lebendigen, mündigen Christen kennen. Man betete viel und erwartungsvoll.

In gesunden Gemeinden ist man einfach gern und oft und regelmäßig beieinander, und das nicht nur in bierernsten Sitzungen. Aber das ist nicht das innerste Geheimnis dieser Lebendigkeit.

In der Gemeinde fallen schwerwiegende persönliche Entscheidungen

Hilfsbereitschaft und Gemeinschaft wurzeln in sehr persönlichen Entscheidungen (Apostelgeschichte 2,41). Wer hier dabei ist, der hat eine Wahl getroffen, der tut das nicht, weil es halt Tradition ist. Er hat seinem Leben eine neue Richtung gegeben. Buße heißt das. Meine Kollegin Carla J. Witt bezeichnete dies einmal als »Menschen jüngerisieren«: Fortan soll gelten, was Jesus sagt. Was er gut findet, das will ich gut finden. Wovor er mich warnt, das will ich lassen. Buße ist mehr, als ein bisschen christliches Gedankengut zu übernehmen. Buße ist ein Wechsel der persönlichen Lebensregierung. Und Buße führt zur Taufe. Taufe heißt: Mein altes Leben sinkt ins Grab, ich fange neu an und folge dem Weg des Gekreuzigten und Auferstandenen. Ich weiß: Mir ist vergeben. Ich bin mit Gnade beschenkt. Ich muss mir nie wieder meinen Wert erkämpfen oder verdienen. Buße und Taufe, beides zusammen, machen aus einem Menschen etwas Neues, er ist wie neu geboren.

In gesunden Gemeinden kehren Menschen um und Taufe wird von einem netten Familienfest zum höchst dramatischen Ereignis: Lebenswende mitten im Leben. Aber auch das ist noch nicht das innerste Geheimnis dieser Lebendigkeit.

In der Gemeinde hat leidenschaftliche Predigt einen hohen Rang

Die Apostel predigten »wie verrückt« (vgl. z.B. Apostelgeschichte 2,14-36.40). Sie predigten auf der Straße, auf Plätzen, in Synagogen, in Häusern und Schulen und im großen Tempel. Sie predigten von Jesus, von seinem Lebensweg, seinen Worten und Taten, seinem Leiden und Sterben, für uns, an unserer Stelle und zu unseren Gunsten. Sie predigten, dass Jesus auferstanden ist und lebt. Sie predigten, dass Jesus der Herr ist. Öffentlich. Mutig. Mit erheblichem Risiko. Man bekam sie nicht mundtot. Sie landeten dafür im Knast, man versuchte, sie zu bedrohen oder zu bestechen. Doch nichts half gegen diese Prediger.

Und die Menschen hörten zu. Sie spürten: Das geht mich an. Hier geht es um mein Leben. Das ist wichtig. Die Worte drangen ein in Verstand und Herz, sie ließen sie nicht mehr los. »Was sollen wir denn tun?«, fragen sie. Die Apostel geben eine klare Antwort: »Kehrt um, ändert euer Leben und lasst euch taufen!« (vgl. Apostelgeschichte 2,37-38)

In gesunden Gemeinden ist die öffentliche Predigt von Jesus das Herzstück. Alle müssen es hören. Am besten in der Stadthalle, auf dem Campus, in den großen Kirchen. Aber auch das ist nicht das innerste Geheimnis ihrer Lebendigkeit.

In der Gemeinde wirkt der Geist Gottes

Das Geheimnis ist: Gott selbst. Lukas knüpft seinen Bericht an die Geschichte vom Pfingstfest an. Sie hatten so lange gewartet und gebetet. Sie hatten ein Versprechen von Jesus: »Wenn der Heilige Geist auf euch herabkommt, werdet ihr Kraft empfangen. Dann werdet ihr meine Zeugen sein – in Jerusalem, in ganz Judäa und Samarien und bis ans Ende der Erde« (Apostelgeschichte 1,8) – bis hin zu so merkwürdigen Orten am Ende der Welt wie Greifswald.

Und dann kommt der Geist tatsächlich, es wird Pfingsten, der Geist provoziert Predigt und sie reden öffentlich über Jesus. Dann bewegt der Geist Herzen. Menschen treffen eine Wahl, kehren um und lassen sich taufen. Nun führt der Geist sie zusammen. Sie treffen sich, feiern, lernen, beten, singen, gucken Fußball, grillen Würstchen. Und jetzt öffnet der Geist erst die Herzen und dann die Portemonnaies, und die Jünger fangen an zu teilen, Reiche werden bescheiden und Arme sorgen sich nicht länger. So schafft es der Geist, dass Kirche plötzlich Menschen nicht gleichgültig oder gelangweilt stimmt, sondern anzieht. Es wird eine Bewegung. Und der Herr fügt immer mehr Menschen hinzu. Der Herr. Der Geist. Täglich. Gerettete Menschen. Das ist das innerste Geheimnis, das, was der Gemeinde von Jesus verheißen ist, was sie erwarten, herbeirufen, herbeisehnen soll. So lebt eine Apostelgeschichte-2-Gemeinde.

Die Pointe

Lukas hat hier etwas Einzigartiges geschaffen. Er hat ja schon die Geschichte von Jesus zu Ende erzählt, sollte man meinen. Geburt (nur er und Kollege Matthäus), ein bisschen Kindheit, dreißig Jahre Schweigen, dann drei Jahre Wanderprediger, Provokateur, Freund der Sünder, Lehrer einer zweifelhaften Boygroup und von engagierten Frauen, am Ende Verhaftung, Justizmord, Auferstehung, leeres Grab, Rückkehr in die Welt Gottes. Fertig, oder? Matthäus sagt: Fertig! Johannes sagt: Fertig! Markus sagt: Fertig! Lukas sagt: Ich hab da noch was. Fast wie Steve Jobs, der am Ende seiner Präsentation noch eben das iPhone in der Tasche hat. »Ich hab da noch was!« – »Was denn?« – »Na, wie alles weiterging!« – »Und wie?« Und hier kommt die Pointe: »Die Geschichte von Jesus geht weiter als Geschichte der Gemeinde.«

Fragt man Lukas, was denn jetzt noch kommt, dann sagt er: »Die Gemeinde.« Fragt man ihn: »Wo finde ich denn heute Jesus?«, sagt er: »In der Gemeinde.« Fragt man, wie wir ein erfülltes, fruchtbares, sinnvolles Leben führen können, dann fällt Lukas ein: »In der Gemeinde.« Fragt man ihn, ob ein Leben ohne Gemeinde möglich und sinnvoll ist, sagt er: »Bist du noch bei Trost?« Die Geschichte von Jesus ist noch nicht zu Ende. Er lebt. Und er lebt unter uns so, wie es Dietrich Bonhoeffer zuspitzte: »Christus als Gemeinde existierend«.[45]

Diese Gemeinde von Jesus ist real, ganz wirklich, ganz geerdet, ganz tatsächlich, ganz körperlich, Fleisch, und das in einem Sinn, der manchen vielleicht ein bisschen fremd vorkommt. Warum ist das wichtig? Weil wir das für unser Christenleben brauchen. Ich möchte das an zwei Beispielen erläutern.

Real – digital?

Gemeinde ist Körper. Realer Körper. Es gibt einen Unterschied zwischen der digitalen und der realen Welt. Die essen. Die trinken. Die sitzen zusammen. Die teilen Besitz. Die nehmen tröstend in die Arme. Die geben einen ermunternden Klaps auf den Rücken. Die legen segnend die Hände auf. Die heben jubelnd Kinder in die Höhe. Die sind so etwas von leiblich, anzufassen, greifbar, fassbar. Haut, Fleisch, Knochen. Brot und Wein. Tisch und Stuhl, Hand und Fuß. Da riecht es nach Mensch, gut und manchmal auch nicht so gut.

Wir führen in unserer Zeit Debatten, ob der Unterschied zwischen realer und digitaler Welt nicht Unsinn ist, längst überwunden, weil immer mehr zusammenwächst, was wir früher noch unterschieden haben. Können wir nicht auch digital zusammen sein? Im Netz beten und beichten, digital verbunden als Netzgemeinschaft, jenseits analoger Beschränkungen? Wirkt der Geist nicht auch durch Facebook und WhatsApp? Warum ist reales Beisammensein noch wichtig, wo uns doch die digitale Technik immer mehr auf den Leib rückt, ja in den Leib einwandert, mit uns verwächst. Manchen scheint das Smartphone an der Hand festgewachsen und einige leben immer mehr in digitalen Beziehungen, verknüpft mit vielen, in virtuellen Räumen zusammen, über Messages, Blogs und Chats kommunizierend. Ich texte, also bin ich.

Damit wir uns nicht falsch verstehen: Ich finde das alles faszinierend und begeisternd. Ich liebe meine elektronischen Spielzeuge, und ich freue mich, wenn ich von meinem Enkel ein Bild aus Kanada auf dem iPhone finde, und wenn ich Freud und Leid beim Fußball oder eine beeindruckende Landschaft beim Wandern sofort mit unserer WhatsApp-Familiengruppe teilen kann. Ich finde es spannend, an das Wissen der Welt jederzeit heranzukommen und mit vielen einfach so kommunizieren zu können, mir überall den Weg zeigen zu lassen und jederzeit über das Weltgeschehen im Bilde zu sein, mal eben ein Buch im Internet zu kaufen oder zu schauen, wie das Wetter auf der Halbinsel Gnitz ist. Aber ich weiß auch: Das ist nicht genug.

Ich habe das kürzlich mit einer jungen Theologin diskutiert. Sie meinte, das sei Schnee von gestern, »digital« sei das neue »real«. Ich konterte und sagte: »Aber ich kann doch digital niemanden tröstend in den Arm nehmen.« Trost im Arm, das fand sie irgendwie auch gefährlich. Aber stellen Sie sich vor, Sie sind verliebt, Flugzeuge im Bauch, und dann werden Sie ein Paar, heiraten, teilen Ihr Leben. Ist es dasselbe, mit dem anderen zu skypen, zu chatten, sich per Whats-App auszutauschen wie neben ihm zu sitzen, ihn zu drücken und zu herzen, bei Kerzen reales Essen zu teilen, und was es dann noch so alles geben könnte?

Die Psychologin Sherry Turkle vom MIT schrieb vor einiger Zeit, dass die kleinen digitalen Spielzeuge, die nahezu jeder von uns heute und hier in der Tasche hat, nicht nur ändern, was wir tun, sie ändern, wer wir sind.[46] Menschen texten, während sie beim Essen mit anderen sitzen, in Sitzungen, vielleicht texten einige sogar während der Predigt. Es gibt neue Kulturtechniken wie: Blickkontakt halten, während man textet. Man kann sogar zusammen sein und zugleich nicht zusammen sein. Sherry Turkle sagt: Wir können gar nicht genug voneinander kriegen, aber bitte auf Abstand, in kleinen Portionen, unter Kontrolle und nicht zu nah. Da können wir uns präsentieren, wie wir möchten. Ein Jugendlicher sagte: »Ich wünschte, ich wäre mehr wie mein digitales Alter Ego.«[47]

John Ortberg fasst die drei Versprechungen der digitalen Technologie folgendermaßen zusammen: Du kannst Aufmerksamkeit auf all das richten, was du gerade willst. Du wirst immer gehört. Du bist nie allein.[48]

Dahinter hören wir den Schrei unserer Seele nach Gemeinschaft. Du wirst immer gehört. Du bist nie allein. Du findest überall Aufmerksamkeit. Siri ist immer da, auch wenn niemand da ist. Aber wir opfern wirkliche Gespräche für kleine Bits von Information. So sieht es Sherry Turkle: Wir bekommen die Illusion von Gemeinschaft um den Preis, wahre Freundschaft zu opfern. Wachsen, Tiefe gewinnen, sich entwickeln können Menschen aber nur in den langen, anstrengenden Gesprächen mit anderen. Da wachsen Mitgefühl, Anteilnahme, robuste Konfliktfähigkeit, Lernen, Entdecken – sich und andere –, tiefe Verbundenheit. Gottes Idee von einem guten Leben ist ganz leiblich, und darum gehört zu seinem Plan, die Welt wieder in Ordnung zu bringen, die Idee: ein jeder nicht allein, sondern am realen Tisch des Herrn, zusammen mit anderen, Hand in Hand, Fleisch und Blut, Brot und Wein.

Lukas und viele nach ihm haben gegen alle Leibverächter der Weltgeschichte daran festgehalten: Gemeinde ist real, leiblich, irdisch, an einem Tisch versammelt. Wirkliche Beziehungen: Augen, die mich ansehen, eine Hand, die mich berührt. Echte Beziehungen: herausfordernd, anstrengend, kompliziert, konfliktoffen, ein Kraftakt, und doch: Unsere Seele schreit danach.

Gottes Geist schafft darum immer das Leibliche. Das digitale Abendmahl ist immer noch eine ebenso gespenstische Sache wie eine Taufe im Internet. Als Gott beschloss, die Welt zu retten, schickte er keine iMessage und begründete keinen Gott-Blog. Er kam. Er wurde Fleisch und Blut. Er saugte an der Brust und machte in die Windel. Er starb, blutig, und er stand auf, leiblich. Er gründete die Kirche, Menschen, die an einem Tisch Brot und Wein teilen. Wir brauchen das. Da geschehen all die Dinge, von denen wir eben gelesen haben. Sie brauchen das: einem Menschen Auge in Auge gegenüberstehen. Mit ihm klarkommen.

Verletzlich sein. Von ihm berührt werden. Mit ihm das Brot teilen. Das Wasser der Taufe spüren. Harte, lange Gespräche führen. Der anstrengenden Beziehung nicht ausweichen und daran wachsen. Gemeinde ist real. Leib. Fleisch und Blut.

Das war die erste überlebenswichtige Aussage. Die andere brauchen wir ebenso.

Real – anstrengend!

Die Gemeinde, von der Lukas redet, ist real, sie besteht aus realen Wesen. Anders als in der digitalen Welt, die ich kontrollieren kann, gibt es in der realen Gemeinde auch »die anderen«. Die, die ich mir nicht ausgesucht habe, die anstrengend sind, die anders denken. Die keinen Fußball mögen und vielleicht nicht einmal Kuchen. Die mich stören, weil sie einfach nicht tun, was ich will. Die lästig sind, weil sie auch Bedürfnisse haben. Die Schwächen zeigen. Oder deren Stärken mich vom Podest stoßen, weil sie besser singen, besser aussehen und ein schöneres Smartphone besitzen.

Gemeinde ist mehr als ein spirituelles Schunkeln zu gefühlvoller Schlagermusik, bei der wir uns alle so eins fühlen. Gemeinde ist mehr als Würstchengrillen mit Freunden, mehr als Vereinsmeierei mit Gleichgesinnten, mehr als eine Serviceagentur für religiöse Dienstleistungen. Gemeinde ist der Ort, wo der Geist Gottes Menschen sammelt, denen das Wort von Jesus ins Herz gefahren ist, die eine Wahl getroffen haben und sich taufen ließen, die daraufhin den Reichtum von Gemeinschaft entdeckt haben, die darum ihren Besitz teilen, und deren Dasein so anziehend ist, dass immer mehr Menschen dazukommen.

Darin steckt das Geheimnis: Hier, in der Nähe von Jesus, wird der Schaden geheilt, die Spaltung überwunden, der Graben überbrückt, der mein einsames Ego von all den anderen einsamen Egos trennte. Aber damit das geschieht, muss ich durch die Schule der Differenz. Ich muss da durch, dass der andere anders ist, dass der andere anstrengend ist und dass es mühsam ist mit ihm. Ich erwische mich manchmal bei dem Gedanken: »Ach, es wäre jetzt nicht so doof, wenn dieser andere einfach ginge.« *Und der Herr nahm täglich hinweg, die für mich zu anstrengend geworden waren.* Nein. Stattdessen fügt er noch mehr anstrengende Wesen hinzu, wie er ja auch irgendwann mich anstrengendes Wesen hinzugefügt hat.

Das ist, was uns Jesus schenkt, eine Gemeinschaft der Anstrengenden, der Schuldigen, der Schwierigen, der Belasteten, am Tisch des Herrn. Dahinter steckt etwas, wonach unsere Seele schreit: Hier darf ich sein, so wie ich bin. Anstrengend! Jesus sagt: »Mein Leib für dich, mein Blut für dich.« Und neben mir steht der andere: Jesus gibt seinen Leib für ihn, sein Blut für sie. Das ist Gnade. Wir rennen nicht auseinander. Die Spaltung wird überbrückt, der Riss geheilt. Das ist neues Leben. Wir werden uns nicht los, unsere Plätze nebeneinander beim himmlischen Festmahl sind schon reserviert. Das ist die Hoffnung für eine zerrissene, kriegerische Welt. Jesus sagt: Mit ziemlich besten Freunden gut klarzukommen ist Kinderspiel, das können auch die Heiden (vgl. Matthäus 5,46-47). Er dagegen baut eine Gemeinschaft aus den Schwierigen und Verschiedenen. Eine Gemeinschaft aus Vergebung, eine Gemeinschaft, die Respekt übt, Konflikte austrägt, nicht einfach alles duldet, aber alle duldet. Eine Gemeinschaft, in der alle ihre eigene Sprache sprechen und einander doch verstehen. Wir bekommen das alles aber nicht ohne die Schule der Verschiedenheit. Gucken Sie sich bei der nächsten Abendmahlsfeier mal die Leute an. Und freunden Sie sich mit dem Gedanken an: Andere bekommen Sie nicht. Reale Gemeinde, ganz Fleisch und Blut. Und Lukas, der alte Schlingel, sagt: Das brauchen wir, das brauchen Sie. Lebendiges, mündiges Christsein ohne Gemeinde ist sinnlos und unmöglich.

Vierter Teil

Lebendiges, mündiges
Christsein „am Montag"

1. Nachfolge am Montag: Ein Gebet für alle Tage

Man muss schon einiges tun, um dem grauen Alltag ein bisschen Abenteuer einzuhauchen. Man kann sich z.B. kleiden, als wäre man mindestens auf einer Himalaya-Expedition. Seit ein paar Jahren sieht man mitten in der Stadt häufig Kleidung, die man sonst nur aus Filmen über Bergsteiger oder aus dem letzten Wanderurlaub im Gebirge kennt. Das Magazin »Der Kojote« hat sich darüber so seine Gedanken gemacht:[49] »Ein junger Berliner hat in einer High-Tech-Survival-Outdoorjacke den Weg zum Bäcker unversehrt überstanden. Jonas Rabenschuh (20) war Samstagmorgen von seiner Townhouse-Wohnung zur 350 Meter entfernten Bäckerei aufgebrochen, um Rosinenbrötchen zu holen. ›Zum Glück hatte ich meine neue *Patagonic Extreme Nordwand II* an‹, sagt der Start-up-Unternehmer. Mit kaum über acht Grad und Nieselregen habe ein fieses Wetter geherrscht. ›Doch das konnte mir durch die *Vierfach-Imprägnierung mit finnischem Rentierschmalz* überhaupt nichts anhaben.‹ Die vom benachbarten Carloft wehenden Fallwinde mit Stärken zwischen 2 und 3 habe er dank des *abriebfesten Windstopper-Kapuzenschilds mit 3-Punkt-Reguliersystem* ›quasi unterlaufen‹. Auch den 80 Zentimeter hohen Anstieg zur Ladentür im Hochparterre schaffte Rabenschuh ohne Zwischenfälle: ›Ich wusste ja, dass die Seitentaschen mit ihren Karabiner-Einsätzen *klettergurtkompatibel* sind, sodass ich mich zur Not hätte abseilen können.‹ Den abrupten Temperaturwechsel um neun Grad beim Betreten des Geschäfts habe er mit den *hydromagnetisch gesteuerten Achselreißverschlüssen* gemeistert.«

Das ist natürlich Satire, aber interessant ist die Frage schon: Was macht den Alltag zum Abenteuer, und wie bestehe ich dieses Abenteuer möglichst unbeschädigt? Was – wenn nicht mein sportives Outfit – macht mein Leben spannend?

Gott 24/7

Ich finde eigentlich, dass der Alltag ausreichend viel Abenteuer-Potenzial hat. Ich meine nicht nur die außergewöhnlichen Situationen, wenn wir an den großen Wendepunkten des Lebens stehen, den ersten Job antreten, ein Examen bestehen, umziehen, Kinder bekommen dürfen oder loslassen müssen. Ich meine auch den alltäglichen Alltag, das ganz normale Leben mit 7 mal 24 Stunden pro Woche. Doch ich weiß auch, dass sich das oft nicht abenteuerlich anfühlt, sondern eher grau, eintönig, müde und langweilig.

Dennoch behaupte ich: Genau dieses alltägliche Leben, das ganz Normale hat Potenzial. Abenteuer lockt. Eigentlich braucht es nur zwei Zutaten, damit aus dem ganz normalen Alltag ein Abenteuer wird. Die eine Zutat ist etwas mehr Wachsamkeit für das Herausfordernde in vielen Momenten unseres Lebens. Die andere Zutat ist es, diese Momente als Momente mit Gott wahrzunehmen.

Aber wie kann das gehen: diese Momente mit Gott zu leben? Erst mit dieser Frage wird die ganze Sache mit dem christlichen Glauben ernsthaft. Gott ist nämlich nicht daran interessiert, ein Gott für bestimmte Stunden zu sein. Ein Gott für 60 Minuten an manchen Sonntagen, ein Gott für ein eiliges Stoßgebet, ein Gott für gefühlvolle Augenblicke unterm Sternenzelt, ein Gott, für wenn ich gerade einmal Zeit für ihn opfere.

Gott will mit uns zu tun haben, 7 Tage, 24 Stunden, an jedem Ort, in jedem Augenblick. Das ist das Alltagsabenteuer schlechthin, dass jeder Moment ein Moment mit Gott sein kann. Das ist Gottes Vision für unser persönliches Leben: ein Leben mit Gott, nicht länger ein Leben ohne Gott, auch kein Leben mit einem Gott für bestimmte Gelegenheiten. Ein Leben mit Gott, das unsere Verhältnisse, unsere Vorstellungen, unsere Werte, unsere Gedanken, unsere Empfindungen, unsere Entscheidungen, unsere Gewohnheiten und unsere Taten ganz allmählich zum Guten verändert, manches heilt, aus Chaos Ordnung macht, aus Einsamkeit Geborgenheit, aus Ich-Bezogenheit Hingabe, aus Sorge Gelassenheit, aus Scheitern Neuanfang, aus Zerwürfnis Versöhnung, aus Schwäche Stärke, aus Nachgiebigkeit Widerstandskraft, aus Todesfurcht Hoffnungstrost.

> Gott will mit uns zu tun haben, 7 Tage, 24 Stunden, an jedem Ort, in jedem Augenblick.

Das Abenteuer-Gebet

Davon handelt das Vaterunser (vgl. Matthäus 6,9-13), dieses eine Gebet aller Gebete, das Christen auf den Spuren ihres Meisters Jesus seit 2000 Jahren auf der ganzen Welt beten. Schaut man genauer hin, erbittet es jene allmähliche Veränderung, von der ich gerade sprach: von Einsamkeit zu Geborgenheit, von Ich-Bezogenheit zu Hingabe, von Sorge zu Gelassenheit, von Scheitern zum Neuanfang, vom Zerwürfnis zur Versöhnung, von der Schwäche zur Stärke, von der Nachgiebigkeit zur Widerstandskraft, von der Todesfurcht zum Hoffnungstrost.

Dieses alte Gebet sagt uns, wie das Abenteuer mit Gott im Alltag genauer aussieht. Es ist *das* Abenteuer-Alltag-Gebet, denn es spricht über lauter alltägliche Dinge:

Bin ich allein oder schaut jemand freundlich auf mein Leben? »Nein, du bist nicht allein. Es gibt einen starken und großzügigen, mitfühlenden und tatkräftigen Vater über dir.« Aus Einsamkeit wird Geborgenheit. *Vater unser im Himmel.*

Reicht es, wenn ich mich nur um mich drehe? »Nein, du bist

zu Größerem und Besserem berufen, denn dein kleines Leben kann ein kleines Stück Welt ändern.« Aus Ich-Bezogenheit wird Hingabe. *Geheiligt werde dein Name, dein Reich komme, dein Wille geschehe.*

Wer sorgt für mich, wenn ich mich sorge? Der Vater sagt: »Ich sorge für dich, für das, was du tagtäglich zum Leben brauchst.« Aus Sorge wird Gelassenheit. *Unser tägliches Brot gib uns heute.*

Wie komme ich klar mit mir, wenn ich es mal wieder nicht packe? Wenn ich in den Spiegel schaue und sehe, was mir nicht gefällt, weil ich wieder hinter dem zurückgeblieben bin, was ich gern wäre? Der Vater sagt: »Ich schenke dir jeden Tag die Chance, neu anzufangen und das Misslungene hinter dir zu lassen. An jedem neuen Tag kannst du bei null starten.« Aus Scheitern wird Neuanfang. *Und vergib uns unsere Schuld.*

Wie kann ich gefährdete Beziehungen retten? Der Vater sagt: »Ich helfe dir, andere nicht aufzugeben, sondern ihnen eine zweite, eine dritte und eine tausendste Chance zu geben.« Aus Zerwürfnis wird Versöhnung. *Wie wir vergeben unseren Schuldigern.*

Was macht mich stark, damit meine Integrität nicht zerbricht? Der Vater sagt: »Ich mache dich stark gegen die böse Macht, die dich vom Weg abbringen will.« Aus Nachgiebigkeit wird Widerstandskraft. *Führe uns nicht in Versuchung, sondern erlöse uns vom Bösen.*

Was bleibt am Ende, wenn ich nicht bleibe? Der Vater sagt: »Ich bleibe am Ende da, ich warte auf dich am anderen Ufer, und dann beginnt ein ganz neues Kapitel unserer gemeinsamen Geschichte.« Aus Todesfurcht wird Hoffnungstrost. *Denn dein ist das Reich und die Kraft und die Herrlichkeit in Ewigkeit. Amen.*

Jede dieser Fragen, jede dieser Zusagen wäre es nun wert, konkreter betrachtet zu werden. Aber es hängt alles daran, dass wir verstehen, was es heißt, mit dem Vater im Himmel zu leben.

Was bedeutet es, an einen Vater im Himmel zu glauben?

Wir können das an Jesus ablesen, weil er in jeder Stunde wusste: Ich bin hier nicht allein. Wenn mich alle im Stich lassen. Wenn das Leben mich völlig überfordert. Ich bin nicht allein. Darum hat Jesus wieder und wieder die Zwiesprache mit dem Vater gesucht: »Vater, ich weiß gerade nicht, wie es weitergehen soll. Vater, halt mich fest, ich verliere den Halt. Vater, hilf mir, jetzt eine gute Entscheidung zu treffen. Vater, danke, dass du so gut für mich sorgst. Vater, ich lobe dich, du hast alles so klug geordnet.« Man könnte sagen: Jesus war permanent online mit dem Vater. Das war seine geheime Kraftquelle. Jesus wusste: Der Heilige und Mächtige im Himmel ist mein lieber Vater. Er ist für mich da. Meine Freuden und Sorgen zählen vor ihm. Ich bin nicht zu klein, er ist für mich da.

Ich selbst »bastele« daran herum, seit ich mit 17 Jahren Christ wurde. Plötzlich sollte ich einen »Vater« haben. Meinen irdischen Vater hatte ich schon mit zehn Jahren verloren. Er starb an den Spätfolgen einer Krankheit, die er sich in russischer Kriegsgefangenschaft geholt hatte. Und vorher war er immer entweder abwesend oder krank gewesen. Ich kann mich an keine einzige Situation erinnern, in der ich etwas mit ihm allein erlebt hätte. Darum ist es für mich bis heute nicht leicht, zu Gott »Vater« zu sagen. Es ist ein Abenteuer. Ich hatte »kaum einen Vater« und nun habe ich einen Vater mit himmlischen Eigenschaften! Das Abenteuer hier ist Intimität. Ihm trauen. Ihn lieben. Ihn ehren. Seine Nähe suchen – online, dauernd. Ins Unsichtbare sprechen. Das Unsichtbare ertragen. Und doch immer wieder hören: ein Vater über uns. Vater, das ist Kraft, das ist eine feste Hand, das ist Herausforderung, aber auch Geborgenheit. Beim Vater schaut sich das Kind das Handwerk ab, wie das Leben so funktioniert. Das alles schließt Nähe zum Vater über uns ein: ihn bitten, von ihm etwas erwarten, darauf warten, ausharren, wachsam sein, ob etwas geschieht, deuten, was geschieht, nachfragen, danken, ihn keineswegs immer verstehen, vielleicht nichts spüren. Ein Vater über uns.

Jesus sagt: So sollst du beten: »Unser Vater im Himmel …« Das Abenteuer des Glaubens ist ein Verhältnis, nicht zuerst eine Zustimmung zu großen Glaubenslehren. Es beginnt mit Anrede und es geht weiter mit Antwort.

Beten Sie schon? Wenn nicht, dann ist das der Einstieg. Vielleicht eher fragend als selbstgewiss: Vater? Ist da jemand? Vater, ich habe da so etwas gehört: Ist der Himmel wirklich so nah?

Oder: Beten Sie noch? Ich meine nicht brav aufgesagte Wörtlein. Ich meine ein suchendes Beten, ernsthaft, immer wieder, im Alltag, mit Erwartung, ausharrend, ringend, dankbar, in allen Dingen, manchmal ein intensives Flehen, manchmal ein beharrliches Nicht-locker-Lassen. Das Abenteuer wartet! Das kann diesen Tag zu einem wichtigen Tag machen: Ich steige erstmals oder endlich wieder in das Abenteuer ein: ein Vater über mir, 24 Stunden an 7 Tagen.

Warum ist dieses Gebet eine Anleitung zum Abenteuer im Alltag?

Das wiederum hat mit der Art und Weise zu tun, wie der Vater mit unserem Alltag umgeht, wenn wir beten. Gott antwortet ja auf Gebet höchst unterschiedlich.

Manchmal schüttet er großzügig Gaben über mir aus, dann staune ich, dass ich so viel geschenkt bekomme: Gesundheit, Sonnenschein im Urlaub, ein Vortrag, der noch rechtzeitig fertig wird, eine unfallfreie Fahrt, ein Problem in der Uni, das sich löst.

Manchmal lässt er mich warten, sehr, sehr lange: sehr nahe Menschen, um die ich schon Jahre im Gebet ringe, Herzenshärte, die immer wieder schmerzhaft zu spüren ist, Situationen, die sich einfach nicht zum Besseren wenden.

Manchmal macht er deutlich, dass etwas anderes besser für mich ist. Da habe ich mich getäuscht, als ich dachte, ich wüsste, was gut für mich ist, und Gott führt mich durch Enttäuschung zu einem anderen Weg, einer anderen Gabe.

Das ist schon abenteuerlich. Aber es kommt noch »dicker«: Manchmal wenn Gott möchte, dass ich stärker werde, antwortet er auf meine Bitten noch einmal anders. Er antwortet mir nicht wie einem unmündigen Kind, sondern wie einem erwachsenen Sohn. Und das ist ein Abenteuer.

Ich sage es erst einmal abstrakt (dafür hat man mich ja zum Professor gemacht): Oft antwortet Gott so, dass er in mir etwas erweckt und stärkt, sodass ich mittun kann in dem, worum ich gebeten habe. Und genau darin beschenkt er mich mit dem, was ich nie tun könnte. Das heißt: Es gibt ein kindliches Denken über den Vater. Ein Kind denkt: Ich bitte und dann warte ich und dann fällt das Erbetene vom Himmel. Und es gibt ein erwachsenes Denken über den Vater, das ist das Abenteuer! Wie werden wir im Glauben mündig. Dazu gehört auch, dass ich mich – vielleicht mit etwas Schmerz – in ein erwachsenes Denken über den Vater einübe, weil er möchte, dass ich ein erwachsener Sohn, eine erwachsene Tochter und nicht ein quengelndes Kleinkind Gottes werde. Ich bitte also um etwas, und ich weiß, dass es ohne die Hilfe des Vaters nicht gehen wird, und dann öffnet er mir eine Tür, gibt mir einen Stups, kräftigt mein müdes Herz oder bringt mich wieder in Bewegung oder ermutigt mich, endlich einen anderen Menschen um Hilfe zu bitten. Und dann gehe ich los – und es geht plötzlich und wird gut. Er war es, nicht ich, aber er war es auch nicht ohne mich. Das ist das erwachsene Abenteuer mit dem Vater.

Ein Beispiel ist das Gebet um *das tägliche Brot*. Zum täglichen Brot gehört ganz viel, es ist ein Platzhalter für alles, was wir wirklich zum Leben brauchen. Deshalb geht es auch nicht um den »täglichen Kuchen«. Es geht um das finanzielle Überleben, die nötige Kondition für die anstrengende Zeit, die vor mir liegt, oder auch nur den Nachtschlaf bei Kleinkindern oder den Umgang mit der knappen Zeit. Der kindliche Glaube hofft, nun werde ihm das alles in den Schoß fallen. Der abenteuerliche

Glaube der Erwachsenen wartet, wie Gott nun antwortet, wie er die Schritte zeigt, die ich tun kann, um meine Lage zu bessern, die Hilfe, die ich annehmen kann, den Rat, den ich annehmen soll, den Verzicht, der jetzt angesagt ist, das Nein, das ich endlich sagen soll. Der Vater ist da, er ist über mir, stark und großzügig, aber eben so, dass er uns auch stark und erwachsen macht, nicht anspruchsvoll und kleinkindlich.

Dann ist da das Gebet um *Versöhnung*, vielleicht zähneknirschend »wie wir vergeben unseren Schuldigern«. Kennen Sie das, wie man diese Zeile irgendwie nicht so mit der vollsten Überzeugung mitspricht? Oder mit dem Mund sagt: »wie auch wir vergeben«, und mit dem Herzen denkt: »Nein, nein, nein, auf keinen Fall!« Der kindliche Glaube hofft, dass alles von selber gut wird, der andere Mensch sich über Nacht vom Frosch zum Prinzen wandelt, alternativ vom lästigen Widerpart zum Frosch, der von einem Auto platt gefahren wird. Der erwachsene Abenteuer-Glaube geht das Risiko des ersten Schritts. Er weiß: Es ist so viel anstrengender, mit dem Zorn zu leben. Es ist so viel kost-

> Der kindliche Glaube hofft, dass alles von selber gut wird. Der erwachsene geht das Risiko des ersten Schritts.

spieliger, mit unklaren, friedlosen Verhältnissen zu leben. Es kostet so viel mehr Schmerz, wenn Beziehungen zerbrechen, als wenn ich mutig den ersten Schritt tue: Das Abenteuer ist Vergebung. Ungebeten dem anderen nichts nachtragen. Ihm wieder eine neue Chance geben. Die Tür öffnen, nicht zuknallen. Verzeihen, nicht vergessen, sich nicht alles gefallen lassen, aber die Brücke suchen, das Gespräch, die Fortsetzung, nicht den Abbruch. Versöhnung als Abenteuer. Und ich merke: Es geht mir besser. Es kostet Mut, aber danach fühlt es sich unverschämt gut an. Dann beten wir: Vater, ich verzeihe ihm, wie du mir verzeihst. Wie könnte ich dem anderen verweigern, was du mir schenkst? Bitte hilf, dass es besser wird, zwischen dem anderen und mir. Hilf, dass wir Dinge klären können. Aber ja, Vater, ich will ihm nachsehen, was war. Eine neue Chance. Ein Abenteuer!

Oder das Gebet gegen die *Versuchung*. Sie wollen Ihre Integrität nicht verlieren. Sie wollen nicht in schwachen Stunden vom Weg abkommen. Gegen die Versuchung anzubeten ist immer ein Ringen, denn Sie haben es nicht mit einer Sache zu tun, sondern mit dem mächtigen Versucher, der dunklen Macht, die stets verneint, die nichts anderes will, als Sie vom Vater wegzuziehen. Ein Moment Schwäche, ein kleines Nachgeben – und schon hat Sie der Versucher am Wickel. Nur ein kleiner Flirt, nur noch ein Glas, nur ein Blick auf *diese* Bilder, nur eine bitterböse Bemerkung, ein kleines bisschen Klatsch. Wir haben es hier nicht mit Fleisch und Blut zu tun. Kindlicher Glaube unterschätzt die Versuchung oder er ruft: »Mach das weg!« Erwachsener Glaube lernt, sich zu wehren wie Jesus in der Wüste: gegen Versuchung und gegen den Bösen, mit Gottes Wort und guten Entscheidungen. Mit dem Blick auf den Vater. Der erwachsene Glaube meidet, was Integrität zerstört. Und er bittet um Kraft zum Meiden, Kämpfen, Widerstehen einerseits und um Freude am Guten andererseits, an dem, was Gott uns in Hülle und Fülle gönnt, dem, was besser ist als alles, was uns vom Weg weglockt: gute Ehen, mit Dank empfangenes Essen, Bilder und Texte, die aufbauen und nicht ins Dunkel locken.

Das ist das Abenteuer im Alltag. Da geht es um größere Ziele als unser kleines Ego, da geht es um das tägliche Brot, den Neuanfang an jedem Morgen, das Ringen um gute Beziehungen, die eigene Integrität, das Leben und Sterben und in allem das Wissen: der Vater über mir, der Sohn bei mir, der Geist in mir. Auch ohne Outdoorklamotten ein abenteuerlicher Alltag!

2. Nachfolge am Montag:
Lauter Entscheidungen

Elliot hat ein Problem. Er macht das Radio an, aber er ist völlig damit überfordert, einen Sender auszuwählen. Er steht vor seinem Kleiderschrank, aber er weiß nicht, welches Hemd er anziehen soll. Er soll etwas aufschreiben, aber da liegen ein blauer und ein schwarzer Stift – welchen soll er nehmen? 1982 musste ein Tumor bei ihm entfernt werden, er saß vorne am Kopf, hinter der Stirn. Die Operation war erfolgreich, aber seither kann sich Elliot nicht mehr entscheiden. Er hat die Fähigkeit verloren, eine Wahl zu treffen.[50]

Das ist eine ziemlich gruselige Geschichte. Elliots Alltag wird zur Qual. Man mag es sich gar nicht ausmalen: Wie viele Entscheidungen treffen wir jeden Tag, wie oft wählen wir, oft spontan, fast automatisch, manchmal bedacht, an wichtigen Kreuzungen sogar mit viel Nachdenken, aber wir *entscheiden*: zwischen Nutella und Vollwertmüsli, Schalke und Bayern, Schlabberlook und Business-Anzug, Aufstehen und Liegenbleiben. Wir wählen: mit jemandem reden, mit dem es schwer ist, oder nicht, in eine Beziehung investieren oder nicht, die Wahrheit sagen oder in eine Lüge fliehen. Wir stehen an Kreuzungen und müssen irgendwann abbiegen: rechts oder links, Amazon oder der kleine Buchladen im Ort, Auto oder Fahrrad, noch mehr arbeiten oder Nein sagen, Zeit investieren für den Job oder andere Prioritäten setzen, arbeiten oder Elternzeit nehmen, mit dreißig schon für die Rente vorsorgen, eine Grenze überschreiten, einem Vorgesetzten widersprechen oder lieber die Klappe halten, noch mehr für die Prüfung investieren oder es ruhig angehen lassen. Wir entscheiden uns, und so hart es manchmal ist, so schwer es uns gelegentlich fällt, es ist doch auch das Stückchen Freiheit, das wir nicht aufgeben wollten. Durch Entscheidungen bauen wir unser Leben!

»Dein Wille geschehe, wie im Himmel so auf Erden.« Was bedeutet es, Jesus auch im Alltag nachzufolgen, mit den vielen kleinen, den zahlreichen mittleren und den paar großen Entscheidungen? Was bedeutet: Dein Wille geschehe, wie im Himmel, so auch in meinem Alltag?

Was bedeutet: Dein Wille geschehe, wie im Himmel, so auch in meinem Alltag?

Vielleicht spüren wir den Druck: Sich zu entscheiden ist oft schwer. Starbucks wirbt mit dem Spruch: »Happiness in your choices«. Wir machen dich glücklich, weil du die Wahl hast. Aber wenn ich bei denen einen Kaffee kaufe, ist das zunächst einmal Stress: coffee of the day, White Mocca, Cappuccino, Latte, decaf, tall oder venti, Sojamilch, Sahne, ein Extraschuss Espresso oder doch etwas Amaretto oder Haselnuss-Sirup?

Ungefähr 70-mal am Tag, 25 000-mal im Jahr, etwa 1,8 Millionen Male in siebzig Jahren: lauter Entscheidungen! Und jede Entscheidung, die etwas mehr als den Kaffee betrifft, baut irgendwie mit an unserem Leben, werkelt an unserer Seele, schafft, wer wir sind. Was ist, wenn wir an einer wichtigen Kreuzung falsch abbiegen, wenn wir nicht zurück können, weil sich »Möglichkeit« in »Wirklichkeit« verwandelt hat? Man kann diese herrliche Freiheit auch als furchtbare Last empfinden. Ins Guinness-Buch der Rekorde schafften es Octavio Guillen und Adriana Martinez mit der längsten Verlobungszeit der Geschichte: Sie verlobten sich 1902, im Alter von 15 Jahren. Aber dann erschien ihnen diese Entscheidung allzu schwer, sie hatten Bedenken, sie verschoben die Hochzeit wieder und wieder, bis 1969. Mit 82 Jahren standen sie endlich vor dem Traualtar.[51]

Sich nicht entscheiden können aus Furcht vor den Wirklichkeiten, die man mit jedem Ja und jedem Nein schafft, das ist das eine Problem. Und dann kommt auch noch Gott ins Spiel. Als wäre es nicht schon genug, rechts oder links abbiegen zu müssen! Vielleicht sagen wir: Ich will das wissen, ich möchte eine Weisung bekommen, eine Postkarte aus dem Himmel (für die Älteren) oder (für die Jüngeren) eine WhatsApp von Jesus, direkt in Verstand und Herz hinein. Vielleicht sagen wir aber auch im nächsten Moment: Ich möchte schon glauben, Jesus nachfolgen, aber er muss mir doch nicht in alles reinreden. Ich möchte Jesus folgen und doch selbst (ein wenig?) die Kontrolle behalten, es ist doch mein Leben, und ich bin nicht Elliot, ich habe starke Gefühle, wenn ich etwas will und begehre.

Ich kann hier nicht alle Fragen klären, aber es dürfte inzwischen klar sein: Da passiert Wesentliches, wenn wir an all den vielen kleinen und den wenigen großen Kreuzungen stehen.[52]

Wir könnten jetzt eine Menge Hilfreiches lernen von wissenschaftlichen Studien über das Wesen menschlicher Entscheidungen. Zum Beispiel über die Frage, wie eigentlich Entscheidungen zustande kommen. Elliot hat da für einige Unruhe gesorgt: Er *fühlte* nichts mehr, und weil sich alles gleich kalt anfühlte, traf er keine Entscheidungen mehr. Die Forscher mussten umdenken: Wir entscheiden offenbar gar nicht immer so vernünftig, durch Abwägen von Pro und Kontra, vom Verstand sanft in die richtige Richtung gelenkt. Unser Gefühl mischt mit. Ich denke, also bin ich? Pustekuchen: Ich fühle, also bin ich! Wenn es gut geht, arbeiten Verstand und Gefühl gut zusammen, dann sammelt der Verstand ein paar Argumente und unser Gefühl versorgt uns mit gebündelter Lebenserfahrung. Manchmal hebelt aber auch das Gefühl den Verstand aus. Probe aufs Exempel? Kaufen Sie mal ein Auto! Kaufen Sie mal *irgendetwas*!

Eine spannende Sache betrifft den Unterschied in der Art und Weise, wie wir Entscheidungen treffen.[53] Barry Schwartz und sein Forschungsteam haben zwei Typen von Entscheidern entdeckt: Die einen nennt man *Satisficer*, ein Kunstwort aus »zufrieden« und »genug«. Diese Menschen prüfen, finden eine ordentliche Lösung, entscheiden sich und sind damit zufrieden.

Die anderen nennt man *Maximizer*: Die prüfen, finden eine gute Lösung, haben Angst, dass irgendwo da draußen noch eine bessere Lösung warten könnte, prüfen weiter, immer weiter, bis sie glauben, jetzt endlich die beste aller Lösungen gefunden zu haben. Ein Alltagsbeispiel: Wenn ein *Satisficer* den Fernseher mit 400 Kanälen einschaltet, und er findet beim sechsten oder siebten Sender eine Sendung, die ihn interessiert, dann bleibt er da und ist zufrieden. Der *Maximizer* muss erst durch alle 400 Kanäle zappen, denn wer weiß, ob nicht der 399. das spannendste Programm zu bieten hat. Wir können jetzt überlegen, wer besser mit dem Leben klarkommt und wozu wir selbst neigen.

Was hat das alles damit zu tun, Jesus nachzufolgen? Hilft uns Jesus, wenn wir Entscheidungen treffen müssen? Und hat er wirklich zu allem eine Meinung, in jeder Hinsicht einen klaren Plan? Darüber ist einiges zu sagen, doch es gibt weder eine Zauberformel, die uns vor jeder falschen Entscheidung behütet, noch kann man zu jedem Thema einen Pfad beschreiben, wie man die richtige Wahl trifft.

Die entscheidende Frage: Wer werden wir durch unsere Entscheidungen?

Es geht vor allem um die Frage, *wer* wir durch unsere Entscheidungen werden, und weniger darum, welche Wahl die »einzig« richtige wäre. Nehmen wir den jüdischen König Salomo als Beispiel (vgl. 1. Könige 3). Salomo war ein junger Mann, der plötzlich sehr viel Einfluss hatte. Er wurde König. Er sollte ein Volk regieren. Und zwar in schwierigen Zeiten. Er musste Entscheidungen treffen, täglich, kleine und schwerwiegende. Und er hatte gehörigen Respekt vor dem Job. Also tat er etwas Kluges. Er betete um etwas Besonderes. Er hätte um genug Geld bitten können für den Staatshaushalt, um eine gute Presse, dass ihn alle mögen, um militärische Erfolge und eine wachsende Wirtschaft. Aber das tat er nicht. Er trat vor Gott und sagte: »Ich bin noch so jung. Und nur unter uns: Ich weiß nicht aus noch ein. Wie soll ich das bloß alles schaffen! Plötzlich König und all die Verantwortung! Gott, bitte gib mir ein weises Herz, das zu unterscheiden lernt, was gut und was böse ist. Gib mir ein Herz, das gern und willig das Gute wählt und tut! Hilf mir doch, dass ich durchschaue, was los ist, Zusammenhänge verstehe, gib mir einen inneren Kompass. Hilf mir, das Richtige zu tun, das, was deinem Willen entspricht.« Salomo bittet um Weisheit und Gott gibt ihm Weisheit. Ihm gefällt es, dass Salomo seinen Weg so beginnt (vgl. 1. Könige 3,7-12).

Wie sieht das aber im Alltag aus? Wie finde ich den Willen Gottes für mein Leben, in all den Entscheidungen, immer wieder? Da stehe ich vor einer Wahl, einer Weichenstellung im Beruf und bete: »Herr, sag mir bitte, was ich tun soll. Ich mach's, egal was.« Aber was kommt? Schweigen! Keine Postkarte, keine WhatsApp. Nichts zu hören, auch im Beten nicht. Woran liegt das? Warum höre ich da nichts von Gott?

Das war eine meiner wichtigsten Entdeckungen im Leben mit Jesus: Sein Hauptinteresse, sein Wille für mein Leben, hat weniger mit den Dingen zu tun, die ich tun oder lassen soll, als mit der Frage, *was für ein Mensch ich dadurch werde*. Hat Jesus tatsächlich einen einzigen Plan, was ich in jeder Lebenslage entscheiden soll? Dieser Lebenspartner, diese Variante nach dem Studium, diese Entscheidung für oder gegen ein Auto, eine Lebensversicherung oder einen Bausparvertrag? Und wenn ich da nicht richtig höre und falsch

> Hat Jesus tatsächlich einen einzigen Plan, was ich in jeder Lebenslage entscheiden soll?

wähle, dann habe ich es verbockt, für immer? Ich glaube nicht, dass das so funktioniert. Gott nimmt uns bestimmte Entscheidungen nicht ab. Es gibt auch nicht für alles die *eine* richtige Entscheidung. Er lässt uns in vielem die Wahl. Aber er möchte, dass wir etwas Besonderes werden. Mündig! Lebendig! Er möchte, dass wir so entscheiden, dass unser Wesen, unser Charakter, unsere Ausstrahlung von Jesus geformt werden. Von Jesus gebildet und umgebaut. Von Jesus durchdrungen und gehalten. Von Jesus beschleunigt oder gebremst. Von Jesus erwärmt und ernüchtert. Von Jesus sensibilisiert und gestärkt zu einem klaren Nein und einem mutigen Ja. Von Jesus wahlfähig und entscheidungsfreudig gemacht. Und dann möchte er, dass wir tapfer entscheiden und wissen: Er geht mit.

Stellen Sie sich einmal Eltern vor, die ihrem Kind sagen: »Junge, zieh das an. Entscheide dich für dieses Praktikum. Kaufe dieses Fahrrad. Fahr in Urlaub nur nach Schweden und nie nach Uganda. Heirate nur Chantal und auf keinen Fall Nora.« Und das ginge so weiter, ein Leben lang. Wer würde das wollen? Die korrekte Antwort wäre: Niemand! In gesunden Familien werden Kinder zu jungen Menschen, die nicht wie kleine Befehlsempfänger durchs Leben laufen und bei jeder Wegkreuzung ängstlich Mutti anrufen. Wenn es gut geht, dann werden junge Menschen charakterfest, stark, reif in Entscheidungen, bei denen Kopf und Herz gut zusammenspielen, konstant, belastbar, eigenständig. Aber wie lernt man das? Nur, indem man es tut: eine Entscheidung nach der anderen, eine Kreuzung nach der anderen, eine Wahl nach der anderen. Es werden ein paar dumme, falsche, törichte dabei sein. Aber dann funktioniert das innere Navi: »Wenn möglich, bitte umkehren.«

Nur so lernen wir es, auch bei Jesus. Oft wird er sagen: »Entscheide, triff eine gute Wahl!« Wenn er es anders will – und manchmal will er es anders – dann wird er Mittel und Wege finden, uns sehr deutlich zu zeigen, dass er jetzt, hier und heute, eine besondere Berufung für uns hat. Ich habe das in meinem Leben vielleicht acht- oder zehnmal erlebt, das klare Empfinden: *Das* und nichts anderes will Jesus *jetzt* von mir. Mein Weg an die Universität nach Greifswald war so etwas, und das erste und zweite Ja zu GreifBar, unserer Gemeinde auch. Aber sehr oft, in den meisten Fällen, war Jesus weit mehr daran interessiert, an anderen Dingen zu arbeiten: an meinem Herzen, meiner Einstellung, meinem Charakter, meinen Prioritäten, meiner

Bereitschaft, zu dienen, zu verzeihen und für meine Fehler die Verantwortung zu übernehmen. Er wird uns z.B. nahelegen, uns gute Berater zu suchen, die uns nicht nach dem Munde reden. Er wird uns z.B. weiter sehen lassen: Wie wird sich das, was sich jetzt gerade gut anfühlt, in drei, fünf oder zehn Jahren anfühlen (oder auch nur: morgen früh)?

Anders gesagt: Es geht um Weisheit, wie sie Salomo so dringend erbeten hat. Es geht um einen inneren Kompass, der auf Jesus ausgerichtet ist. Es geht darum, an den Wegkreuzungen immer mal innezuhalten und zu beten: Herr, ich brauche jetzt eine Portion Weisheit! Und dann lernen wir durch Übung vieles zu sortieren. Unsere Werte werden sich ändern, unser Herz wird sich in bestimmter Weise neigen, unsere Gedanken werden sich ausrichten an Kriterien, die wir bei Jesus kennenlernen, so etwas wie Menschen den Vorrang geben vor Dingen, dienen, damit andere stark werden, gerade wenn wir Macht haben. Unser Gefühl wird sich formen, es wird mit anderen fühlen lernen, es wird sich nicht so leicht von Vergänglichem erhitzen lassen, aber es wird sich kindlich am Schönen erfreuen.

Wir lernen so, die grundlegenden Willensbekundungen Gottes in unseren Entscheidungen zu übersetzen: Ach ja, der Vater liebt es, wenn wir bescheiden leben, aber großzügig geben. Jesus war es immer wichtig, verlässlich in Beziehungen zu leben, auch wenn es schwierig wird. Der Geist Gottes wird unruhig, wenn wir unsere Integrität riskieren. In der Nähe von Jesus werden wir uns bei manchem seltsam gebremst und bei anderem merkwürdig beschleunigt empfinden. Und wir werden entscheiden, tapfer, manchmal mit einigem Bangen, oft richtig, zuweilen immer noch töricht. Aber dann hilft er uns auf die Beine und zurück auf Kurs. Wir werden nicht vor Gott durch unsere unfehlbaren Entscheidungen gerechtfertigt, vielmehr stehen auch unsere fehlerhaften Entscheidungen unter seiner Gnade. Das ist die erste Einsicht: Ihm geht es darum, wer wir werden, nicht so sehr darum, was wir im Einzelfall entscheiden.

Die Entscheidungen vor unseren Entscheidungen

Die zweite Überlegung ist eine Art Vertiefung der ersten. Es gibt Entscheidungen, die wir treffen, bevor wir Entscheidungen treffen. Es gibt einiges, das wir irgendwann in unserem Leben festlegen. So und nicht anders will ich mit den Dingen umgehen. Diese *Vor*-Entscheidungen sind es, die wie ein Filter wirken, wenn wir tatsächlich an einer Wegkreuzung ankommen. Ich habe ein paar Dinge in meinem Leben festgezurrt, bevor es ernst wird. Bevor die Krise kommt. Bevor die »super Gelegenheit« sich einstellt. Bevor die Versuchung nach mir greift. Bevor mich die Entmutigung zu Boden drückt. Einige wenige Dinge, die immer gelten sollen. Worauf ist mein Kompass ausgerichtet? Was sind meine Werte, was sind meine Grenzen? Was will ich nie außer Acht lassen, und welche Linie werde ich niemals, unter keinen Umständen überschreiten?

Die erste Vorentscheidung hat ein Mann namens Josua vorbuchstabiert (vgl. dazu Josua 24). Er war der Nachfolger von Moses, der Israel aus der ägyptischen Sklaverei befreit hatte. Die Israeliten sind lange umhergezogen und nach viel Zögern über den Jordan gegangen, hinein in das Land, das Gott ihnen vor langer Zeit versprochen hatte. Und nun sollen sie das gute Land einnehmen. Gott sagt ihnen übrigens nur das. Josua versammelt seine Leute und sagt: Jetzt müsst ihr eine Vorentscheidung treffen. Diese Vorentscheidung wird sich auswirken auf alles, auf jede Beziehung und jede Entscheidung, jedes Ja und jedes Nein. Ihr müsst vor allem entscheiden, wem ihr euer Vertrauen schenkt. Es geht um diese eine Frage vor allen Fragen: Gott oder die zahllosen Gott-Kopien, die Gott-Imitate. Entweder – oder. Und eines sollt ihr noch wissen: Meine ganze Familie, ich und alle, die zu meinem Haus gehören, wir wollen ohne Wenn und Aber Gott ehren, der so oft bewiesen hat, dass er alles Vertrauen und allen Gehorsam verdient. Wir dienen Gott, egal was ihr jetzt entscheidet. »Ich aber und mein Haus wollen dem Herrn dienen« (Josua 24,15).

Das ist die erste Vorentscheidung, vor allen anderen Entscheidungen. Josua macht deutlich: Das umschließt alles. Ich kann nicht sagen: Ich hätte gern Gott, das schöne Gefühl von Geborgenheit und Erhabenheit beim Anbeten, aber ich will die Kontrolle über manches in meinem Leben nicht aufgeben. Ich möchte Gott, aber ich will auch meinen Dickkopf, wenn es um meine Zeit oder meine Prioritäten geht. Josua sagt: Das funktioniert nicht. Denn aus der einen ersten Vorentscheidung wachsen andere.

John Ortbergs Vater Big John hatte selbst einen sehr abwesenden und distanzierten Vater.[54] Er saß nie bei seinem Daddy auf dem Schoß. Er hörte nie: Ich hab dich lieb, Johnny. Später fragte er sich: Was für ein Mensch will ich werden? Und er beschloss: Ich will ein guter Vater werden. Ich entscheide jetzt, dass ich abends mit den Kindern spiele, dass ich wertvolle Zeit mit ihnen verbringen will. Ich entscheide jetzt, eine Grenze für Arbeit, Karriere, Geldverdienen zu ziehen, die ich nicht überschreite. Dann kam ein tolles Jobangebot, mehr Verantwortung, auch mehr Geld. Big John nahm es erst an, doch als er merkte, was der neue Job mit ihm machte, gab er ihn wieder auf. In diesem Job hätte er kaum noch Zeit für seine drei Kinder gehabt. Der Filter funktionierte, die Vorentscheidung griff.

Was sind meine Werte und meine Grenzen? Wenn ich die richtigen Vorentscheidungen treffe, muss ich manches nicht mehr jedes einzelne Mal mühsam abwägen und entscheiden. Es wird zum Habitus, zur Haltung und Gewohnheit. Sonntags gehe ich dahin, wo das Volk von Jesus sich versammelt. Wenn es um Geld geht, will ich integer und großzügig sein. Wenn ich einen Fehler gemacht habe, stehe ich dazu. Wenn ich mein wertvollstes Gut vergebe, meine Zeit, dann achte ich darauf, dass meine Liebsten auch genug davon bekommen. Immer.

An dieser Stelle muss ich noch einmal auf Salomo, den jungen König, zurückkommen. Salomo sagt: Vor allem brauche ich ein weises, gehorsames Herz. Doch dann macht er die Erfahrung, dass das bei uns Menschen nicht wirklich gut funktioniert (Vgl.

1. Könige 11). Was tun wir, wenn unser Herz uns immer wieder zu Dingen zieht, die nicht gut sind, die uns am Ende zerstören und alles kaputtmachen? Dem ist mit Willenskraft nicht beizukommen. Unser Wille ist völlig überfordert, wenn es um ein Leben geht, das dem Guten, Wahren und Schönen gewidmet ist.

> Unser Wille ist völlig überfordert, wenn es um ein Leben geht, das dem Guten, Wahren und Schönen gewidmet ist.

Das weiß die weltliche Entscheidungsforschung, wenn sie uns nüchtern aufklärt, wie oft unsere Hormone uns steuern, wie oft Dopamin uns belohnt, wenn wir tun, was wir immer schon taten, und wie oft uns Testosteron Risiken eingehen lässt, die nicht vernünftig sind.

Das weiß noch tiefer die Bibel, wenn sie uns erzählt, auf welch krumme Wege auch ein Salomo geraten konnte, wie leicht er sich verführen ließ. Willenskraft ist dem nicht gewachsen, was da in uns streitet und an uns zieht. Es muss etwas Stärkeres her. Paulus sagte: Immer wenn ich merke, dass ich nicht tue, was ich mir vorgenommen habe, sondern genau das wähle, was ich eigentlich nicht will, könnte ich verzweifeln; ich merke dann, wie der Widerstand gegen Gott und alles Gute in meinen Gliedern wohnt, in meinem Inneren und Innersten (vgl. Römer 7,18-19).

Es geht im Letzten um diese Entscheidung: Verändern kann sich etwas nur in der Nähe von Jesus. Josua fragt sein Volk: Wollt ihr Gott dienen? Vor der Frage stehen wir montäglich aufs Neue: Wollen wir Jesus folgen? Er erträgt meine Bosheit, lässt mich jeden Tag neu anfangen und baut am Haus meiner Seele. Stück für Stück. Wenn ich eine Vorentscheidung treffen will, dann diese: Ich will seine Nähe suchen, täglich, nicht zufällig, sondern immer wieder. Ich will da sein, wenn meine Freunde zusammen in der Bibel lesen und beten. Ich will da sein, wenn wir alle am Sonntag feiern, loben, hören. Ich will immer wieder fragen: Zu was für einem Menschen willst du mich machen, Jesus? Ich will immer wieder, täglich, meine Schuld bekennen, umkehren, nachjustieren. Ich will mich zur Verfügung stellen, im Dienst für Jesus. Ich will meine Prioritäten überprüfen, in allen meinen Entscheidungen um Weisheit bitten. Oder einfach: Ich will Jesus am Montag folgen.

3. Nachfolge am Montag: Money, Money, Money

Es geht Gott also vor allem darum, welche Art von Mensch wir werden. Er gibt uns nicht für alles peinlich genaue Vorgaben. Aber er hat ein großes Interesse daran, unser Herz zu bilden, unsere Seele wachsen zu lassen und unseren Charakter stark zu machen.

Wer den Charakter, die Seele oder das Herz eines Menschen besser kennenlernen will, der muss spielen! Im Spielen zeigt sich, wer wir in Wahrheit sind. Freundliche Menschen werden wild, gelassene verbissen, zurückhaltende aggressiv, integre hinterhältig, großzügige Menschen kennen plötzlich nur noch sich selbst.

Eines der ersten Spiele, das ich als Kind geschenkt bekommen habe, war Monopoly. Ich komme schließlich aus einem Kaufmannshaushalt. Ich liebe Monopoly, meine Söhne lieben Monopoly, nur die Frauen in unserer Familie nicht. Vor allem diese tollen Ereigniskarten: »Betrunken im Dienst. Strafe 400 Mark«, »Rücke vor bis zur Schlossallee« (wehe, da hat schon einer ein Hotel gebaut!), »Du hast den zweiten Preis in einer Schönheitskonkurrenz gewonnen« (warum eigentlich nur den zweiten?), und natürlich der »Kracher«: »Gehe ins Gefängnis, begib dich direkt dorthin, gehe nicht über Los. Ziehe nicht 4000 Mark ein!« Monopoly ist das beste Mittel, das ich kenne, um die Tiefen des menschlichen Herzens auszuloten. Freunde werden zu Hyänen. Höfliche Mitmenschen ziehen andere bis aufs Hemd aus. Ich hab da schon Sachen erlebt! Einblicke in Gier und Habsucht, in Wut und Rücksichtslosigkeit – natürlich: bei den anderen!

Ich selbst wollte doch nur klarkommen, wollte Schlossallee und Parkstraße haben, mit je einem Hotel, hypothekenfrei, dazu die vier Bahnhöfe, am Opernplatz wohnen und Goethe-, Schiller- und Lessingstraße, das wäre doch nicht unbescheiden. Was kann ich dafür, wenn die anderen an meinen Mieten ersticken, Privatinsolvenz anmelden oder im Gefängnis verrotten? Es ist doch nur ein Spiel! Oder?

Wie geht es uns mit diesem Thema »Geld«? Nicht so sehr im Kopf, sondern etwas tiefer, in der Seele, im Herzen? Wie geht es uns, wenn wir Geld haben oder wenn uns Geld fehlt? Wenn wir es sparen oder ausgeben, behalten oder opfern? Was sind das für Empfindungen, wenn Geld persönlich wird?

Wenn wir die Bibel aufschlagen, springt es uns entgegen: Geld ist ein Top-Thema für Jesus. Warum eigentlich? Geld ist doch nur ein Mittel, ein Werkzeug. Oder nicht? Geld, so sagt Wikipedia, »ist jedes allgemein [in der Regel vom Staat] anerkannte Tausch- und Zahlungsmittel.«[55] Ein Hundert-Euro-Schein ist ein Mittel, es ist eigentlich nichts als Papier, dem wir einen Wert zuschreiben, um dann Tauschgeschäfte damit abzuwickeln.

Jesus redet über Geld, weil das nicht die ganze Wahrheit ist. Geld ist nicht nur ein Mittel, es kann zur Droge werden. Geld kann uns in beste Stimmung versetzen, aber auch die Seele betäuben, dass sie für andere(s) taub und empfindungslos wird. Geld hebt unser Gefühl und – so meinen wir in schwachen Stunden – unseren Wert. Mehr davon zu besitzen, wirkt an sich schon erstrebenswert. Geld ist nicht nur ein Mittel, »Geld regiert die Welt« unserer Seele. Und das funktioniert unabhängig vom Kontostand beim Grundschulkind, beim Studenten, beim Gutverdiener und beim richtig Reichen. Wer Monopoly spielt, auf dem Spielbrett wie im richtigen Leben, der kennt das, den Kick, das Ziehen und Treiben. Und vielleicht lernt er, sich über sich selbst zu wundern. Das steckt auch in mir?

Darum redet Jesus so viel über Geld. Es kann ein Mittel sein oder eine Droge, in der Sprache der Bibel kann Geld ein Diener sein oder ein Götze, ein falscher Gott, der alles verspricht und nichts hält. Jesus hat ein hohes Interesse daran, was für Menschen wir werden. Die Frage ist nicht, ob es okay ist, gut zu verdienen, sich etwas Schönes zu gönnen, das Leben zu genießen und ein Sparkonto zu haben. Doch Jesus sagt, ehe du dich versiehst, ist das alles nicht mehr Mittel, sondern Droge, nicht mehr Diener, sondern Götze: »Niemand kann gleichzeitig zwei Herren dienen! Entweder wird er den einen hassen und den anderen lieben. Oder er wird dem einen treu sein und den anderen verachten. Ihr könnt nicht gleichzeitig Gott und dem Geld dienen!« (Matthäus 6,24).

Fragen zum Thema Geld gäbe es genug: nach dem Mindestlohn, der Bedeutung von Versicherungen, der Höhe von Managergehältern und der Armut mancher bei uns und vieler, sehr vieler Menschen weltweit. Doch ich möchte mich auf drei Überlegungen beschränken, die dann eine Art »Brille« werden können, durch die wir eine neue Perspektive auch für die vielen anderen Themen gewinnen können.

Jesus will, dass wir klug werden

Vor langer Zeit lebte ein sehr beschäftigter Mann.[56] Er arbeitete 12 bis 14 Stunden am Tag und führte ein kleines, erfolgreiches Unternehmen. Er war gut mit den Einflussreichen vernetzt. Er hatte eine feine Nase für die besten Gelegenheiten. Seine Frau versuchte ihn manchmal zu bremsen, aber er war nicht zu bremsen. Die Kinder wurden groß und kannten ihn kaum. Wenn sie mit ihm spielen wollten, vertröstete er sie: Später, in ein paar Monaten, da habe ich mehr Zeit. Irgendwann fragten sie nicht mehr. Er tröstete sich mit dem Gedanken, dass er ihnen alles gab, was das Herz begehrt: tolle Kleidung, jedes erdenkliche Spielzeug. Irgendwann warnte ihn der Arzt: Bluthochdruck, Übergewicht, schlechte Leberwerte. Er sagte sich: Irgendwann werde ich es ruhiger angehen lassen, aber erst muss ich die Firma an die Spitze führen. Sonntags arbeitete er zu Hause. Seine Frau bat ihn, einmal mit zum Gottesdienst zu kommen, aber er winkte ab: Später, das kann noch warten. Die Firma boomte; er schien auf einer Welle des Erfolgs zu schwimmen. Er wollte noch *einen* Mitbewerber übernehmen, dann endlich würde er sich etwas Ruhe gönnen. »Das ist die Chance meines Lebens, wir werden ausgesorgt haben – für immer«, dachte er.

An diesem Abend saß er noch lange zu Hause am Schreibtisch. Mitten in der Nacht schaute seine Frau nach ihm. Da lag er, mit dem Kopf auf der Schreibtischplatte. Sie schüttelte ihn sanft, er fühlte sich seltsam kalt an. Der Notarzt konnte nur noch den Tod feststellen. Herzinfarkt. Es gab Nachrufe in der Presse, eine große Trauerfeier, gewichtige Reden. »Ein wichtiger Unternehmer hat uns verlassen!« »Viel zu früh!« »Wir werden ihn nie vergessen!« Dann begruben sie ihn und setzten einen Stein auf sein Grab. Auf den Stein schrieben sie, was ihm das Größte war: Erfolg.

Als es dunkel wurde, kam ein Engel auf den Friedhof und fand den wunderschönen Grabstein. Mit seinem Finger schrieb er über das Wort »Erfolg« das, was Gott zu diesem Leben zu sagen hatte: »Du Narr!«

»Du Narr«, sagte Jesus einmal über einen reichen Mann, dessen Droge das Geld war. Du hast Schätze gesammelt, aber bei Gott bist du nur ein dummer, armer Kerl (vgl. Lukas 12,16-21). Das ist die erste Überlegung, die Jesus anstellt, und sie ist eigentlich ganz simpel. Der Volksmund weiß es: Wir kommen nackt auf diese Welt und wir verlassen sie nackt. Wir nehmen nichts mit. Alles, was wir an Schätzen aufhäufen, ist vergänglich. Das schöne Haus. Das Auto. Der Computer. Der tolle Fotoapparat. Das teure Mountainbike. Das wäre doch mal eine nette praktische Übung für mündige Menschen: Jede Neuanschaffung bekommt ein Etikett: »Vergänglich!« Nichts davon bleibt.

Welchen Preis zahlt der arme Reiche schon im Blick auf *dieses* Leben, im Blick auf Menschen, die ihn lieben! Noch höher ist der Preis, das ganze Leben auf etwas gebaut zu haben, was keinen Bestand hat. Seine Lebensbilanz weist rote Zahlen auf: Nichts bleibt.

Jesus will, dass wir unternehmerische Menschen werden.

Jim Elliot, ein Missionar, der von Indianern in Ecuador getötet wurde, sagte: »Der ist kein Narr, der hingibt, was er nicht behalten kann, um zu gewinnen, was er nicht verlieren kann.«[57] Jesus sagt:

> *»Häuft keine Schätze auf der Erde an – wo Motten und Würmer sie fressen und wo Diebe einbrechen und sie stehlen. Sondern häuft euch Schätze im Himmel an – wo weder Motten noch Würmer sie fressen und wo keine Diebe einbrechen und sie stehlen. Denn wo dein Schatz ist, da wird auch dein Herz sein.«*
>
> Matthäus 6,19-21

Das Erste können wir noch gut verstehen: Silber und Gold sind vergänglich, Schätze können verrosten, Diebe können sie stehlen, die Sorge um unseren Schatz kann uns zerfressen wie Gollum. Was aber meint Jesus mit: »Häuft euch Schätze im Himmel an«? Das könnte man missverstehen nach dem Motto: Tut Gutes, damit ihr in den Himmel kommt. Doch es geht hier nicht um ein Ticket ins Jenseits. Es geht tiefer! Jesus meint etwas Größeres: Es gibt tatsächlich Schätze, die nicht verrosten und nicht gestohlen werden. Es gibt Investitionen in das Reich Gottes.

Wie sieht ein unternehmerisches Leben aus, das Schätze im Reich Gottes sammelt? Wer so lebt, trifft investive Entscheidungen. Er investiert sich und was er hat, in ein Projekt, das den Charakter eines Geheimtipps hat: Gottes Reich. Das ist dort, wo die Dinge nach Gottes Willen laufen. Es ist jeder Ort, an dem endlich passiert, was er will. Es ist jede Beziehung, in der sein Wille geschieht, wie im Himmel, so auf Erden. Gottes Reich ist dort, wo Menschen Vertrauen zu Gott fassen. Wo Niedergedrückte getröstet werden. Wo Armen aufgeholfen wird. Wo Kinder Hoffnung auf eine gute Zukunft bekommen. Wo Menschen herausgerettet werden aus unheilvollen Bindungen. Wo Gemeinschaft wächst und Vereinzelung überwunden wird. Wo Menschen ihre Gaben entdecken und zum Wohl aller einsetzen. Wo nicht mehr Götzen angebetet werden und Menschen unbändig froh werden, weil sie Gott anbeten. Wo Hoffnung erwächst, die am Tod nicht scheitert. Das ist Reich Gottes, da kommt zu uns herab, was »dort oben« bei Gott schon gilt.

Und der Clou ist: Das geht nicht kaputt. Wenn wir einst von dieser Bühne abtreten, dann nehmen wir nichts mit. Unser iPhone nicht, das Mountainbike nicht, den akademischen Titel nicht, unser Auto nicht. Aber es gibt etwas, das mit uns geht: Menschen, die das Heil gefunden haben, gehen mit uns, die Kinder, die durch uns von Jesus erfuhren, Erwachsene, die ein neues Fundament fanden im Glauben, alte Menschen, die getröstet und hoffnungsvoll an der Grenze zur neuen Welt warteten – das alles vergeht niemals. Das sind die Schätze im Himmel.

Unser Ticket in die Ewigkeit hat Jesus gelöst, damals am Kreuz auf Golgatha. Deshalb ist es nicht möglich, sich den Himmel zu »verdienen«. Aber er fordert uns auf, ein fruchtbares Leben zu führen. Keiner wird sich im Himmel erinnern, welche Klamotten wir hier trugen oder welches Auto wir fuhren. Unsere Titel zählen im Himmel gar nichts. Was zählt, sind die Menschen, die sagen: »Du warst da, als es mir dreckig ging. Dir ging meine Krankheit zu Herzen. Du hast dich mit meiner Armut nicht abgefunden. Ich war dir nicht zu schwierig, zu bockig, zu schlicht oder zu intellektuell. Du hast dich um mich bemüht. Du hast mir aufgeholfen, hast zu meiner Heilung beigetragen, hast die Verhältnisse verbessert, in denen ich lebte, hast meinen Stadtteil belebt und vor allem: Du hast mir den Weg zu Jesus gezeigt und du bist ihn mit mir gegangen.« Schätze im Himmel.

Jetzt kommt der unternehmerische Geist mit der Frage nach dem Geld zusammen: Es geht überhaupt nicht darum, jemandem den Spaß zu verderben. Hier ist keine moralische Botschaft zu verkünden nach dem Motto: »Gutes Geld zu verdienen ist Sünde!« Oder: »Armut ist das bessere Leben!« Die Alternative zu dem närrischen Leben, von dem Jesus erzählt hat, ist nicht Verzicht oder Opfer, sondern eine Veränderung unserer Einstellung. Alles ändert sich, wenn unser Herz aufgeht, wenn wir für etwas brennen, wenn unsere Leidenschaft entfacht ist und wir denken: *Gottes Reich, ich bin dabei, ich darf mittun. Was ich hier tue, im Auftrag Gottes, das hat Bestand.*

Denken Sie es einmal für Ihre Gemeinde durch: Wir zusammen, eine Gemeinde von Jesus in unserer Stadt, berufen, sein Volk zu sammeln, tun etwas, das nicht verrottet. Wenn die letzte iWatch auf dem Müllplatz vergammelt ist, wird das, was wir hier tun können, immer noch da sein. Wenn wir dafür brennen, werden wir auch investieren: unsere Kraft, unsere Gaben, unser Herzblut, unsere Zeit – und unser Geld.

Gemeinde braucht nicht Geldgeber und Opferbereite. Sie braucht Menschen, die zusammen für Gottes Reich brennen und darum unternehmerisch mit ihrem Geld umgehen. Dann fühlt es sich vielleicht immer noch mulmig an, eine größere Summe in Reich-Gottes-Dinge zu investieren, aber irgendwie auch richtig gut. Denn unser Geld arbeitet dann für das, was uns im Leben das Größte ist. Und manchmal funktioniert das auch anders herum: Wir lenken mit unserem Geld unser Herz. Wir geben es hin und unser Herz folgt dem Geld. So wie Jesus es gesagt hat: Wo unser Schatz ist, da ist unser Herz. Mit Gott im Alltag werden wir lebendige und mündige Unternehmer des Reiches.

Jesus will, dass wir nicht engherzig, sondern großzügig werden

Das Volk Israel hat viele Wege gefunden, wie Frauen, Männer und Kinder zu großzügigen und weitherzigen Menschen werden können. Wenn sie von allem, was sie einnahmen, den Zehnten gaben, dann wollten sie sagen: Alles, was wir haben, kommt von Gott und gehört Gott, und zum Zeichen dafür geben wir den Zehnten. Der Zehnte, das sind zehn Prozent von allem, was hereinkommt (vgl. 3. Mose 27,30). Wenn also jemand 450 Euro verdient, dann sind das 45 Euro, wenn jemand 5000 Euro verdient, dann sind es 500 Euro.

Aber der Zehnte ist nur *ein* Training in Großzügigkeit. Es gibt außerdem die Idee der ersten Früchte. Von allem, was geboren, geerntet und gepflückt wurde, ging die erste Frucht an den Tempel, zur Ehre Gottes und auch zur Unterstützung der Armen. Gott sollte das Erste und Beste bekommen. Nicht: für Gott die Reste. Sondern: für Gott das Beste. Wenn die ersten Früchte in einer großen Parade abgeliefert wurden, geschah das in großer Freude und mit tiefer Dankbarkeit: Wir durften ernten, und das bedeutet: Wir dürfen leben, ein weiteres Jahr. Wir danken Gott und bringen ihm die Erstlinge unserer Ernte (vgl. 3. Mose 23,9-14).

Aber auch das ist nur eine weitere Übung. Es gab außerdem die Sitte, bei der Ernte großzügig etwas stehen zu lassen für die Armen, für Witwen und Waisen und für Menschen aus fremden Ländern. Wenn man etwas versehentlich liegen gelassen und vergessen hatte, sollte es da bleiben (vgl. 5. Mose 24,19-21). Das, so sagte einmal jemand, ist das einzige Gebot, das man durch Vergessen erfüllen kann.

Mehr noch: Alle sieben Jahre sollten alle Schulden erlassen und alle Schuldsklaven freigelassen werden. Und alle fünfzig Jahre sollte jedes Stück Land wieder an seinen ursprünglichen Besitzer zurückgehen (vgl. 3. Mose 25,1-24).

Das alles ist eine Schule der Großzügigkeit. Es geht nicht darum, mechanisch Gesetze zu erfüllen. Gott will Herz und Seele formen. Jesus möchte, dass wir großzügige Menschen werden.

Das Problem des leichten Aufwärtsvergleichs

Nun kann man damit zwei Probleme haben. Man kann einerseits sagen: Das schaffe ich jetzt nicht, das kann ich später einmal tun, wenn ich richtig gut verdiene. Vorsicht! Es gibt ein merkwürdiges psychologisches Gesetz. Leon Festiger nennt es das »Prinzip des leichten Aufwärtsvergleichs«.[58] Wir Menschen vergleichen uns immer, und zwar nach oben oder unten. In welche Richtung werden wir uns wohl vergleichen, wenn es um moralische Fragen geht? Eher nach unten. Wir sind zwar nicht perfekt, aber immer noch besser als diese gierigen Hedgefonds-Börsenhaie. Wir haben ein bisschen bei der Klausur gemogelt, aber nicht wie diese Plagiat-Politiker. Beim Geld aber vergleichen wir uns stets ein Stückchen nach oben. Wir sehen immer die, die ein bisschen mehr haben. Der Student sieht den Doktoranden, der sieht die wissenschaftliche Mitarbeiterin, diese sieht den Professor, der sieht die Kollegen mit Leistungszulagen usw. Man denkt: Ich käme ja viel besser klar, wenn ich so viel wie der oder die hätte. *Dann* könnte ich mir kaufen, was ich brauche, und *dann* könnte ich locker großzügig an andere abgeben. Doch das Gemeine ist: Das verlagert sich immer weiter. Wir erreichen nie den Zustand, in dem wir sagen: Genug ist genug.

Die Alternative sieht so aus: Ein jeder fängt da an, wo er oder sie jetzt gerade ist, Großzügigkeit einzuüben. Jetzt gebe ich zehn Prozent oder die »ersten Früchte«, die auf meinem Konto ankommen. Wenn ich gerade wirklich tief in den roten Zahlen stecke, beginne ich wenigstens damit und fange schon mal mit einer Summe X an, und sei es ein Prozent.

Manche machen es so: Immer wenn Geld ins Haus kommt, stellen sie sich drei Umschläge vor. Die erste Geldtransaktion im Monat geht in die Reich-Gottes-Investments (das »hat« etwas gegenüber Daueraufträgen!), die zweite geht in die Sparbüchse für Dinge, für die wir langsam etwas Kapital ansparen, und die dritte geht in all die Fixkosten und beweglichen Ausgaben des kommenden Monats. So kann man es auch schon mit Kindern gemeinsam einüben. Dann widmen wir Gott das Beste und nicht die Reste.

Das Problem der lustlosen Großzügigkeit

Das andere Problem ist mehr »theologischer« Art. Jetzt könnten wir nämlich sagen: Das war im *Alten* Testament. Wir *müssen* nicht mehr den Zehnten geben. Sätze mit »müssen« sind ja immer schwierig, weil Jesus uns ja gerade vom »Müssen« befreit. Das stimmt einerseits, aber die wichtigsten Gebote sind geblieben. Liebe Gott und »liebe deinen Mitmenschen wie dich selbst« (vgl. Markus 12,28-31).

Gott war doch nicht im Alten Testament gesetzlich und dann hat er sich im Neuen überlegt, er könnte es jetzt mal mit Güte versuchen. Und Gott hat nicht im *Neuen* Testament aufgehört, uns zu großzügigen Menschen zu machen. Ihm sind doch nicht plötzlich die Armen gleichgültig und der Gottesdienst egal. Und darum haben die, die Jesus folgten, nach Ostern gerade nicht gesagt: Super, jetzt ist das endlich vorbei mit dem Zehnten und den Erstlingen der Früchte, jetzt können wir alles selbst behalten und es uns gut gehen lassen. Wir sehen ganz im Gegenteil bei den ersten Christen eine ungeheure Freude am Geben und eine beeindruckende Großzügigkeit.

Und um diese Freude geht es: In meinen Grenzen will ich nicht knauserig sein, wenn ich ein Trinkgeld gebe, wenn ich andere beschenke, wenn ich etwas gebe für das Reich Gottes, wenn mich das Leid der Christen im Irak berührt, wenn ich erkenne, wie gut es mir geht und wie der Hunger an anderen Ecken der Erde tobt.

Paulus, der großer Denker der ersten Christenheit, war ungeheuer sensibel und praktisch, als es darum ging, Geld in den Gemeinden rund um das Mittelmeer zu sammeln. Er schildert das ausführlich in einem Brief an die Christen von Korinth (2. Korinther 8-9). Die Muttergemeinde aller christlichen Gemeinden war in Not geraten. Die Christen in Jerusalem litten Hunger, es war mehr als bedrohlich. Paulus hat sich ein großes Fundraising-Projekt aufgeladen: rund ums Mittelmeer Geld sammeln für Jerusalem. Aber wie macht man das auf eine Weise, die ermutigt und Jesus entspricht? Er könnte ja Druck machen. Er könnte an das moralische Empfinden appellieren. Er könnte sagen: Wir führen jetzt die jüdischen Gesetze wieder ein: Zehn Prozent sind Pflicht! Das alles tut er nicht. Er tut zwei Dinge, die wie maßgeschneidert für uns sind, für jeden, der überlegt, wie er oder sie jetzt Jesus mit dem Geld im Alltag nachfolgen kann.

Das Erste: Paulus zeigt den Korinthern Jesus. Guckt noch einmal hin. Er war reich. Ihm gehörte alles, das ganze Universum. Aber er wurde arm. Und dann kam der große Tausch: Indem er arm wurde, hat er euch reich gemacht. Ihr seid reich, ihr seid Besitzer unermesslicher Schätze, die nicht vergehen. Ihr seid Töchter und Söhne Gottes. Alles Versagen ist euch vergeben und wird euch vergeben, täglich neu. Ihr habt Hoffnung über den Tod hinaus. Ihr habt eine Perspektive für diese Welt, dass nicht alles aus dem Nichts kommt und im Chaos sinkt. Ihr seid Mitarbeiter Gottes, Mitarbeiter in seiner Mission, die Erde zu erneuern. Ihr seid gehalten und geborgen, im Guten wie im Schweren. Schaut auf Jesus und schaut, wie reich ihr seid. Und dann überlegt mal.

Und das Zweite: Ich mache euch keine Vorschriften. Ich bitte euch um Hilfe, es braucht einen Ausgleich, es kann doch nicht sein, dass die einen es sich gut gehen lassen, während die anderen bitter leiden. Hier geht es nicht um ein Müssen. Prüft aber bitte ernsthaft selbst vor Gott, was und wie viel ihr zu geben vermögt. Das ist die Freiheitsregel bei Jesus. Nicht aus Unwillen oder Zwang, sondern so, wie es sich jeder und jede im Herzen vornimmt. Was nehmen wir uns jetzt vor, wenn wir Jesus vor

Augen haben? Wohin zieht es uns und was wollen wir tun, weil wir für ihn und sein Reich brennen?

Gottes großes Interesse gilt nicht der Frage, ob wir peinlich genau jede Regel erfüllen, sein Interesse gilt unserem Herzen, unserer Seele, unserem Charakter. Da möchte er, dass wir klug, unternehmerisch und großzügig werden – und dann klug, unternehmerisch und großzügig handeln, auch mit unserem Geld.

4. Nachfolge am Montag: Gartenarbeit jenseits von Eden

Jede Woche hat ja ihre Höhepunkte. Der Höhepunkt in einer typischen Frühherbst-Woche ist für mich ein großes Stück Pflaumenkuchen mit Sahne, in der Sonne mit starkem Kaffee genossen. Am besten ist Pflaumenkuchen, wenn er noch ein bisschen warm ist. Dünner, knuspriger Boden, dick belegt mit Pflaumen. Pflaumenkuchen ist theologisch betrachtet ein starker Beweis für die Existenz Gottes. So ein Pflaumenkuchen ist aber auch ein starker Beweis für die Bedeutung von Arbeit. Denn mein Stück Pflaumenkuchen ist wundersamerweise nicht vom Himmel gefallen. Darauf meinte auch die beste Ehefrau von allen hinweisen zu müssen, als sie sagte, es habe sie glatt eineinhalb Stunden gekostet, diesen Kuchen auf den Tisch zu zaubern.

Aber diese eineinhalb Stunden sind ja nur die Spitze des Eisbergs, das Endstück einer langen Kette von kleinen und großen Arbeitsleistungen. Da hat ein bestimmter Jemand die Pflaumen geerntet, aufgeschnitten und entkernt, einen Teig gemacht, den Teig mit Pflaumen belegt und in den Ofen geschoben. Den Baum hat ein anderer Jemand vor Jahren zu uns gebracht und gepflanzt. Das Auto, mit dem er kam, hat jemand konstruiert, gebaut, verkauft, betankt und gewartet. Die Zutaten zum Teig kommen aus einem Supermarkt. Nur hat jemand erst einmal Zucker, Mehl, Backpulver, Vanillezucker, Butter und Eier produziert (welche Untertreibung: produziert!) und vermarktet, verpackt, kontrolliert, beworben, transportiert. Ein anderer Jemand hat sie in die Regale verteilt in einem Markt, der regelmäßig gereinigt und nachts bewacht wird. Jemand saß an der Kasse und nahm das Geld, das irgendwann einmal von jemandem gedruckt worden war, entgegen.

Ich höre hier auf: Sie haben die Botschaft verstanden, es geht schlicht darum, dass so ein harmloses Stück Pflaumenkuchen am Ende einer langen Kette von Arbeiten auf meinem Teller liegt. Betriebswirtschaftlich spricht man hier von komplexen Warenketten zwischen der Produktion und dem Konsum. In diesen komplizierten Netzwerken geschieht Arbeit, und ich hätte statt des Pflaumenkuchens auch andere »Produkte« wählen können wie den examinierten Studenten, ein neues Arzneimittel oder einen pünktlich eintreffenden Zug.

Ist Arbeit ein Thema in der Kirche?

Wie oft ist unsere Arbeit eigentlich Thema in der Kirche?[59] Arbeit mit Händen oder Kopf, mit Bezahlung oder ohne, in der Familie, in kleinen und großen Betrieben, mit großer oder kleiner Verantwortung, einfach Arbeit. Wie oft kommt das Thema in Predigten vor oder in Hauskreisen? Wie oft reden wir über die Frage, ob und wie wir Jesus in unserem Berufsalltag begegnen, ihm dienen, von ihm geleitet oder von ihm weggezogen werden? Wann wurde zuletzt für die Bäcker von Pflaumenkuchen gebetet, für die Altenpflegerin, den Hausarzt, den Müllwerker, die Putzfrau am Institut, den Feuerwehrmann, die Rektorin, den traurigen Langzeitarbeitslosen, die Sachbearbeiterin beim Finanzamt, die Frau an der Kasse von der Tankstelle?

Das mündige Leben mit Gott findet entweder auch im Beruf oder unseren anderen Tätigkeiten statt – oder es findet gar nicht statt. Jesus zu folgen erschöpft sich nicht darin, zu beten, zum Gottesdienst zu kommen, mitzuarbeiten und anderen Menschen von unserem Glauben zu erzählen.

Wir sollen den Garten bebauen und bewahren: Beruf ist Berufung

Gott beginnt seine Arbeit nicht mit einer Kirche, sondern mit einem Garten (vgl. 1. Mose 1-2). Es ist eher ein Landschaftsgarten, es gibt Flüsse und Bäume, Tiere leben hier, und es gibt Obst, Gemüse und Getreide. Gott nimmt eines Morgens Adam und Eva bei der Hand, führt sie in diesen Garten, zeigt ihnen alles und sagt: Hier dürft ihr jetzt leben. Und ich verrate euch, wie das funktioniert: Es funktioniert durch Arbeit. Das hier ist Paradies, nicht Schlaraffenland. Im Schlaraffenland wachsen euch die Früchte in den Mund, im Paradies wird gearbeitet. Ihr beide werdet diesen wunderschönen Garten kultivieren. Ihr macht aus Natur Kultur. Ihr bebaut den Boden und ihr bewahrt ihn, dass er auf lange Zeit gesund und fruchtbar bleibt. Das ist nun eure Berufung: Ihr arbeitet, und indem *ihr* arbeitet, pflege, erhalte und fördere *ich* die Schöpfung. Ich sorge für guten Boden, ordentliches Wetter und gutes Gedeihen. Wir bilden ein starkes Team.

> Im Schlaraffenland wachsen euch die Früchte in den Mund, im Paradies wird gearbeitet.

Gott erhält die Welt nicht zuletzt durch die Arbeit von Menschen. Wir sind Gottes Finger. Arbeit und Beruf sind unsere Berufung.

Jede ehrliche Arbeit ist Gottes Berufung. Die alten Griechen dagegen hielten Arbeit für etwas Niedriges und Müßiggang für das wahrhaft Menschliche. Tiere arbeiten, Menschen dagegen streben danach, die Arbeit hinter sich zu lassen und ihre Muße Höherem zu widmen, dem Nachdenken und dem geistvollen Gespräch. Gott müsste ihnen sehr suspekt vorkommen. Der wühlt im Dreck, als er den Menschen schafft, mit erdigen Fingern und Schlammspritzern im Gesicht. Der kommt am Anfang der Weltgeschichte als Gärtner und am Ende als Zimmermann, und dazwischen vergleicht sich Gott gern mit einem Hirten, einem Töpfer, einem Weinbauern oder einer Marktschreierin.

Arbeit ist göttliche Berufung und nicht lästiges Übel. Wäre unter uns eine Ärztin und ein Mitarbeiter der Müllabfuhr, so könnten beide sagen: Was ich tue, das tue ich in Gottes Team, als sein Mitarbeiter, seine Mitarbeiterin.

In der Grundschule haben wir eine Geschichte von einer Stadt gelesen, da verachteten die vornehmen Bürger die Müllmänner, weil sie nicht so gut rochen und niedrige Arbeit versahen. Als es zu arg wurde, legten die Müllmänner die Arbeit nieder. Die Stadt versank im Schmutz wie vor einiger Zeit Neapel, der Dreck lag bergeweise vor den Häusern. Es stank. Die Ratten kamen und mit ihnen die Krankheiten – bis die Bürger sich aufmachten, die Müllmänner um Verzeihung baten und inständig aufriefen, doch bitte wieder zu tun, worauf die Stadt auf keinen Fall verzichten könne. Ich sehe die Seiten im Buch und die Bilder noch exakt vor mir, die Geschichte hat mich tief beeindruckt und gewarnt, ja nicht hochmütig zu sein gegenüber scheinbar niedriger Arbeit.

Wir sollen den Garten bebauen und bewahren: Beruf ist Dienst

Beruf ist Dienst. Wer arbeitet, ist ein Dienstleister, und das ist ja gerade die Würde. Ich räume dann nicht nur Müll weg, schreibe Texte, horche Herz und Lunge ab, verkaufe Brötchen oder backe Pflaumenkuchen, sondern indem ich das tue, trage ich zum Wohlbefinden von Menschen bei, ich assistiere bei großen Dingen, ich tue Nötiges, ohne welches das große Ganze nicht gelänge. Noch der kleinste Dienst ist das: Dienst. Und auch der größte Beruf wird nicht mehr als das.

Es ist mein Beitrag zum Ganzen, und es ist nötig, weil ohne die vielen kleinen Dienste kein Ganzes würde. Wir haben ungefähr 2 500 Mitarbeiter an der Universität in Greifswald, ohne das

Klinikum. Professorinnen und Putztruppen, Forscher und Finanzverwalterinnen, Laboranten und Bibliothekare, Hausmeister und Technikerinnen. Nur wenn jeder an seiner Stelle tut, was er tun soll, wird daraus eine lebendige Universität.

Das sah Adam Smith im Jahr 1776 völlig anders.[60] Er war der Ansicht, der Bäcker, der gute Brötchen backt und verkauft, der tut das nicht aus Menschenfreundlichkeit. Er tut das, weil er selbst ein Auskommen haben will, um Geld zu verdienen und vielleicht sogar reich zu werden. Er ist mehr oder weniger selbstbezogen, aber *selbstbezogen* ist er! Der Egoismus, so Smith, ist der stärkste Antrieb für menschliche Arbeit. Aber weil der Bäcker sein Ziel nur erreicht, wenn er gute Brötchen backt und ein freundliches Geschäft führt, darum muss der Egoismus am Ende des Tages unter der Hand, fast als Nebenwirkung, doch dem Gemeinwohl dienen. Das ist der Geist des Kapitalismus oder der »Segen des Egoismus«.

Mag sein, lieber Adam, dass du recht hast, aber dein Namensvetter im Paradies, der war anders gedacht. Der sollte wissen: Für mich sorgt Gott, und ich bin nun frei, mit guter Arbeit anderen zu dienen. Hingabe an meine Aufgabe, Eifer, mein Bestes zu leisten, Freude an Qualität, Bereitschaft, mehr zu bieten als das magere Minimum, das alles erwächst aus einer Haltung, die im Beruf Gottes Berufung sieht. Beruf als Dienst ruft nach Hingabe: eine *gute* Ärztin, ein *guter* Putzmann, ein *guter* Student, eine *engagierte* Mutter will ich sein. Nicht das Nötigste, sondern das Gute will ich tun.

Die ältere Generation, Nachkriegskinder und Babyboomer haben es ein bisschen übertrieben und folgten der Moral eines Lastpferdes: »Nur Arbeit ist das Leben.« Nicht gut! Bei der Generation Y, unseren lieben Dreißigjährigen, könnte es in die andere Richtung gehen: Lieber nicht zu viel Hingabe, die Balance muss stimmen. Balance ist ein ziemlich leidenschaftsloses Wort, fast schon langweilig. Leidenschaftliche Arbeit braucht Ruhe, braucht Sabbat, braucht Grenzen, aber nicht Balance.

Wir sollen den Garten bebauen und bewahren: Beruf ist Gottesdienst

Martin Luther war der Überzeugung, dass die Magd, die den Stall auskehrt, Gott nicht weniger dient als der Priester, der die Messe liest. Das war Provokation pur. Damals dachte man: Was in der Kirche geschieht, das zählt bei Gott, damit sammelt man Pluspunkte im Himmel. Gott dienen, das heißt: beten, fasten, opfern. Doch Luther sagte: Das mit dem Punktesammeln könnt ihr sowieso vergessen, weil Jesus so viele Punkte hat, das reicht locker für jeden auf dieser Erde. Und darum kann jetzt auch jeder frei und fröhlich Gott dienen!

Nun denken wir ja heute nicht mehr, dass die, die ihr Geld in der Kirche verdienen, Gott deshalb näher sind als andere. Aber vielleicht denken wir: Das, was wir sonntags in der Kirche tun, und das, was wir danach tun, wenn wir beten oder ehrenamtlich mitarbeiten, das ist Gottesdienst. Und mit dem Beruf, da verdienen wir halt notgedrungen unseren Unterhalt. Da können wir vielleicht andere zum Gottesdienst einladen oder viel Geld verdienen, das wir dann spenden. Aber das, was wir da tun, ist für sich selbst kein Dienst für Gott. Doch das ist falsch gedacht.

Ich gucke selten Motorsport, aber kürzlich habe ich ein paar Minuten beim DTM-Rennen auf dem Lausitzring zugeschaut. Was mich fasziniert hat, war der Pitstop. Beim Pitstop rasen die Fahrer zu ihrer Servicemannschaft, bremsen gerade rechtzeitig ab, die Autos werden betankt, die Reifen gewechselt, und ab geht's. Die 16 Mann am Boxenstopp haben meinen totalen Respekt: Absolut auf die Sekunde fit und aufeinander abgestimmt bringen sie das Auto in weniger als fünf Sekunden zurück auf die Strecke. Warum erzähle ich das? Weil das Verhältnis von Gemeinde und Beruf ungefähr so ist: Der Gottesdienst ist der Boxenstopp und dann werden wir für die nächsten sechs Runden auf die Bahn zurückgeschickt und machen unser Rennen im Beruf, Runde für Runde. Der Sinn eines Autos ist nicht der

Boxenstopp, aber ein guter Boxenstopp schickt das Auto zurück ins Rennen.

Die Arbeit im Beruf ist ehrenvolle Berufung und nicht lästige Pflicht (anders, als die Griechen dachten). Die Arbeit im Beruf ist Dienst für Gott und nicht nur eigensüchtiges Streben (anders, als Adam Smith dachte). Die Arbeit in der Welt ist ebenso Gottesdienst wie das, was in der Kirche passiert (anders, als viel frommes Volk denkt).

Jenseits von Eden: Ein Acker mit Dornen und Disteln

Leider ist es schiefgegangen. Da war die Geschichte mit dem Baum und der Frucht, die Beziehung zu Gott ging in die Brüche, die Probleme begannen. Gott hat Adam und Eva diese eine Grenze gesetzt, damit sie menschlich bleiben und nicht göttlich werden. »Werdet ihr mir vertrauen und gehorchen?«, das war die Frage. Aber es ging gründlich schief. Adam und Eva war angedroht worden, dass sie sterben müssten, und nun kommt es auch genau so: Sie sterben Stückchen für Stückchen. Ihre Ehe wird schwierig, mit den Söhnen gibt es erst Ärger, dann Kummer, und die Arbeit wird mühsam: Im Schweiße seines Angesichts muss Adam nun arbeiten. Man riecht es fast, wie schwer es wird, der Boden trägt jetzt Dornen und Disteln (vgl. 1. Mose 3,1-19).

Mühsam ernährt sich der Mensch jenseits von Eden. Die Arbeit und der Beruf haben ihre Unschuld verloren. Arbeit, wie sie gedacht war, gibt es so nicht mehr: Arbeit als Ehre, als Hingabe an andere und als Gottesdienst. Es gibt überhaupt jenseits von Eden kein Leben mehr ohne »aber«. In keinem einzigen Bereich unseres Daseins! Überall steckt ein »aber« mit drin. Das »aber« bei der Arbeit könnten wir an endlos vielen Beispielen anschauen. Jenseits von Eden wird Arbeit immer überschätzt oder unterschätzt. Der Mensch jenseits von Eden hat kein Maß mehr.

Er sagt entweder: »Arbeit ist mein Leben.« Wenn ich arbeite, Erfolg habe, Geld verdiene, dann bin ich wer. Wenn nicht, dann nicht. Die Menschen von Babel dachten so: Einen großen Turm müssen wir uns bauen, damit wir uns einen Namen machen! Wer sich einen Namen machen muss, hat noch keinen. Darum ist Arbeit sein Leben. Arbeit ist die Rechtfertigung meines Daseins, vor den anderen und wenn ich in den Spiegel gucke, und sicher auch, so denkt der Mensch dann, bei jener großen Endabrechnung meines Lebens.

Oder der Mensch ohne Maß sagt: »Arbeit ist nur lästige Pflicht, reiner Gelderwerb.« Es zählt nur, dass ich möglichst rasch möglichst viel verdiene und dann das tue, was ich eigentlich tun möchte. Jetzt muss ich arbeiten, aber dann, dann kann ich mir gönnen, was das Leben schön macht.

Der eine überschätzt die Arbeit, der andere unterschätzt sie. Beide finden nicht zu der schlichten Freude, dass Arbeit Arbeit ist: Sechs Tage gebe ich mein Bestes, setze meine Gaben ein, diene anderen, freue mich an jedem guten Werkstück. Am siebten ruhe ich, feiere und höre: Gute Arbeit, mein Kind, und vergiss nicht: Du bist auch ohne das mein liebes Kind!

Wir könnten dasselbe aber auch an den Nöten durchspielen, die der dornige Acker jenseits von Eden mit sich bringt. Wir begegnen hier allem, was es an Bosheit und Not gibt: der erbitterten Konkurrenz um einen Auftrag, einen Job, eine Beförderung. Der Eigensucht, die nicht dem anderen dient, sondern ihn aussaugt. Dem hemmungslosen Geldverdienen. Der Tragödie, dass mein kleiner Laden nur überlebt, wenn es der Mitbewerber nicht tut. Dem Druck, dass der Vorgesetzte ein Verhalten fordert, das meinem Gewissen wehtut.

Das, was wir in religiöser Sprache Sünde nennen, durchweht und durchwirkt die ganze Arbeitswelt. Wenn wir als Christen an dieser Welt teilhaben, dann haben wir auch an ihrer Korruption teil. Wir finden sie in anderen und in unserem eigenen gierigen, neidischen Herzen. Wir finden sie in wirtschaftlichen Strukturen und in erbarmungsloser Ausbeutung, in ungerechtem Lohn und in unverschämtem Reichtum. Es gibt Arbeit, bei der nichts herauskommt. Es gibt Arbeit, die entwürdigt, bei der Menschen geschunden werden. Uns ist nicht verheißen, dass uns das erspart bliebe. Dies ist die Welt jenseits von Eden und eine andere bekommen wir – noch! – nicht.

Dieser Gedanke wäre aber unvollständig ohne einen anderen: Gott trägt, pflegt, erhält, duldet, schützt auch diese Welt jenseits von Eden. Und zwar durch gute Arbeit von glaubenden und nicht-glaubenden Menschen. Weil es nicht nur die Bosheit gibt, sondern auch so etwas wie Güte, Hingabe, Eifer, darum bricht nicht alles zusammen. Es ist ein riesiges Stück der Geduld und Güte Gottes, dass es so ist und bleiben soll. Nicht alle Bäcker sind Gauner, auch nicht alle Zahnärzte, es gibt ehrliche Politiker, Chefs, die ihre Angestellten fördern und nicht nur fordern, es gibt Lehrer und Automechaniker, Krankenschwestern und Hausmeister, die Gutes tun. Und in diesem Mischmasch sind wir mittendrin, wir tragen ihn ja in uns selbst. Wir sind nicht besser. Aber vielleicht haben wir eine besondere Sehnsucht nach dem Garten Eden, der diese Welt einmal war. Und wahrscheinlich entwickeln wir einen inneren Kompass dafür, in welche Richtung wir die Dinge am besten schieben an dem kleinen Ort, an dem wir ein bisschen Einfluss haben.

Eine junge Ärztin sagt vielleicht: »Ich will Zeit haben, Patienten zuzuhören und mehr zu sehen als eine Niere oder einen Musculus piriformis.« Oder: »Ich will so gut forschen, dass ich dazu beitrage, diese schlimme Krankheit auszurotten.« Oder: »Ich will die anderen achten, die hier in der Klinik arbeiten, auch die Putzfrau, auch die Sekretärin und den Hausmeister. Ich will ihnen allen mit Freundlichkeit begegnen. Ich habe Sehnsucht nach Eden.«

In dem Film »Twelve Years a Slave« (2013) spielt Brad Pitt einen gläubigen Zimmermann aus Kanada, der für einen Farmer im Süden der USA eine Scheune baut. Mit ihm arbeitet Solomon Northup, ein Sklave, zu Unrecht seit Langem unfrei. Die beiden tun ihr Bestes. Der Farmer will mit dem Zimmermann plaudern, so unter freien weißen Männern. Aber der christliche

Zimmermann kritisiert den weißen Farmer und dessen Rassismus. Er bleibt ruhig, er redet respektvoll, aber deutlich. Er sagt, dass Gott keine Freude daran hat, wenn fromme weiße Farmer schwarze Menschen versklaven. Schließlich erfüllt er eine Bitte des Sklaven: Er leitet einen Brief weiter, der am Ende zur Befreiung von Solomon Northup führt. Das ist für mich ein Beispiel dafür, welche Rolle Christen im Beruf in der Nachfolge von Jesus spielen können.

Jenseits von Eden: Mit Jesus auf dem Weg zur neuen Welt

Jesus hat nicht weniger als eine rundum neue Erde im Sinn. Aber eben: eine *Erde*. Was er vorhat, ist Garten Eden 2.0. Erlösung von Dornen und Disteln, Freiheit von der entfremdeten Arbeit, nicht aber Freiheit von der Arbeit.

Und damit fängt er heute an, überall wo er seine Leute hat. Eines Tages, möge er nicht zu fern sein, wird er sagen: Jetzt ist es so weit, jetzt ist es vorbei mit der Welt jenseits von Eden, jetzt kommt die neue Erde. Für uns in unserer Arbeit, in unseren Berufen, bezahlt oder nicht bezahlt, hoch oder niedrig, kann das bedeuten: durchzubuchstabieren, was es heißt, Jesus im Beruf zu folgen.

Reden Sie über solche Themen in Ihren (Haus-)Kreisen? Nach dem Motto: »Heutiges Thema: Anne will diskutieren, wie eine Ärztin Jesus folgt.« »Michael will Erzieher als Jünger von Jesus sein.« »Kai möchte Glauben leben als Vater in Elternzeit.« Und geht es dann zur Sache? Oder treffen sich in Ihrer Gegend einmal im Monat diejenigen zum Mittagessen, die in ähnlichen Berufen arbeiten? Kommt vielleicht auch mal ein kirchenferner Kollege einfach so aus Neugier dazu? Beraten Sie sich dann als Kaufleute, Theologiestudenten (das ist tatsächlich auch ein Beruf!), Mütter, Ärzte, Handwerker, wie es Ihnen mit Jesus im Beruf ergeht?

Vielleicht sagen wir es so, nachdem wir uns einmal einen halben Tag in der Stille gegönnt haben, um über dieses Thema nachzudenken und das zu notieren, was wir erreichen möchten: *Ich möchte lernen, meinen Beruf als Berufung zu verstehen, als Dienst und als Gottesdienst. Ich möchte integer sein in dem, was ich tue. Kommt eine Versuchung, dann verzichte ich lieber auf Gewinn, gute Stimmung und Beförderung als meine Integrität zu opfern. Ich möchte mit Freude Gutes abliefern mit meiner Arbeit. Wenn es hart und schwer wird, will ich an Jesus denken und ihn um Hilfe bitten (das ist wichtiger als die Frage, ob ich als Christ in der Kantine ein Tischgebet sage). Wenn es nötig wird, will ich für Schwache die Stimme erheben. Wenn ich Einfluss habe, werde ich mich fragen: Warum hat Gott mich wohl gerade jetzt an diese Stelle gestellt? Meinen Kollegen will ich nachsehen, wenn sie nerven (und gelegentlich das eine oder andere offen ansprechen). Ich will großzügig sein, wenn andere groß rauskommen. Ich will fragen, wo mein Job an der Sünde Anteil hat, und immer wieder um Vergebung und Erneuerung bitten. Ich will zugänglich sein, wenn mich andere um etwas bitten. Ich will unaufdringlich, aber gewinnend mit meinem Tun und Reden den Menschen Jesus vorstellen. Ich will aber auch meiner Arbeit nicht erlauben, mich völlig zu besitzen und zu besetzen, bis ich gar besessen von ihr bin. Ich will mich mühen und ich will ruhen und feiern. Ich will weinen über Dornen und Disteln. Ich rechne damit, dass ich mich im Schweiße meines Angesichts plagen muss. Dann erst recht will ich auf Jesus schauen und sagen: Ach komm, Herr, komm und erneuere diese Erde.*

5. Nachfolge am Montag: Sex als Bundeszeichen

Was würden Sie über ein Buch denken, das unscheinbar daher-kommt, aber bei dem es auf der dritten Seite schon losgeht: Zwei nackte Menschen hüpfen durch die Gegend, sie haben offen-kundig Spaß miteinander und das im Freien. Dieses Buch heißt nicht »50 Shades of Grey« und es spielt auch nicht in »Feuchtge-bieten«. Dieses Buch nennen wir die Heilige Schrift. Ein Mann und eine Frau vergnügen sich nackt im Garten, vor Gottes An-gesicht, und der Schöpfer redet mit ihnen über Sex. Sex, weil es nicht gut für den Menschen ist, allein zu bleiben. Sex, weil nach den Prototypen Adam und Eva die weitere Familienplanung nicht mehr mit Matschen in der Erde einhergeht. Schöpfung setzt sich fort mit Sex.

Muss das sein?

Einige von Ihnen haben es vielleicht schon im Inhaltsverzeich-nis gesehen und mit Spannung erwartet, andere eher mit leich-tem Stirnrunzeln. Und jetzt sind wir bei diesem Kapitel ange-kommen.

Man könnte sagen: »Die Sache ist doch längst durch, seit den 1968er-Jahren hat sich eine ungeheure Befreiung in Sachen Sex ereignet. Ob man Sex vor der Ehe haben darf, ist in den meis-ten Gemeinden kein Thema mehr, schließlich will niemand die Katze im Sack kaufen. Sexuelle Vielfalt und Toleranz für sexuel-le Vielfalt werden Unterrichtsgegenstand und Erziehungsziel.

Selbst die Katholiken wollen jetzt ein bisschen moderner werden.«

Oder man könnte sagen: »Die Sache ist mir zu intim. Ich denke nicht, dass die Kirche, selbst meine Gemeinde mir hineinreden darf in mein Liebesleben. Das ist meine Sache, zumal wenn im Wesentlichen Verbotsschilder aufgestellt werden sollen. Also: Erzählt mir nicht, wie ich leben soll.«

Trotzdem: »Let's talk about sex.« Ich möchte mit Ihnen einen Deal machen. Ich erwarte nicht, dass Sie von vornherein sagen: Toll, was die da über Sex lehren! Ich möchte Sie aber bitten, noch einmal zu prüfen, was uns die Bibel zu diesen Fragen sagt. Ich bitte Sie, offen zu sein für alles, was Gott in Ihrem Verstand, Ihrem Gewissen, Ihrem Herzen und Ihrem Handeln in Bewegung bringt. Lassen Sie zu, dass Gott Sie überrascht, bewegt, überzeugt, neu ausrichtet, ermutigt, korrigiert, vor allem: beschenkt – beschenkt mit einer Aussicht auf Freude und Erfüllung. Deal? Gut, dann geht es los.

Ein starkes Statement des Apostels Paulus

Als Erstes möchte ich einige Aussagen aus dem ersten Korintherbrief vorstellen und erläutern. Die Gemeinde in Korinth und Paulus hatten ein inniges, aber auch ein schwieriges Verhältnis zueinander. Korinth war eine sehr freizügige Hafenstadt. Kneipen, Rotlichtviertel, es herrschte eine sehr liberale Auffassung von Sex. Das ging so weit, dass antike Schriftsteller ein neues Wort erschufen – »korinthiazesthai«, das hieß so viel wie: »viel Sex haben«.[61] Und es kam, wie es immer ist: Die christliche Gemeinde blieb nicht unbeeindruckt von dieser Freizügigkeit. Mancher dachte: Christlicher Glaube ist prima. Ich glaube an Jesus, aber in mein Liebesleben lasse ich mir nicht hineinreden. Darum schreibt Paulus zu diesem Thema.

Was hat Sex mit Gottes Reich zu tun?

Hören wir mal rein in den »Originalton«! Zuerst packt Paulus die Korinther bei ihrem Stolz:

> *Das müsstet ihr doch eigentlich wissen: Wer Unrecht tut,*
> *wird keinen Anteil an Gottes Reich erben. Macht euch nichts*
> *vor! Das betrifft Menschen, die in verbotenen sexuellen Be-*
> *ziehungen leben, die Götzen dienen oder die Ehe brechen.*
> *Das betrifft auch Männer, die sich wie Frauen verhalten*
> *oder mit Männern schlafen. Und das betrifft Diebe, Hab-*
> *gierige, Säufer und Menschen, die andere verleumden oder*
> *berauben. Sie alle werden keinen Anteil am Reich Gottes*
> *erben. Manche von euch gehörten früher dazu. Aber ihr*
> *seid reingewaschen worden. Ihr seid zu Heiligen geworden*
> *und von Gott als gerecht anerkannt – durch den Herrn Jesus*
> *Christus, in dessen Namen ihr getauft seid, und durch den*
> *Geist unseres Gottes.*
>
> 1. Korinther 6,9-11

Wenn man das so liest, könnte man denken: »O weh!« Oder: »Klar, so ist das in der engen Welt der Christen. Die Predigt kennen wir. Da soll es nach der Melodie gehen: Diese schrecklichen anderen, sie kommen alle nicht in den Himmel.« Aber das wäre zu kurz gegriffen. Darum geht es hier in erster Linie nicht.

Es geht ja um Gottes Reich.[62] Gottes Reich ist die Welt, die Gott wieder in Ordnung gebracht hat. Gottes Reich ist, wo Jesus das Sagen hat. In dieser Welt gibt es keinen Hunger und keine Gewalt. Die Tränen werden getrocknet. Krankheit und Tod sind besiegt. In dieser Welt müssen sich Kinder nachts nicht fürchten, dass ein Erwachsener schreckliche Dinge mit ihnen tut. Dort entwickeln Männer einen ungeheuren Ehrgeiz, ihre Frauen zu lieben und zu achten. Frauen und Männer begegnen einander auf Augenhöhe. Sex schafft Freude, spendet Leben, ist Ausdruck totaler Hingabe. Das ganze Liebesthema baut auf, zerstört nicht, führt nicht zu tiefem Schmerz und bleibender Zerrissenheit.

Das ist die Welt, wie Gott sie wiederherstellt, und uns bereitet er tagtäglich darauf vor, er übt mit uns, wie das geht und wie das sein wird. Rettung, Erlösung, Heil bedeuten nicht raus aus dieser Welt, sondern rein in diese *neue* Welt. Deshalb sagt Paulus: Ihr könnt doch nicht mehr so leben wie damals. Wenn ihr so lebt, dann ist es so, als wäret ihr gar nicht Erben des Reichs. Denn so leben Erben des Reichs einfach nicht. Das ist es nicht, was ihr gelernt habt.

> Sex schafft Freude, spendet Leben, ist Ausdruck totaler Hingabe.

Zwei Anmerkungen:

Das, was hier so klar abgelehnt wird, betrifft sexuelles Verhalten, Ehebruch, außereheliche Praktiken und einiges mehr. Es betrifft aber ebenso jede Form von Götzendienst. Götzen bedeutet hier alles, was Gottes Stelle einnimmt, sei es Geld, Macht oder Karriere. Es betrifft Klatsch und Tratsch, Hinter-dem-Rücken-Reden und Verleumden. Es betrifft Habgier und unrechtmäßig erworbenen Gewinn, also unsaubere Geschäftspraktiken. Konservative Gemeinden stürzen sich oft auf das Nein zu buntem Sex, haben aber in der Regel kein Problem mit den kleinen und großen Gottlosigkeiten im Wirtschaftsleben. Liberale Gemeinden sind hochsensibel, wenn es um Fragen der Gerechtigkeit geht, um gerechten Lohn, beschränkten Reichtum, bekämpfte Armut, aber bei allen Fragen der Sexualität sagen sie: »Was geht uns das an!« Wenn wir ins Gleichgewicht kommen wollen, müssen wir das Ganze anschauen: Götzendienst, fragwürdige sexuelle Beziehungen, Habgier, Beziehungsmord durch böses Reden und vieles mehr.

Paulus sagt: »Das war einmal, denn ihr habt trotz allem erlebt, dass Gott euch vergeben hat. Er hat euch reingewaschen. Das spielt auf die Taufe an. Gott hat euch einen neuen Anfang geschenkt. Er verzeiht großzügig, was immer ihr ihm bekennt.

Ihr seid nicht festgelegt auf eure Vergangenheit. Vielleicht denkt jemand beim Lesen: Egal was hier geschrieben wird – *mir* kann es nicht mehr helfen. Ich habe zu viele Baustellen, zu viele gescheiterte Beziehungen, zu viele Wunden in meiner Seele – wie soll das je in Ordnung kommen? Doch wir sind alle Menschen mit einer Vergangenheit. Wir sind Menschen, die ihr Herz an der falschen Stelle verloren hatten. In unseren Gemeinden versammeln sich ausschließlich Menschen, die von Gottes Neuanfängen leben. Bei den Korinthern war alles zusammen, was man sich denken kann – und Gott hat sie angenommen, reingewaschen, zu Erben des Reiches erklärt. Meinen Sie wirklich, er könne mit allem fertigwerden, aber nicht mit Ihrer Vergangenheit?

Ist Sex ein Konsumgut oder ein Bundeszeichen?

Paulus geht einen Schritt weiter. Er spricht etwas an, das sehr modern klingt, nämlich unser hohes Freiheitsbedürfnis. Freiheit als Selbstbestimmung, als Spielraum, den ich mir nicht wieder einengen lassen möchte. Paulus respektiert Freiheit. Er spricht geradezu waghalsige Freiheit zu und sagt dann: Werdet auch in eurer Freiheit mündig. Mündige Freiheit ist kritisch prüfende Freiheit: Ich darf wählen. Ich wähle, weil ich etwas einsehe, und nicht, weil es mir vorgeschrieben wird und ich gar keine Wahl habe. Aber ich wähle kritisch und mündig. Ich prüfe, was mir guttut und mich dem näherbringt, was ich werden soll, um wirklich ich selbst zu werden.

> *»Ich darf alles!« – Aber das heißt nicht, dass auch alles gut für mich ist. »Ich darf alles!« – Aber das bedeutet nicht, dass ich mich von irgendetwas beherrschen lasse. »Das Essen ist für den Magen da und der Magen für das Essen!« Aber Gott wird sowohl dem einen als auch dem anderen ein Ende bereiten. Denn unser Leib ist nicht für verbotene sexuelle Beziehungen da, sondern für den Herrn. – Und der Herr sorgt*

für den Leib: Gott hat den Herrn vom Tod auferweckt. Durch seine Kraft wird er auch uns auferwecken.«

1. Korinther 6,12-14

Paulus kennt sich aus in Korinth. Er hat es dort mit zwei Fraktionen zu tun. Die einen sagen: Sex ist so dreckig, so schlimm, so peinlich, dass man sich am besten vollständig enthält und lieber wie ein Mönch oder eine Nonne lebt, enthaltsam. Die anderen sagen: Sex ist nichts anderes als ein Genussmittel. Sex ist wie Essen und Trinken. Sex ist wie ein gutes Schnitzel zum Abendessen. Hast du Appetit, musst du essen. In den 1970er-Jahren gab es dieses Thema schon in der evangelischen Jugendarbeit bei uns in Bielefeld, und eine These war: Sex ist wie ein Glas Wasser. Wenn du Durst hast, musst du eben trinken. Die Korinther dachten das noch etwas weiter. Sie sagten: Das ist doch auch gar nicht wichtig. Du isst, genießt, verdaust, scheidest aus. Fertig. Du hast Sex, genießt, gehst duschen. Fertig. Das hat doch mit deiner Seele nichts zu tun. Du darfst, weil du kannst. Alle Dinge sind dir erlaubt, du bist ein freier Mensch.

Paulus muss bei seinen Worten aufpassen. Was er sagt, soll nicht die ermutigen, die Sex für etwas Dreckiges halten. Eine Verachtung von Sex passt nicht zu Gott. Es gibt etliche Passagen in der Bibel, bei denen der eine oder andere rot würde. Also: Verachtung – geht nicht! Stattdessen geht es für Paulus um eine fundamentale Unterscheidung: Ist Sex ein Konsumgut oder ein Bundeszeichen, ein Siegel für einen Bund?

Sex als *Konsumgut* bedeutet: Ich habe ein Bedürfnis. Das muss gestillt werden. Diese Sichtweise ähnelt der Beziehung zwischen Kunden und Lieferanten. Auf dem Markt bin ich meinem Obsthändler treu, solange die Äpfel gut sind und der Preis stimmt. Hier entscheidet mein Gefühl: Ist es da, ist es okay. Ist es nicht mehr da, dann gehe ich. Sex ist bei dieser Sichtweise zuerst Genuss, den der andere mir liefert und den ich dem anderen ermögliche. Ist der Reiz nicht mehr stark genug, ist es vorbei. Hier herrscht der Geist des Kapitalismus, Sex ist ein Gut.

Paulus meint aber: Sex ist kein Konsumgut in Gottes Reich, sondern ein *Bundeszeichen*. Sex hat mit einem Bund zu tun, den ich schließe: Ich gebe mich dir hin. Ich verschenke mich an dich und gebe dir ein Versprechen: Ich halte nichts zurück. Ich mache mich »nackig«, ganz und ohne Vorbehalt. Und ich fordere mich nie wieder zurück. Ich überschreite den Rubikon: ohne Rückweg. Du kannst dich auf mich verlassen. Ich werde eins mit dir, du wirst eins mit mir, etwas Neues entsteht, ein Bund eben. Ich gebe ein Versprechen, das wichtiger ist als meine Stimmung, mein Gefühl, mein Bedürfnis. Leib und Leib leben dann aus, was zwei Menschen einander sagen: Sex ist Sprache der ungeteilten Hingabe, ein Geschenk von Leben, ein Siegel auf einem Bund. Der Leib schreibt dieses Versprechen in die Seele ein. Das geschieht beim Sex. Darum sagt Paulus: Kein Sex außerhalb dieses Bundes!

Hier geht es um ein tiefes Wissen um unsere Natur, nicht um moralische Spielregeln. Wenn Sex ein Bundeszeichen ist, passieren eine ganze Reihe von Dingen: Es entsteht ein Raum der Geborgenheit und Sicherheit. Ich bin ja in einem Bund geborgen. Auch wenn Stimmungen schwanken. Auch wenn Gefühle kommen und gehen. Auch wenn Versagen schmerzt. Auch wenn meine Armseligkeit unübersehbar wird. Auch wenn meine Attraktivität schwindet. Und darum bin ich frei und geborgen. Und dann, gerade dann wachsen tiefere Gefühle, entstehen Bindungen, ein Band, stärker als irgendetwas auf der Welt. Und Sex? Immer wieder, ein Leben lang: Siegel auf diesem Bund.

Ich kann es auch so sagen: Was ist das größere Abenteuer? Wenn ich wieder und wieder den Kitzel und die Schmetterlinge im Bauch vom Anfang, vom ersten Verliebt- und Erregtsein suche? Wieder und wieder dasselbe? Oder wenn ich »die Katze im Sack kaufe«, das Abenteuer der Veränderung, den Bund, der mich immer wieder herausfordert zu sagen: Okay, dann gehen wir jetzt auch durch *dieses* Neue. Ich weiß nie, wie ein anderer Mensch morgen sein wird. Ein lebenslanger Bund ist ein dauerndes Abenteuer, das immer andere, immer mit demselben

Menschen. Sex als Konsumgut ist das immer selbe, aber immer mit anderen. Paulus sagt: Das ist nicht euer Spiel, das passt nicht zum Reich Gottes. Das wäre keine mündige Freiheit.

Warum geht es eigentlich in christlichen Büchern immer wieder um Sex?

Paulus setzt seine Argumentation hier in zwei Richtungen fort. Er fragt:

> *Wisst ihr nicht, dass eure Körper Glieder am Leib von Christus sind? Soll ich nun die Glieder nehmen, die Christus gehören, und daraus Glieder einer Prostituierten machen? Niemals! Das müsst ihr doch wissen: Wer sich mit einer Hure einlässt, wird eins mit ihr! Denn in der Heiligen Schrift steht: „die zwei sind eins, mit Leib und Seele.« Wer sich aber auf den Herrn einlässt, wird eins mit seinem Geist. Hütet euch vor verbotenen sexuellen Beziehungen! Jede andere Schuld, die ein Mensch auf sich lädt, betrifft nicht seinen Leib. Wer aber in verbotenen Beziehungen lebt, wird schuldig an seinem eigenen Leib. Oder wisst ihr nicht, dass euer Leib ein Tempel des Heiligen Geistes ist? Der ist in euch, Gott hat ihn euch geschenkt! Nun gehört ihr nicht mehr euch selbst. Gott hat euch freigekauft. Sorgt also dafür, dass euer Leib Gott Ehre erweist!*
>
> 1. Korinther 6,15-20

Die eine Frage ist: »Warum sind eigentlich im christlichen Glauben die sexuellen Fehlleistungen immer so furchtbar wichtig?« Paulus antwortet: Vorsicht! Götzendienst, hinter dem Rücken reden, Habgier – das alles passt ebenso wenig zum Reich Gottes. Aber beim Sex ist es doch etwas Besonderes. Und zwar gerade *weil* Sex so kostbar ist.

Das Besondere ist, dass wir Christen einfach nicht schlecht

vom Leib denken können. Gott hat ihn erfunden und geschaffen, wunderbar gemacht. Den Leib von Jesus hat Gott am Ostermorgen auferweckt, nicht nur seine Seele, sondern den Leib! Im Himmel gibt es robuste Leiber, nicht bloß feinstoffliche Seelchen. Als Sie zum Glauben fanden, ist der Heilige Geist in Ihren Leib eingezogen, und wo der wohnt, ist Kirche. Sie sind ein Tempel. Der Leib, mit dem Sie beten, loben, dienen, anderen begegnen, ist eine »Kirche unterwegs«, ein Tempel des Geistes auf zwei Beinen. Leib ist Schöpfung, Leib wird auferstehen, Leib ist Tempel. Wie könnten wir gering von ihm denken? Wie könnten wir ihn misshandeln?

Der Leib formt darum unser Innerstes, unsere Seele. Deshalb ist das, was den Leib betrifft, so wichtig, und das, was den Leib missbraucht, so schlimm. Der Focus titelte einmal: »Sex mit vielen Frauen schützt vor Prostatakrebs«[63]. Wer mehr als zwanzig Partnerinnen hatte, erkrankte laut der Studie deutlich seltener. Man muss schon den ganzen Artikel lesen, um zu sehen: Nicht die Zahl der Partnerinnen, sondern die Sexhäufigkeit machte den Unterschied. Reichlich Sex ist gesund, eine hohe Zahl wechselnder Partnerinnen und Partner ist es nicht. Männer mit vielen Sexualpartnerinnen gravieren etwas in ihre Seele ein: Sie geben mit ihrem Leib ein Versprechen, das sie mit ihrem Leben nicht einlösen wollen. Sie malträtieren ihre arme Seele und die der Menschen, die sich vor ihnen ausziehen.

Wir wissen aus Korinth, dass dort die Prostitution blühte – wie heute in Europas Prostitutionsparadies Deutschland, wo ungefähr jeder fünfte Mann schon einmal für Sex bezahlt hat.[64] Im Blick auf die Prostitution bekräftigt Paulus noch einmal: Sex ist nicht ein Konsumgut, Sex schafft einen Bund. Der Leib gibt ein Versprechen. Ein Mensch verschenkt sich an einen anderen und die zwei sind hinterher ein Fleisch, vereint mit Leib und Seele. Wer sich so vereinigt, ist hinterher nicht mehr derselbe. NaCl ist Natrium plus Chlor, aber es ist nicht mehr dasselbe wie Natrium

> Sex ist nicht ein Konsumgut, Sex schafft einen Bund.

einerseits und Chlor andererseits, es ist Natriumchlorid, Koch-salz.

Meine Frau hat nicht nur einen besseren Mann aus mir ge-macht, sie hat mich nicht nur ergänzt. Durch sie bin ich etwas radikal anderes als vorher – zum Glück, denkt mancher. Und durch mich ist sie etwas radikal anderes als ohne mich. Das gehört zum Sex dazu. Selbst mit einer Prostituierten passiert das – und muss dann brutal zerrissen werden. Wir sind nicht so gemeint, dass wir diese leibliche Einigung isolieren. Wir sol-len nicht sagen: Ich mache mich vor dir nackig und will diese körperliche Lust, aber ich mache mich mit dir nicht nackig, ver-letzbar, verlässlich und dienstbar, wenn es um unsere Lebens-geschichte geht, um unsere Fürsorge in Krankheit und Not, um unser Alter, um rechtliche Verlässlichkeit. Ich will körperlich eins sein, aber nicht sozial, nicht rechtlich, nicht verantwortlich. Ich will diese Lust, aber zugleich will ich unabhängig bleiben. Sex funktioniert so nicht, und die schmerzhaften Trennungen offenbaren es uns: Sex gräbt Bindung in unsere Seele. Denn so soll es sein: Sex feiert einen Bund. Sex schafft ein starkes Band. Sex lässt zusammenwachsen, was zusammengehört. Sex ist eine der buntesten Erfindungen unseres erfinderischen Gottes. Und Sex gehört in das Abenteuer der Ehe.

6. Nachfolge am Montag: Das Abenteuer der Ehe[65]

Was bedeutet es eigentlich, wenn »zwei unter einer Decke stecken«?[66] Wir verraten nun ein pikantes Detail aus der Ehe von Martin und Käthe Luther. Es geschah in der Nacht vom 13. auf den 14. Juni 1525 im Schlafzimmer der Luthers. Anwesend waren Käthe und Martin, aber auch der Pfarrer Johannes Bugenhagen und der Jurist Justus Jonas. In der Hochzeitsnacht hatten Käthe und Martin Zuschauer beim Sex. So verlangte es ein altes Recht, der Sachsenspiegel aus dem Jahr 1220. Die Rechte und Pflichten der Eheleute begannen nämlich mit Sex, dem ersten Mal Sex. Und weil das rechtlich relevant war, brauchte es Zeugen. Diese Zeugen geleiteten die beiden ins Schlafzimmer und stecken sie unter ihre erste gemeinsame Decke. Man nannte dies »das Beilager«. Nur zur Beruhigung, sobald die beiden unter einer Decke steckten, zog man sich züchtig zurück. Darum also geht es, wenn »zwei unter einer Decke stecken«. Wie gut, dass sich die Sitten ändern!

Ein paar Zahlen zum Thema

Was sich nicht ändert, ist aber dies: Allen Änderungen zum Trotz heiraten in Deutschland jedes Jahr etwa 400 000 Paare.[67] 45 Prozent der Deutschen sind verheiratet, dabei sind Verwitwete und Geschiedene nicht mitgezählt.[68] Es lockt immer noch die meisten, man möchte gern unter einer Decke stecken.

Doch wie kann das gelingen, wo wir doch auch sehen, dass

allein 2015 etwa 163.000 Ehen geschieden wurden?[69] Wie kann das gut gehen, wenn zwei unter einer Decke stecken und sich einig sind, dass sie in ihrer Ehe als Mann und Frau Jesus nachfolgen wollen? Was bedeutet es, im Alltag einer Ehe Jesus nachzufolgen?

Wenn wir zu diesem Abenteuer ermutigen, dann können wir das nur tun, indem wir zugleich dem Schmerz derer nachspüren, denen es nicht gut erging und bei denen ein Haufen Scherben im Leben liegt.

Bund und Abenteuer

Die Ehe ist ein Bund, kein Vertrag, den ich löse, wenn ich nicht mehr mag.[70] Es ist keine Stimmung, nichts, was man nur lebt, solange die Flugzeuge im Bauch kreisen. Es ist ein Bund und ein Abenteuer: Man beginnt mit den Flitterwochen und stürzt in den Alltag, fährt zu IKEA, geht über Höhen und durch dunkle Tiefen, lebt zu zweit, dann mit Säuglingen, mit Schulkindern, fährt wieder zu IKEA, lebt mit Jugendlichen im Umbau, gerade noch als Familie, plötzlich wieder allein, im leeren Nest, zwei müssen wieder lernen, nur zwei zu sein, dann wieder als Großeltern, erst noch geschäftig, dann plötzlich im Ruhestand. Man bringt IKEA zum Sperrmüll, wird dann irgendwann schwächer, vielleicht krank, vielleicht kommt für einen der Nebel des Vergessens, man steht irgendwann an jener Grenze, an der der eine den anderen zurückgibt an Jesus. Wie kann dieses Abenteuer bestanden werden: immer derselbe, immer das Neue?

Gemeinsames und Verschiedenes

Dass Eheleute vieles gemeinsam lieben und in vielem so völlig verschieden sind, das ist das Salz in der Suppe einer Ehe. Man muss vieles gemeinsam haben, denn man muss ja im ganz normalen Leben miteinander klarkommen. Da ist es schon gut, wenn man vieles teilt: Überzeugungen, Vorlieben, Handlungsweisen. Meine Frau und ich lieben beide die Natur und möglichst viel Bewegung, Sport, schwedische Krimis, überhaupt Schweden, den Tatort, »Mord mit Aussicht«, Nils Landgrens Jazz, lange, schwere Wanderungen, Erdbeeren, Schlafen bei offenem Fenster, Borussia Dortmund (und Werder Bremen, immer noch!), Kino und dicke Bücher, mehr noch Zeit mit unseren Kindern und Enkeln. Dummerweise mag Christiane weder den »Hobbit« noch Jennifer Lopez, dafür verstehe ich nicht, was man an 79 Teesorten und Clint Eastwood toll finden kann.

Genug Gemeinsames zu haben, ist entscheidend. Uns gemeinsam mit unserem Leben für den Traum, den Jesus von Greifswald hat, einzusetzen, das gehört bei uns zum Stärksten. Gemeinsam für eine erneuerte Kirche, die Jesus in der Welt treu ist, gemeinsam träumen und arbeiten.

Dieses Leben mit Jesus *gemeinsam* zu haben, schützt die Ehe: Wenn Jesus mein und dein Mittelpunkt ist, dann ist nie der Geliebte der Mittelpunkt. Klingt das wie eine Degradierung der Liebe? Ganz im Gegenteil: Der Ehepartner, die Ehepartnerin muss nicht mein Gott sein; er ist es *nicht*, von dem ich das Letzte und Höchste erwarte. Mein Herz hängt an ihr, aber sie darf *Mensch* sein, nicht Gott.

Ehen scheitern am Götzendienst: Der geliebte Mensch als Gott ist rettungslos überfordert.[71] Zwei geliebte Menschen beieinander unter Jesus, Hand in Hand hinter ihm her, das ist ein starker Bund. Bei allen Entscheidungen schauen wir in dieselbe Richtung und fragen: Was meint denn Jesus dazu, wie wir Kinder erziehen, unser Geld ausgeben oder eine Karriereentscheidung treffen? Wie führt uns Jesus in der nächsten Etappe unseres Abenteuers?

Meine Frau und ich haben uns am Anfang unseres Weges versprochen: Nie soll der andere wichtiger und größer werden als Jesus. Miteinander beten zu können ist das Kraftzentrum unserer Ehe.

Man muss viel gemeinsam haben und wird doch immer sehr verschieden sein. Gegensätze ziehen sich bekanntermaßen an. Der eine von uns beiden ist ein bisschen ordentlich. Der andere könnte auch in mildem Chaos eine Tasse Tee genießen. Das Spannende ist dies: Die Unterschiede sind es, die eins zum anderen ziehen. Der andere hat etwas, das ich nicht habe. Das zieht mich an. Leben wir dann zusammen, dann stößt es mich plötzlich ab. Erst dachte einer: »Toll, wie strukturiert und organisiert!« Im Alltag wird daraus: »Wie kleinlich und pingelig!« Der andere dachte: »Toll, wie herzlich und entspannt!« Später wird daraus: »Wie kann man nur dieses Chaos ertragen!« Ein Eheberater nennt das die »Vergnügungssteuer« im Eheleben.[72] Ein anderer sagt: Der Umgang mit Differenz, mit Unterschieden, mit Gegensätzen, die im Alltag schmerzhaft werden, ist die größte Kunst, die Eheleute lernen müssen.[73]

Das ist eine ganz wichtige Arbeit, wenn man plant, zu heiraten. Man muss überlegen: Was haben wir gemeinsam und wo sind wir verschieden? Es gibt Unterschiede, die zu schweren Konflikten führen: wenn einer Kinder will und der andere nicht, wenn der Umgang mit Geld grundlegend gegensätzlich ist oder wenn kein gemeinsamer Glaube die Partnerschaft trägt. Es gibt aber Unterschiede, die unvermeidbar sind: Unterschiede im Charakter, in der Prägung, in den Erfahrungen, die man vorher gemacht hat. Sie ziehen uns erst an, doch dann werden sie zur schweren Aufgabe.

Je eher ich lerne, dass der andere so ist, wie er ist, und zwar weil er tatsächlich so ist, und nicht aus purer Bosheit, desto besser. Und je eher ich aufhöre, den anderen erziehen und verändern zu wollen, desto besser.

Verstehen Sie mich nicht falsch: Natürlich muss man ansprechen, was stört und ärgert. Aber grundlegend zerstört es die Ehe, wenn der eine den anderen nach dem eigenen Bild formen will. Wenn zwei darüber Frieden finden, so verschieden zu sein, geschieht etwas Seltsames: Sie gewinnen Sicherheit. Ich darf so sein. Sie gewinnen Gelassenheit: Es lohnt sich nicht, darüber zu streiten, ob eine Staubbelastung von 0,1 Prozent auf dem Schreibtisch eine Katastrophe darstellt. Und sie gewinnen Humor, wenn sie dabei zuschauen, wie der andere mal wieder so ist, wie er ist. Das gewinnt die Oberhand, auch wenn Differenzen immer mal wieder schmerzen. Irgendwann merken die zwei, wie sie sich doch ein wenig, ganz behutsam, aneinander angenähert haben. So wird Christsein in der Ehe lebendig und mündig.

Sexualität und Pornografie

Vielleicht ist es am wichtigsten, zu erkennen, dass mit der Ehe nicht alle Probleme aufhören. Auch nicht beim Thema Sexualität. Pornografie[74] ist ein Thema, das Eheleute und Unverheiratete betrifft. Eheleute betrifft es, wenn es mit der Sexualität schwierig wird. Wenn eine Ehe schwierig wird, dann leidet oft als Erstes die gemeinsame Zärtlichkeit. Der Körper spürt, was in der Seele los ist, und geht auf Abstand. Und gleichzeitig ist das Letzte, was geheilt wird, wenn eine Ehe sich erneuert, die gemeinsame Zärtlichkeit. Es dauert, bis der Leib wieder in die Seele schreibt: Wir sind eins, ganz und gar, auf immer.

In dieser Zeit weichen manche Menschen, vorwiegend Männer aus. Frauen weichen auch aus, vielleicht in Romane, deren Helden so viel attraktiver und netter sind als der eigene Mann. Aber Männer zieht es nicht selten zur Pornografie. Natürlich betrifft dieses Thema ebenso stark Menschen, die nicht verheiratet sind und nicht in einer festen Beziehung leben. Einige würden vielleicht sagen: »Was bleibt mir denn anderes übrig?«, »Was ist denn so schlimm daran, mir mal ein Video ›reinzuziehen‹ oder ein paar Bilder anzuschauen? Das ist doch besser als ein Gang zur Prostituierten oder ein One-Night-Stand.«

Hier geht es nicht darum, vom hohen Ross der glücklichen Ehe herab zu urteilen oder gering zu schätzen, wie stark dieses Gemisch aus Sehnsucht, Drang, innerer Leere, Frust sein kann, wie stark und wie notvoll. Es geht auch nicht darum, sich für einen Ausrutscher lebenslang zu schämen, sondern darum, Jesus im Alltag zu folgen und zu vertrauen. Lebendig und mündig. Und darum folgen hier ein paar Anmerkungen zur Pornografie.

Wir sind beim Konsum mit Pornografie nur scheinbar mit uns allein. Wir sind hier mit Frauen zusammen, wenn auch nur virtuell, die sich für uns und Tausende ausziehen, ihren Körper zur Ware machen, oft unter unsagbaren Bedingungen leben. Sie tun das nicht aus Lust, sondern oft aus Not, manche unter Zwang. Bloß weil es für uns nur virtuell ist, nur Bild, Film, Internet, ist es das für diese Frauen nicht. Sie verkaufen ihren Leib. Sie prostituieren sich. Sie führen ein Leben, das sie in aller Regel hassen, für das sie sich unter Umständen sogar schämen. Pornografie hat Anteil an Ausbeutung.

Wir können hier gut verstehen, was Jesus meint, wenn er den Ehebruch neu definiert und sagt: Nicht nur wer mit einer anderen ins Bett geht, bricht die Ehe, es reicht, wenn er eine andere begehrt, mit den Augen auszieht und zum Objekt seiner Triebbefriedigung macht (vgl. Matthäus 5,27-28). An kaum einer Stelle wird der Unterschied von Sex als Konsumgut und Sex als Bundeszeichen deutlicher. Ich bin mit meinem Leib ausschließlich auf meine Befriedigung aus und gebrauche dazu den Blick auf andere, ohne persönliche Nähe, ohne Zuneigung, ohne Verpflichtung, ohne Verantwortung für das Geschick der Frauen, die sich dafür hingeben. Pornografie bedeutet Ehebruch.

Wer immer wieder Pornografie konsumiert, der verändert sich. Er braucht es auf Dauer immer schriller und härter, immer öfter und länger. Und das hat eine Kehrseite: Man kann hier von einer »Lovemap« sprechen, einer Liebeslandkarte.[75] In gesunden Beziehungen, etwa in einer halbwegs glücklichen Ehe, spielen tausend Dinge beim Sex eine Rolle: die Atmosphäre, der Geruch, ein Lächeln, Worte, leichte Berührungen an Hand, Ohr, Rücken und vieles mehr. Wer regelmäßig Entlastung in der Pornografie sucht, reduziert diese Landkarte immer mehr. Am Ende geht es nur noch um das rohe Geschlechtliche. Die eigene Fähigkeit, zu empfinden, zu genießen, zu geben und zu empfangen und darin froh zu werden, leidet. Wer sich selbst nur bei sich selbst sucht, wird sich selbst verlieren.

Pornografie ist nicht das, was der Schöpfer meinte, als er sich Sex ausdachte. Doch auch hier gilt: Es gibt nichts, was Jesus nicht reparieren könnte. Nichts, was so schlimm wäre, dass er es nicht vergibt. Kein Bereich, in dem er uns nicht helfen kann, stark und mündig zu werden. Das bedeutet: Freiheit zu haben. Freiheit ist auch die Kraft des Erwachsenen, etwas zu lassen und dem eigenen Trieb nicht ausgeliefert zu sein. Freiheit ist die Kraft, diese starken Energien anders einzusetzen, dem Trieb nicht nachzugeben, Orte und Situationen, Sender und Internet-Quellen gar nicht erst aufzusuchen, sondern zu fliehen, »nicht in gieriger Lust« zu leben, sagt Paulus. Wenn Pornografie zur Sucht wird, wenn Sie merken, dass Sie nicht ohne können, dann ist es gut, sich einen Vertrauten, einen Seelsorger zu suchen, der Ihnen auf dem Weg heraus hilft.

Konflikt und Vergebung

Wer unter einer Decke steckt, hat Konflikte. Auch das gehört dazu, wenn wir Jesus als Eheleute nachfolgen: Es ist naiv, zu denken, wir könnten Konflikte aus unserer Ehe verbannen. Die größte Kunst ist es, mit Differenzen klarzukommen. Der erste Ehekrach geschieht im Paradies: Adam schiebt alles auf Eva, und ich frage mich, wie sich Eva da wohl gefühlt hat.

Übrigens fängt hier der Kampf der Geschlechter an. Dass der eine über den anderen herrschen will, beginnt erst jenseits von Eden. Es ist nicht Gottes guter, ursprünglicher Wille, dass einer herrscht und der andere gehorcht, einer Karriere macht und der andere nur den Dreck wegräumt, einer sich verwirklicht und der andere das Familienleben in Gang hält. Da ist viel auszuhandeln in der Offenheit der Rollen von Mann und Frau, heute noch mehr als früher.

Konflikte können tief einschneiden in das gemeinsame Leben,

tief ins Fleisch, sie können zermürben und auseinanderziehen, das Band belasten, bis es reißt.

Scheitern ist möglich

Deshalb können wir nicht über die Ehe nachdenken, ohne von der Möglichkeit zu sprechen, dass Ehe scheitern kann. Es kann so viel Entfremdung eintreten, dass es miteinander nicht mehr geht. Es kann so viel Verschuldung aufgehäuft werden, dass die Liebe darunter erstickt. Das Miteinander kann so schlimm werden, dass ein Ohneeinander erträglicher erscheint und oft auch ist. Der Schmerz ist immer groß. Das Gefühl, es nicht gepackt zu haben. Enttäuschung. Scham. Verlorene Jahre. Verlorene Zukunft. Zerrissene Familien. Wer kennt das nicht, aus seinem Umfeld?

Niemand hat Grund, hochnäsig zu sein: In jeder Beziehung steckt auch diese Möglichkeit. Es ist immer eine Mischung aus günstigen Umständen, harter Arbeit und sehr viel Gnade, wenn eine Ehe gelingt. Wir haben allen Grund, dann umso näher zu Jesus zu rücken. Jesus lässt sich nicht scheiden. Wenn der Partner geht, geht er nicht. Wenn ich versagt habe, versagt er sich mir nicht. Er ist der Fixpunkt, der Treue, der Heiland, der Herr der neuen Anfänge, der da ist, wenn ich allein bin und keinen mehr habe, der Bräutigam der Gemeinde und seiner Jünger. Darum erkennt man eine Jesus-Gemeinde nicht nur an vielen guten Ehen, sondern auch an der Liebe, der Achtung, dem Verständnis, das für diejenigen herrscht, die nicht Erfüllung, sondern Zerbrochenheit erlebt haben.

Konflikte kommen sicher

Konflikt ist also unvermeidlich. Aber lange, sehr lange ist auch Reparatur möglich. Wenn es kracht, dann hilft vielleicht »KRAFT«.[76] Diese Buchstaben stehen für Schritte im Umgang mit Konflikten in der Partnerschaft.

Konversation. Es ergibt erst Sinn, einen Konflikt zu klären, wenn wir im Konversationsmodus funktionieren. Anders gesagt: Wenn die Emotionen überkochen, dann wird ein klärendes Gespräch wohl kaum klappen. Dann ist es besser, wenn beide sich für später verabreden. Unser Gehirn schaltet nämlich im Konflikt von Vernunft und Gespräch um auf »Fight or flight«. Es hat gelernt: In Gefahr musst du wegrennen oder kämpfen. Rückzug oder Angriff. Bei den einen (häufiger Männern) gibt es kühlen Rückzug, unzugängliches Schweigen, bei den anderen hitzige Attacken. Konversation ist abgeschaltet, Kampfmodus ist eingeschaltet. Das ist eine schlechte Voraussetzung für ein klärendes Wort. Deshalb muss man erst runterkommen, zurück zum Konversationsmodus.

Rückblick. Beim Rückblick geht es nicht darum, was wirklich war. Das werden Sie nie miteinander herausfinden bzw. sich wahrscheinlich nie darauf einigen. Nicht was wirklich war, ist wichtig, sondern wie wir erlebt, empfunden und gefühlt haben, was war. Jakobus sagt: »Jeder Mensch soll schnell bereit sein zuzuhören. Aber er soll sich Zeit lassen, bevor er selbst etwas sagt oder gar in Zorn gerät. Denn der Zorn eines Menschen bewirkt nichts, was vor Gott als gerecht gilt« (Jakobus 1,19-20). Jetzt gilt es: bereit sein zum Hören, zurückhaltend im Reden. Wie war das für mich, wie war das für dich? Ich kann zum Beispiel sagen: »Typisch, immer kommst du zu spät.« Oder aber: »Ich hatte mich auf dich und die gemeinsame Zeit gefreut. Deshalb war ich traurig, als du nicht kamst.«

Aussprechen. Ich spreche aus, dass ich die Verantwortung für meinen Teil des Problems übernehme, dass ich dem anderen wehgetan habe, und bitte ihn um Verzeihung. Wenn Jesus alle

Schuld verzeiht, dann ist es nicht mehr der Untergang meiner Seele, wenn ich zugebe, ein schuldiger Mensch zu sein. Das qualifiziert mich ja geradezu für die Nähe zu Jesus. Ich muss meine Festung nicht verteidigen. Ich habe gehört, was es für den anderen bedeutet hat und dass ich ihn verletzt habe. Darum sage ich: »Es tut mir leid, ich habe dir wehgetan. Ich möchte das nicht. Bitte verzeih mir.« Das ist das Wundermittel einer guten Ehe. Dieses Eingeständnis öffnet alle Türen. Ich weiß, wovon ich rede: Männern fällt das erfahrungsgemäß schwerer, aber es ist ein echter Wachstumsbereich. Mündige Männer braucht das Land!

Freisprechen. Verzeihen ist ebenso wichtig. Ich will nicht länger, dass der andere bestraft wird. Ich will ihm nicht länger sein Versagen mühevoll hinterhertragen. Ich weiß doch, wie sehr ich das Verzeihen selbst brauche. Deshalb ist es wichtig, zu sagen und zu hören: »Ich verzeihe dir. Es ist wieder gut.« Frauen fällt es manchmal schwerer, den Partner, der sich als schwach und fehlbar gezeigt hat, zu achten und zu respektieren. Auch das gehört zum Verzeihen: »Ich verzeihe dir und ich achte dich!«

Transformation, Veränderung. Jetzt sind beide im Konversationsmodus. Jetzt können sie beraten, wie sie ihr Miteinander besser gestalten können. Es sind die vielen kleinen Schrauben im Alltag, an denen man drehen kann und muss, immer wieder, die dazu führen, dass die Ehe wieder gut läuft, vielleicht sogar immer besser läuft. Dann kann eine Ehe auch jenseits des Paradieses ein kleiner Paradiesgarten sein, wie Martin Luther sagte.

Die Ehe ist ein Bund und ein Abenteuer. Zwei Menschen Hand in Hand und zusammen in der Nähe von Jesus. Zwei Menschen, die unter einer Decke stecken. Ein Abenteuer, darum auch harte Arbeit. Aber: Jesus ist gewillt, alles Nötige zu tun, dass die zwei beieinander und miteinander bei ihm bleiben. Am Ende werden sie sagen: Dass es so wurde, das verdanken wir Jesus. Ehe braucht Jesus. Eheleute brauchen Jesus. Der Dritte im Bunde ist ihr Geheimnis.

7. Nachfolge am Montag: Die Zeit auskaufen

Vor Kurzem war ich auf der Insel Usedom. Wir hatten dort eine Tagung und ich ging morgens vor dem Frühstück an den Strand. Der Himmel war verhangen und grau. Plötzlich öffnete sich die Wolkendecke an einer Stelle und Sonnenstrahlen fielen auf den Strand. Das Loch in der Wolkendecke war nicht sehr groß, aber das Licht fiel hindurch und alles war heller und klarer. Die Wolken hatten sich nicht verzogen, es blieb überwiegend grau dort oben. Doch ich wusste, dass hinter den Wolken die Sonne am Himmel steht, und ein bisschen davon konnte ich sehen, spüren, erleben.

Da dachte ich: Was für ein Bild für unsere Lebenszeit! Oft genug Wolken, ein bedeckter Himmel über uns. Aber dann immer wieder: Sonne, ein Geschenk des Himmels, Licht, Klarheit, Wärme. Noch bleiben viele Wolken an unserem Lebenshimmel, aber dahinter strahlt schon hell und klar die Sonne. Jesus, das Licht der Welt und meines Lebens. Ich bekomme noch nicht den klaren, hellen, ungetrübten Himmel, aber ein Loch in der Wolkendecke, und die Sonne strahlt hindurch. Ich hätte so gern alles schon vollkommen hell, ohne Dunkel, ohne das Grau der Tage. Aber das bekomme ich noch nicht. Ich sehe manchmal nur das Grau, aber Gott öffnet den Himmel, hier und da, ab und an, und zeigt mir sein Licht, und manches in meinem Leben ändert sich, wechselt von Grau zu Hell, war im Schatten und liegt nun im Licht.

Ein kleines Biblikum über die Zeit

Die Bibel sagt sehr viel über die Zeit und unser Leben in der Zeit. Die Zeit ist ein wichtiges Thema für biblische Zeugen und das Bild von der Zeit ist ziemlich komplex.[77]

Zum einen ist die Zeit ein *Geschöpf*. Zeit wurde geschaffen, sie ist Gottes Werk. Darum hat die Zeit einen Anfang und ein Ende, auch unsere Zeit. Dadurch entsteht ein Raum, ein Zeitraum, in dem wir uns bewegen, vom Anfang zum Ende. Man kann die Zeit nie zurückdrehen, aber in diesem Zeitraum können und sollen wir etwas tun. Der Schöpfer ernennt uns zu Mit-Schöpfern von Gutem, Schönem und Wahrem und sagt: »Ich habe dir diesen Zeitraum anvertraut, damit du darin etwas Schöpferisches tun kannst.« »Mach dein Ding«, heißt das auf Hagebaumarkt-Deutsch.

> Zeit wurde geschaffen, sie ist Gottes Werk. Darum hat die Zeit einen Anfang und ein Ende.

Zum anderen hat die Zeit *Rhythmen*. Sie geht nicht einfach von A nach B, sondern macht dabei immer kleine Kreise. Frühjahr, Sommer, Herbst und Winter. Zeiten der Aussaat, Zeiten des Wartens, Zeiten der Ernte, Zeiten der Ruhe. Gott verordnet uns in der Zeit Rhythmen: Wachen und schlafen. Arbeiten und ruhen. Uns mühen und feiern. Gott hat nur Spott für die übrig, die der Meinung sind, sich Ruhe und Schlaf nicht leisten zu können. Sie glauben, mehr zu erreichen, aber am Ende stehen sie mit leeren Händen da. Gott ist ein Freund des guten Schlafs und der harten Arbeit. Gott hat Freude an schönen Festen und an langen Stunden im Labor, am Schreibtisch, im Haushalt, hinter der Ladentheke.

Es gibt aber nicht nur die Zeit, die voranschreitet, und die Zeit, die geordnet ist durch Rhythmen von Ruhe und Arbeit. Es gibt als Drittes etwas Unkontrollierbares in der Zeit. Diese *fallende* Zeit ist voll von dem, was uns »zufällt«. Sie ist der Ort dessen, was uns geschickt wird. Das kann etwas sein, das uns zugemutet wird, eine schwierige Zeit, Krankheit, Konflikt, Krisen. Wir stoßen uns daran. Unsere Pläne stocken. Wir möchten viel lieber unsere Zeit selbst gestalten und unsere Pläne umsetzen. Aber da liegt dieser Brocken im Weg. Das kann auch etwas sein, das uns anruft und fordert. Der Samariter auf der Straße nach Jerusalem hatte seine Pläne, aber plötzlich lag dieser Mann da, von Räubern übel zugerichtet (vgl. Lukas 10,25-37). Fallende Zeit, Pläne ade, vergiss dein Smartphone und deinen Kalender, jetzt ist zu tun, was dir vor die Füße gelegt ist. Manchmal ist es etwas, worauf wir kaum zu hoffen wagten. Eine Tür öffnet sich. Ein Geschenk fällt vom Himmel. Eine Gelegenheit, die wir nur ergreifen müssen. Fallende Zeit.

Unter dem Strich sagte mein Lehrer Manfred Seitz Folgendes über die Zeit: »Mir ist eine bestimmte Dauer meines Lebens als unverdient geschenkte und geschützte Zeit zugewiesen: geschenkte als von Ereignissen und Möglichkeiten, geschützte als von Rettungen und Bewahrungen erfüllte Zeit.«[78]

Alles gar nicht so einfach

In dieser Zeit bewegen wir uns. Und das ist manchmal ziemlich schwer. Jeder von uns hat seine eigenen Kämpfe mit der Zeit. Der eine hat nie genug davon, weil seine Pflichten und Wünsche Schlange stehen. Der andere hat viel zu viel davon, weil niemand ihn zu brauchen scheint. Eine Dritte fragt: »Wie entscheide ich mich bloß zwischen den vielen Möglichkeiten jedes Tages? Es scheint doch alles so wichtig!« Wer so denkt, »addiert« immer mehr, es muss ja alles ins Leben passen, damit ich nichts verpasse. Wer addiert, ist überall und nirgends, macht viel, aber nichts mit letzter Hingabe und Verlässlichkeit. Der Vierte weiß eigentlich, was zu tun wäre, verschiebt es aber wieder und wieder und gerät so immer mehr unter Druck. Tag um Tag vergeht, viel Aktivität, aber das Wichtige, die Seminararbeit, ein Buch, das zu lesen ist, ein Gespräch, das zu führen ist, unterbleibt. Und wieder eine andere findet keine Ordnung und keinen Rhythmus, so sehr sie es sich auch vornimmt: Ab morgen ordne ich mein Leben, esse regelmäßig, treibe Sport, bete nicht nur, wenn es zufällig passt, und schlafe genug. Aber es ist wie mit vielen Neujahrsvorsätzen, es will nicht recht klappen.

Wie kann ich denn aber in meiner Zeit, meinem Zeitraum Jesus nachfolgen? Wie gehe ich mündig mit der mir anvertrauten Zeit um? Wie lebe ich gesund in den Rhythmen, die Gott seiner Welt eingebaut hat? Wie erkenne ich, was mir zufällt?

Schlimme Tage?

Paulus hat dazu den Gemeinden in Ephesus einen Hinweis gegeben:

> *Achtet also sorgfältig darauf, wie ihr euer Leben führt: Nicht voller Dummheit, sondern voller Weisheit. Macht das Beste aus der Zeit, gerade weil es schlimme Tage sind. Aus diesem Grund sollt ihr nicht unverständig sein, sondern begreifen, was der Wille des Herrn ist!*
>
> Epheser 5,15-17

Paulus versteht viel von den verhangenen Wolkendecken über uns. Er weiß: Es ist schwierig und die Schwierigkeiten liegen innen und außen.

»Es sind schlimme Tage«, schreibt Paulus. Luther übersetzte es so: Es ist »böse Zeit«. Es ist schwer. Warum wird es uns schwer gemacht? Versuchen Sie doch mal in Ihrem Beruf integer zu leben, aufrichtig, fleißig, ohne Reden hinter dem Rücken, ohne kleine moralische Abwege zu nutzen. Dann werden Sie erleben, wie böse die Zeit ist.

Es ist böse Zeit auch im Umgang *mit der Zeit*: Wir haben keine Rhythmen mehr. Wir leben 24/7. Alles geht immer. Alles greift immer nach uns, in der realen Welt und erst recht in der digitalen. Die digitale Welt kennt keine Pause und keine Ruhe. Darum gönnt sie auch mir keine Pause und keine Ruhe. So aber sind wir nicht gebaut. Es tut uns nicht gut. Wir brauchen den Rhythmus in der Zeit.

Es ist böse Zeit *im Umgang* mit der Zeit: Angeblich dürfen wir heute wählen, in nahezu allem, wie wir leben wollen. Vieles ist heute freier, aber zugleich stehen wir unter Druck, es muss alles schneller gehen. Wir haben zur Verfügung zu stehen, zu jeder Zeit. Wer etwas werden will, muss flexibel sein. Kinder sind möglichst schnell in einer Einrichtung zu versorgen, damit die Eltern wieder arbeiten können. Partnerschaften müssen hintenanstehen, wenn einer für seine Firma woanders gebraucht wird. Dann muss man eben eine Wochenendehe führen. Es ist böse Zeit für gute Ehen und Familien.

Aber die Nöte liegen auch innen: Paulus sorgt sich, dass die Christen in Ephesus dumme Entscheidungen treffen könnten. Unverständig könnten sie sein. Mangel an Lebensklugheit und an Einsicht in Gottes Willen könnte ihr Problem sein. Vor beidem warnt er. »Seid weise und achtet auf das, was Gott will.« In böser Zeit, unter dem Druck der Verhältnisse, in echter Zeit-Not also, sollen wir weise und fromm sein. Und wie, lieber Paulus, soll das gehen?

Mögliche »Rezepte« aus dem Zeitmanagement

Nun könnte Paulus das ganze Arsenal auspacken. Er könnte sagen:

Denkt doch daran, dass euer Leben *ein begrenzter Raum* ist. Zeit ist nicht unendlich. Ihr könnt nicht mehr Zeit kaufen. Tut das Wichtige und Richtige in eurem Leben.

Oder: Ihr müsst *einen Rhythmus finden.* Ihr müsst euren wichtigsten Beziehungen und Aufgaben einen festen Platz in der Woche zuweisen. Hier die Arbeit, da der Sabbat. Das ist mein Abend mit der Liebsten, dies meine Zeit in der Muckibude. Das ist mein Sessel, hier sitze ich morgens, höre auf Gott, bete, plane den Tag. Diese Zeiten, die ich fest einplane, sind meist auch die, die meinen Energietank wieder füllen. Wenn ich mich nur noch leer fühle, dann könnte es daran liegen, dass alles, was meinen Tank füllt, sich notorisch hinten anstellen muss: Stille, Schlaf, Essen, Bewegung.

Oder: Ihr müsst wissen, wo *euer Widerstand gefordert* ist. »Nein« ist das wichtigste Wort, wenn es um die Zeit geht. Wer »Nein« sagt, respektiert, dass er ein endliches Wesen ist und nicht der liebe Gott. Wer »Nein« sagt, schafft Raum für ein Ja. Wer »Nein« sagt, verzettelt sich nicht. Der große Investor und Stifter Warren Buffet sagt: »Was unterscheidet erfolgreiche von sehr erfolgreichen Menschen? Sehr erfolgreiche Menschen sagen zu fast allem ›Nein‹«.[79] Da ist ein Körnchen Wahrheit drin. *Viele* Nein machen *ein* Ja stark. Es sei denn, da liegt plötzlich einer auf der Straße und braucht uns. Aber: Verweigert euch, wenn euch etwas zugemutet wird, was Gottes Bauplan nicht entspricht. Sagt »Nein«, auch wenn es etwas kostet.

Das alles könnte Paulus sagen. Tut er aber nicht.

Was Paulus tatsächlich empfiehlt

Paulus gibt nur einen einzigen Hinweis: Seid weise, und zwar so, dass ihr den »Kairos« auskauft. Ihr sollt intensiv leben, ihr sollt ausnutzen, was euch von oben geschenkt wird, Ihr sollt das, was euch Gott hinhält, mit Leidenschaft, so gut es irgendwie geht, ergreifen, nehmen, nutzen. Es ist ein hoch aufgeladenes Wort, das Paulus hier benutzt. Die englische New International Version übersetzt: »making the most of every opportunity.« Das Beste aus jeder Gelegenheit machen. Was aber heißt das?

Das, woraus wir das Beste machen sollen, ist »Kairos«. »Kairos« ist ein griechisches Wort, das wir wie »Chronos« mit »Zeit« übersetzen können. Gemeint ist hier aber nicht die »ablaufende Zeit« (Chronos), sondern die »fallende Zeit«, das uns Zufallende

als Herausforderung und Gelegenheit, als Geschenk und Gotteszeitpunkt. Das ist die Zeit im Sinne des uns Geschickten. Es
ist die Tür, die Gott vor uns öffnet, damit wir hindurchgehen.
Es ist die Berufung, die er in unser Leben hineinspricht. Etwas
bescheidener gesagt: Es ist der Ruf, der uns jetzt für diese Phase
unseres Daseins ereilt. In den alten griechischen Mythen wird
dieser Begriff von Zeit als ein kleiner nackter Junge dargestellt,
der auf einer Kugel heranrollt und einen wehenden Schopf hat.
Den muss man ergreifen, eben »die Gelegenheit beim Schopf
ergreifen«.

Und hier wird es nun spannend: lebendig und mündig in der
Nachfolge von Jesus leben heißt dann nicht, ein gemütlich ausbalanciertes Leben zu haben, sondern seine Grenzen zu kennen
und die Rhythmen von Arbeit und Ruhe zu achten. Das ist der
legitime Gedanke in der Idee von »Work-Life-Balance«. Aber
lebendig und mündig in der Nachfolge von Jesus lebt nur, wer
auch seinen »Kairos« kennt. Wer weiß: *Dazu* bin ich hier. Das
ist Gottes gute Absicht. Das ist mein Ruf. Das soll ich tun mit
meiner Kraft, so groß oder klein sie ist.

Jesus kannte seinen »Kairos«

Schauen wir wieder einen Moment auf Jesus. Er hat viel gearbeitet, war oft hart gefordert. Er hat aber auch gern gefeiert,
gegessen und getrunken. Er hat sehr regelmäßig die Stille und
Einsamkeit gesucht, um sein Leben wieder auf Kurs zu bekommen. Er konnte sich verweigern, wenn Menschen etwas von ihm
wollten, was nicht zu seinem Auftrag gehörte. Er war, wenn der
Sabbat kam, im Gottesdienst.

Und darauf kommt es an: Er kannte seinen »Kairos«. Er sagte
zum Beispiel: »Der Menschensohn ist gekommen, um die Verlorenen zu suchen und zu retten« (Lukas 19,10). Das ist mein Kairos, das ist mir zugefallen und aufgetragen. Daraus will ich das
Beste machen. Ich suche, rette, »mache selig«. Den Zachäus und

den Levi, zwölf Jungs, die mich begleiten, eine Frau am Brunnen, eine Sünderin vor der Steinigung. Das gibt meinen Tagen Inhalt. Das sortiert meine Entscheidungen, mein Ja und mein Nein. Gekommen, um zu suchen und zu retten.

Wenn ich Jesus anschaue und seinen Umgang mit der Zeit, dann staune ich über eines: Da ist immer viel los, aber keine Hektik, kein Getriebensein. Da ist Hingabe, Leidenschaft, da wird geackert und keine Mühe gescheut. Und zugleich ist da Stille, regelmäßig, da ist ein Frühstück am See mit Lagerfeuer, eine Hochzeit mit merkwürdig gutem Wein, ein Fest mit Zöllnern und Sündern. Und als es so weit ist, ist es auch ein Lassen, ein Leiden, ein Sich-Verschenken. Wie können wir Jesus nachfolgen, mit unserer Zeit, mit Ja und Nein, mit Stille, Fest und harter Arbeit? Jesus lebte leidenschaftlich, aber nicht getrieben.[80]

Die Frage, die Paulus stellt, heißt: Was ist unser Kairos in dieser Phase der uns anvertrauten Zeit? Vergesst es nicht: Es ist keine leichte, es ist eine schwere, ja sogar böse Zeit. Was ist der eine Anruf Gottes, die von ihm geöffnete Tür, die Gelegenheit, schöpferisch und liebevoll zu wirken, hier und jetzt?

Ein paar geistliche Übungen

Welche geistliche Übung könnte hier hilfreich sein? Ich verkneife mir alle Tipps des Zeitmanagements, das können Sie an anderer Stelle lernen. Mir geht es darum, Sie an dieser Stelle mit Paulus und Jesus zu fragen: Wozu sind Sie in dieses Leben zu dieser Zeit und an diesem Ort gekommen? Welchen Kairos sollen Sie ergreifen und ausschöpfen?

Das alles kann meinen Beruf betreffen oder auch nicht. In der Willow Creek Community Church in South Barrington trafen wir auf einer unserer Studienreisen die Leiterin des Sozialzentrums der Gemeinde. Sie war früher eine erfolgreiche Anwältin in Chicago gewesen. Aber dazu war sie nicht »gekommen«, das war nicht ihr »Kairos«. Ihr »Kairos« wurde es, ihre großartigen

Gaben in den Aufbau und die Leitung des Care Centers zu investieren, um so den Armen im Umfeld der Gemeinde zu dienen.

Für andere kann Kairos dagegen gerade der Beruf sein, ob als Handwerker, Predigerin, Künstler oder Wissenschaftlerin. Für manchen ist es die Hingabe an pure Liebe: jemanden pflegen, für Kinder da sein. Für manchen ist es der Dienst in der Gemeinde: meinen Freiraum nutzen, Jesus hier zu dienen. Nicht mehr addieren, aber das eine mit Hingabe tun. Verzichten, um ganz da zu sein: auskaufen, was Gott schickt. Nicht nach den Vorgaben der bösen Tage: Hingabe ohne Menschenopfer. Hingabe, die Luft zum Atmen lässt, zur Stille, für die Liebste, für Kinder, für die eigene Seele und den Leib.

Dazu helfen ein paar Übungen. Eine erste Übung ist der *Rückzug in die Stille*. Immer wieder einmal und gelegentlich etwas länger. Vielleicht alle drei bis vier Monate für einen Tag mit Rückblick, Neujustierung und neuen Zielen für das nächste Vierteljahr. Welche Gelegenheiten schickt mir Gott? Was sind lediglich Ablenkungen? Wo muss ich damit leben, dass das Leben so ist, wie es ist, und von mir fordert, was es fordert? Und wo muss ich den bösen Tagen einfach widerstehen? Wofür hat mir Gott Leidenschaft gegeben? Womit hat er mich begabt? Wie kann ich das Beste aus dieser Mischung machen: einer Lebenslage, in der ich mich vorfinde, einer Begabung und einer Leidenschaft?

Eine zweite Übung könnte darin bestehen, mir genau dazu *eine Seelsorgerin oder einen Mentor zu suchen*, mit der oder dem ich das alles klären und prüfen kann: Was sind nur Hirngespinste und wo ist tatsächlich Gottes Ruf zu hören, sein »Kairos« für mich? Wenn mein Problem das ewige Verschieben ist oder die Überflutung mit zu vielen Ideen und Gedanken, dann wird es nicht gehen ohne die Hilfe von Therapeuten und Ärzten.

Eine dritte Übung besteht darin, *alles einmal aufzuschreiben*: Das ist mein »Kairos«, das sind meine inneren Verpflichtungen. Wie kann das zukünftig mehr von meiner Zeit bekommen? Welches Ja und welches Nein, welcher Rhythmus und welche Ordnung sind dazu nötig?

Eine vierte Übung: Ich kann immer nur *eine Gewohnheit auf einmal ändern*. Wenn ich merke: Ich muss etwas ändern, dann bitte: eins ändern, jetzt anfangen, stur durchhalten, bis es ein Stück von mir ist, und dann das Nächste in Angriff nehmen.

Das Bild vom Himmel über Usedom

Das Bild am Anfang dieses Kapitels zeigt das, was auch Paulus zum Ausdruck bringt: Es gibt beides, die bösen Tage und die guten Gelegenheiten. Das ändert sich nicht, bis wir heimkehren oder der Herr kommt. Es bleibt ein Himmel, der oft grau und verhangen ist, schwere Wolken, ein Ringen mit der Zeit. Sieg und Niederlage. Fallen und Aufstehen. Eine gute neue Gewohnheit und ein altes Problem. Manchmal aber scheint die Sonne durch. Manchmal wird es hell. Dann weiß ich: Dazu bin ich gemacht. Deshalb bin ich hier. Das ist mein »Kairos«! Den werde ich ergreifen und das Beste daraus machen. Böse Tage und guter »Kairos« bleiben das, was uns zugemutet wird. Darin werden wir Jesus folgen. Am Ende macht er alles neu. Bis dahin suchen wir Weisheit und fragen nach Gottes Willen.

Fünfter Teil

Lebendiges, mündiges
Christsein in den
finsteren Tälern

1. Jesus nachfolgen, wenn Gebete nicht erhört werden

Es gibt einen schönen Satz von Jim Henderson. Er sagt von sich selbst, dass er zwei wesentliche Einsichten in seinem Leben gewonnen hat. »Es gibt einen Gott. Und ich bin es nicht.«[81]

Wenn wir uns nun noch einmal mit dem Beten beschäftigen, geht es um diese beiden Einsichten: Ich bin nicht Gott. Ich bringe die große Welt da draußen und die kleine hier drinnen nicht in Ordnung. Ich kann nicht das Böse bezwingen. Ich kann nicht einmal das tägliche Brot zuverlässig absichern. Ich bin überfordert, wenn es um die Entsorgung von Schuld geht oder um Versöhnung mit meinem Nächsten. Ich bin nicht Gott. Aber Gott sei Dank gibt es einen Gott, zu dem ich »Vater« sagen darf, weil er mehr väterliche Güte ausstrahlt, als wir uns von unseren irdischen Vätern erträumen könnten, und weil er väterlich, treu, stark, großzügig und wohlwollend für uns sorgt. Er ist eben »im Himmel«, er ist da, wo Möglichkeit und Bereitschaft zusammenkommen, Macht und Liebe, Stärke und Mitgefühl. Alles, was bei uns zerfällt, ist bei ihm vereint: der Vater und der Himmel. »Unser Vater im Himmel … denn dein ist das Reich und die Kraft und die Herrlichkeit«, so beten wir, und dazwischen stehen unsere Bitten Schlange.

Beten erkennt an: Wir sind nicht Gott, aber Gottes Kinder. Beten ist das natürliche Verhalten von Kindern, die einen guten und starken Vater haben, an den sie sich wenden können, wenn sie etwas brauchen. So weit, so gut. In diesem Kapitel geht es aber um einen ebenso schmerzhaften wie wichtigen und am Ende hoffentlich auch ermutigenden Aspekt des Betens auf unserem Weg zu einem erwachsenen, mündigen Christsein.

Beten ist nicht einfach. Wie bereits in »Einüben: Beten lernen« beschrieben, finde ich es schwer, ins Unsichtbare hineinzusprechen. Außerdem stocke ich regelmäßig beim Beten und es überfällt mich der Gedanke: Was tust du da bloß! Du erzählst da so vor dich hin, als sprächest du mit deinesgleichen. Aber du redest mit Gott, du bist sozusagen gerade auf Du und Du mit der Regierung des Universums. Was bildest du dir ein? Ich muss mich dann schnell aufs Neue erinnern: Gott selbst hat dir ausdrücklich befohlen, dass du betest und dein Herz vor ihm ausschüttest. Und das ist nicht nur die Regierungszentrale, das ist deines Vaters Haus. Er wartet auf dich. Dann suche ich nach einem »Dazwischen«: zwischen kindlichem Vertrauen und demütigem Respekt, zwischen Vater und König, zwischen vertrauensvollem Reden des Herzens und achtungsvollem Schweigen, zwischen knien und vor Gott stehen.

Es gibt etwas, das zum Beten ermutigt: erhörte Gebete. Aber es gibt auch etwas, das entmutigt: Unerhörte, unbeantwortete, unerfüllte Gebete.

Unerhörte Gebete schmerzen[82]

Warum schmerzen unerhörte Gebete so sehr? Ich sehe zwei Gründe:

Der erste Grund hat mit Jesus zu tun. *Wenn Jesus nur etwas weniger »vollmundig« über das Beten gesprochen hätte!* Wenn er gesagt hätte: Du kannst gern mit allem zu Gott kommen und dann sortiert er das und manchmal sagt er »Ja«, manchmal sagt er aber auch »Nein« und manchmal sagt er »Jetzt noch nicht«, und damit musst du einfach leben, es ist schwierig, es ist unsicher, aber es lohnt sich. Doch Jesus hat den Jüngern starke Worte mit auf den Weg gegeben: »Deshalb sage ich euch: Für alles, worum ihr im Gebet bittet, gilt: Glaubt fest daran, dass ihr es bekommt, dann wird es euch geschenkt« (Markus 11,24). Oder noch kürzer in der Bergpredigt: »Bittet und es wird euch gegeben! Sucht und ihr werdet finden! Klopft an und es wird euch aufgemacht« (Matthäus 7,7).

Der zweite Grund hat mit uns selbst zu tun: *Beter sind verletzliche Wesen.* Da geht es um wirklich Wichtiges, nicht um Sonne im Urlaub oder den letzten freien Parkplatz in der Innenstadt. Da ist die Ehefrau und Mutter, um die wir gerungen haben, und sie ist doch dem Krebs erlegen. Da ist das eigene Kind, das auf schwierige Wege gerät, und nichts wendet sich zum Guten. Da sehen wir sonntags im »Ersten« den Weltspiegel und können es kaum noch ertragen, wie viel Not und Unrecht es gibt. Da warten wir so lange, dass Gott die tiefen Wunden in der Seele heilt, und wieder und wieder blitzen die bösen Bilder wie Dämonen in uns auf. Da ringt einer um den Bestand seiner kleinen Firma, die fünf Familien Brot gibt, und sie kann doch auf dem Markt nicht bestehen. Sind das etwa unrechte Wünsche, ist das Erbetene zu unwichtig, geradezu läppisch im Maßstab der himmlischen Weltregierungsgeschäfte? Warum gibt es kein Geben nach dem Bitten, warum kein Finden nach dem Suchen, warum bleibt die Tür verrammelt nach dem Anklopfen?

C.S. Lewis schreibt nach dem Tod seiner Frau: »Und wo bleibt Gott? … Geh zu ihm in verzweifelter Not, wenn jede Hilfe versagt, was findest du? Eine Tür, die man dir vor der Nase zuschlägt, und von drinnen das Geräusch doppelten Riegelns …«[83] Das unerhörte Gebet ist verletzend, bedrohlich für den Glauben, entmutigend für unser Beten.

Wie wir dennoch als lebendige, mündige Christen wachsen

Ich werde nicht näher über Gründe schreiben, die in uns selbst liegen, wie schwere Schuld den Kanal zu Gott verstopft, dass wir Gott manchmal um Dinge bitten, die wir selbst tun könnten, oder dass unsere Gleichgültigkeit gegenüber den Armen oder auch unsere Unversöhnlichkeit Gottes Hilfsbereitschaft blockieren kann.[84] Das alles wäre ein eigenes Thema, doch hier geht es um mündiges Christsein.

Ich verfolge *eine* Spur: Die unterschiedlichen Erfahrungen, die wir mit Gott machen, wenn wir beten, sind auch Schritte im Wachstum hin zu lebendigem, mündigem Christsein. Gott geht es ja zuerst darum, welche Art von Mensch wir werden, wie sich unser Charakter entwickelt, wie reif und verständig wir werden. Sein Umgang mit unseren Gebeten ist auch eine Schule des Wachstums. Ich möchte Ihnen einige Schritte auf diesem Weg aufzeigen. Diese führen uns weiter, aber es ist kein stetes Vorwärtsschreiten. Wir kehren zu den ersten Schritten immer wieder einmal zurück.

Erster Schritt: Unsere »Kuchen-mit-Sahne-Bitten«

Ich glaube nicht, dass es irgendwie ungeistlich ist, sich einen sonnigen Urlaub zu wünschen und auch darum zu beten. Ich finde es nicht töricht, für das Gelingen einer Familienfeier oder das Ankommen bei einem Halbmarathon Gott anzurufen. Ich zögere weiterhin, um einen Sieg von Werder Bremen zu bitten. Früher musste ich öfter darum bitten, dass der PC tat, was er sollte. Das überlasse ich heute den Windows-Usern. Wir wissen, dass das »Kuchen-mit-Sahne-Bitten« sind. Wir haben keinen Anspruch darauf. Aber Gott hat Humor und ist großzügig und missgönnt uns die kleinen Freuden nicht. Und wenn es nicht so kommt, wie wir baten, sind wir ein bisschen enttäuscht, aber es ruiniert nur den Urlaub, ein Fest oder einen Lauf und nicht unseren Glauben. Wir lernen auch dann etwas: zum Beispiel den Unterschied zwischen unseren Wünschen und Gottes Willen.

Zweiter Schritt: Der Segen der unerhörten Gebete

In mancher Hinsicht ist es ein Segen, wenn Gott uns mal nicht erhört. Das gilt in einem doppelten Sinn: Gott bewahrt seine Kinder vor grobem Unfug. Und Gottes Art, unsere Lebensgeschichte so zu schreiben, dass sie sich zur vollen Blüte entfaltet, ist uns manchmal nicht einsichtig. Aus beiden Gründen erhört Gott manche Bitten nicht.

Zum groben Unfug, vor dem Gott uns bewahrt: Stellen Sie sich einen jungen Mann vor, der sich unsterblich verliebt. Er betet zu Gott, dass er nur diese eine als die Seine gewinnen möchte. Aber Gott erhört ihn nicht. Zwanzig Jahre später sieht er sie wieder und denkt: *O Gott! Was wäre das geworden!* Gott gibt keine Steine, wenn wir ihn um Brot bitten, sagt Jesus (vgl. Matthäus 7,9). Gott gibt aber manchmal Brot, wenn wir ihn um Steine bitten.

Und das andere: Einer der großen Väter der Kirche, der heilige Augustin, hatte eine fromme Mutter. Monica litt so sehr unter dem unmoralischen Lebenswandel des jungen Augustin, dass sie fast verzweifelte. Sie litt auch unter seinem geistlichen Vagabundieren, das ihn von einem Kult zum nächsten trieb. Monica betete dagegen an, aber Augustin ließ kaum eine religiöse Spielart aus, die die Antike bot. Als Augustin später zum Glauben kam, waren es diese Erfahrungen, die seinen Schriften Tiefe gaben. Monica betete eine ganze Nacht lang, Gott möge verhindern, dass Augustin in das verruchte Rom reise. Augustin trickste sie aus und reiste nach Rom. Genau auf dieser Reise fand Augustin zum Glauben. Gott hatte Monicas Bitten nicht erhört, um sie in genau dem Herzensanliegen zu erhören, das hinter ihren Bitten stand. Und er ließ sie warten, bis der rechte Zeitpunkt da war.

Wir sind endliche Wesen mit endlichen Einsichten und einem ängstlichen Herzen. Das macht es manchmal schwer. Aber nicht selten verstehen wir im Nachhinein, warum gerade dieser Umweg für uns nötig war. Ich habe zwei Dinge begriffen: Dass es einen Gott gibt. Und: Ich bin es nicht.

Dritter Schritt: Unsere »Brot-und-Butter-Bitten«

Wir sagen, der Vater im Himmel sorgt gut für uns, ja er versorgt uns mit dem täglichen Brot. Er beschützt uns auf Fahrten. Er beschenkt uns mit Gesundheit. Er gewährt uns gute Ehen. Gott ist der große Garant und Beschützer unseres Lebens. Kinder lernen zu beten: »Jedes Tierlein hat sein Essen, jedes Blümlein trinkt von dir. Hast auch meiner nicht vergessen. Lieber Gott, ich danke dir.« Und dann sieht das Kind zum ersten Mal, dass ein Tier stirbt, es hört, dass Kinder in Afrika verhungern, es sieht, dass ein Klassenkamerad lange, lange in der Klinik liegt, aber nicht mehr zurückkommt. So zerbricht das sichere Bild: Gott, der Garant guter Gaben, Gott, der absolut zuverlässige Schutzgott. Einfacher: der liebe Gott.

Was dann? Gott bewahrt offenbar nicht vor allem und beschützt nicht in jeder Lage. Eine junge Frau fuhr im Sekundenschlaf vor den Baum und verletzte sich schwer, kein Schutzengel war da. Immer wenn ich höre, wie jemand erzählt, dass er aus einer gefährlichen Lage gerettet wurde, ohne dass ihm ein Haar gekrümmt wurde, dann frage ich: Und die anderen, die nicht so Glücklichen? Oder: Den Arbeitsplatz, den ich bekommen habe, haben viele andere eben nicht bekommen. Unsere Brot-und-Butter-Bitten, unsere Bitten um Bewahrung und Heilung werden nicht immer erfüllt. Gott mutet uns zu, dass wir durch Krisen gehen und in tiefe Täler geraten. Gott bewahrt uns gewiss nicht vor allem Schweren, denn wir wachsen nicht zu den reifen Personen heran, die wir werden sollen, wenn wir nicht auch Entbehrung erleben, warten müssen, tiefe Täler durchstreifen, uns in Leid bewähren.

Aber es gibt eine bestimmte Reaktion auf solche versagten Bitten in der Bibel: Gott in den Ohren liegen. Nicht nachlassen. Gegen den Gott, der mir plötzlich fremd wird, anbeten – mit dem Gott, den ich ganz anders kennenlernte, im Rücken. Gott die Verheißungen vorhalten. Luther nennt es »Gott die Ohren reiben«. Er drohte Gott im Jahr 1540, ihm den Sack vor die Füße zu werfen, wenn er seinen Weggenossen Melanchthon nicht heilen würde.[85] Die heidnische Frau aus Kanaan klebt an Jesus wie ein feuchtes Hemd, als er ihr Kind nicht heilen will (vgl. Matthäus 15,21-28). Sie lässt nicht locker, nimmt Demütigung in Kauf, aber bleibt dran: Brot-und-Butter-Bitten, Bitten, bei denen es um Lebensnotwendiges geht, lässt man nicht fahren.

> Bitten, bei denen es um Lebensnotwendiges geht, lässt man nicht fahren.

Oft ist das ein Schritt auf dem Weg zum mündigen Glauben. Auch so entwickele ich den beständigen und beharrlichen Charakter, den Gott bei mir ausbilden will. Und irgendwann ist es dann so weit: Er erhört, er gibt, er gewährt, er öffnet ein Füllhorn guter Gaben über mir. Melanchthon wurde gesund. Die Kanaaniterin konnte eine gesunde Tochter nach Hause bringen. Kinderlosigkeit endet, eine Ehe wird gerettet, Arbeit gefunden, Wunden geheilt, Streit geschlichtet, Schulden bewältigt. Manchmal ist es so. Zeit ist relativ, für Gott sind tausend Jahre wie ein Tag.

Vierter Schritt: »Wenn ich dich nur habe!«

Der Glaube an den lieben Gott, der für Sonnenschein und Liebesglück, für Schutz in jeder Lage und unverwüstliche Gesundheit zuständig ist, zerbricht.[86] Manchmal lernen wir Geduld, Beharrlichkeit, gegen den Augenschein an Gottes Verheißungen festhalten. Und irgendwann kommt unser Sehnen ans Ziel. Manchmal aber wird deutlich: Nein, diese Bitte wird Gott nicht mehr erfüllen. Ich bat um ein leichteres Herz und mehr Freude, aber Gott gewährt mir das nicht, ich muss mit meiner Seele leben. Ich bat um erneuerte Gesundheit, aber Gott lässt mich mit dem Kreuz einer eingeschränkten Gesundheit leben. Ich bat um einen Lebenspartner an meiner Seite, aber der Zug ist abgefahren. Ich bat um Frieden mit meinem Kind, aber die Tür bleibt fest verschlossen. Im Glauben gibt es das: Es wird uns irgendwann deutlich, dass ein großes, wirklich lebenswichtiges Gebet nicht erhört wird. Damit ist verbunden, dass eine große, schwere, böse Last nicht von uns gehoben wird. Sie bleibt.

Die Beter der Psalmen wussten um so etwas. Es sind schwere Bewährungsproben für unser Verhältnis zum Vater im Himmel. Es ist, als ob er uns das täglich Brot verweigerte. Worte der Klage und des Zweifels drängen in unser Herz.

Der Beter im 73. Psalm muss mit ansehen, wie sein Leben in Stücke bricht, während es den gottlosen Nachbarn von Tag zu Tag besser geht. Er versteht die Welt nicht mehr. Und dann spricht er Worte von einer geradezu unglaublichen Kraft:

Dennoch bleibe ich stets an dir; denn du hältst mich bei meiner rechten Hand, du leitest mich nach deinem Rat und nimmst mich am Ende mit Ehren an. Wenn ich nur dich habe, so frage ich nichts nach Himmel und Erde. Wenn mir gleich Leib und Seele verschmachtet, so bist du doch, Gott, allezeit meines Herzens Trost und mein Teil.

Psalm 73,23-26

Himmel und Erde, Leib und Seele, alles liegt in der einen Waagschale. Dass er Gott kennt und liebt und sich von ihm gehalten und getragen weiß, liegt in der anderen Waagschale. Und dann passiert ein Wunder, das uns, wenn wir ganz ehrlich sind, völlig fremd ist. Die Waagschale mit Himmel und Erde, Leib und Seele schnellt in die Höhe, die Waagschale mit Gottes purer Liebe, fällt tief, schwer und gewichtig nach unten. Der Beter hat sich das nicht ausgesucht, kein gesunder Mensch wünscht sich so etwas. Keiner. Das ist kein frommes Ideal. Das ist kein Leistungsziel für unser Glaubenstraining. Das ist purer Trost. Wenn sich alle Türen Ihres Lebens schließen, wird sich eine andere Tür öffnen. Wenn alles verloren scheint, werden Sie sehen, dass Sie alles gewonnen haben, weil nichts diese Nähe und Liebe und Zartheit und Wärme und Geborgenheit und Sicherheit und Hoffnung und Gewissheit aufwiegt. »Wenn ich *nur dich* habe«, sagt der Beter. Jesus genügt. Jesus ist mehr, als wir brauchen. Jesus ist alles. »Denn deine Güte ist besser als Leben!« (Psalm 63,4).

Diese Tür geht zuweilen auf, wenn Gott ein Gebet nicht erhört. Wir werden zu dem Menschen, den Gott formen wollte, wir wachsen wieder ein Stück, wenn wir in Gott nicht mehr den Lieferanten sehen, der uns Gutes geben und Schweres von uns fernhalten muss. Gott ist nicht der liebe Lieferant, Glaube ist kein Tauschhandel, Gott selbst ist mehr als genug, Glaube ist eine Liebesbeziehung. Und dann hören wir, nachdem unser Wunsch uns versagt blieb: »Fürchte dich nicht, ich bin mit dir; weiche nicht, denn ich bin dein Gott. Ich stärke dich, ich helfe dir auch, ich halte dich durch die rechte Hand meiner Gerechtigkeit« (Jesaja 41,10). Ich liebe diese Worte aus dem Propheten Jesaja besonders, wenn ich im Gottesdienst oder in der Seelsorge Menschen segne.

Was tun wir, wenn wir Menschen segnen? Versprechen wir ihnen, dass ihre Wünsche erfüllt werden? Nein. Wir beten mit ihnen, wir tragen ihren Wunsch im Himmel vor. Aber vor allem sprechen wir ihnen zu, dass Gott nicht etwas, aber sich selbst gibt. Wir legen Gottes Namen auf ein Leben, und wir sagen damit: Du musst da nicht alleine durch. Er ist da, er ist nah, er hält dich, sei getrost, was auch immer kommt.

Fünfter Schritt: »Dein Reich komme! Erlöse uns vom Bösen!«

Der Lauf der Welt ist nicht identisch mit Gottes Reich. »Dein Reich komme« zu beten, bedeutet auch: Es ist offensichtlich noch nicht da. »Dein Wille geschehe« zu beten, räumt ein: Im Himmel geschieht er, aber auf Erden durchaus noch nicht. Gott ist König, aber er hat seine heilvolle Königsherrschaft und seinen offenbarten Heilswillen noch nicht final durchgesetzt. Jesus hat am Ostermorgen die Mächte von Sünde, Tod und Teufel bezwungen, aber noch sind sie mit ihren Rückzugsgefechten zu schmerzhaften Taten fähig. Noch toben die bösen Gewalten auf der Erde. Noch geschieht Widergöttliches und trifft auch die betende Gemeinde. Noch erhebt der Feind sein freches Haupt.

Es wäre schlecht, wenn wir das alles nicht nüchtern zur Kenntnis nähmen. Manches, was uns widerfährt, hat mit dieser Realität zu tun. Wir rufen ja gerade aus diesem Grund: »Dein Reich komme.« Wir flehen, ja schreien: »Erlöse uns von dem Bösen.« Wir wissen, dass Gott kein Freund von Krankheit, Missbrauch, Hass, Friedlosigkeit ist. Ihm macht es keine Freude, wenn Krebs oder Demenz sich durch unseren Leib und unsere Seele fressen. Er ist es nicht, der Kinder verhungern lassen will. Er ist es nicht, der kriegerische Blutopfer fordert. Wir haben es mit einem Feind zu tun, der nicht aus Fleisch und Blut ist, dessen Niederlage beschlossen ist, aber dessen Rückzugsgefechte den Erdkreis und unser kleines Leben erschüttern.

Wenn unser Gebet nicht erhört wurde, hat das auch damit zu tun. Doch wir bitten weiter, wir rufen die österlichen Kräfte des Himmels herbei, wir hoffen auf Heilung, wo Krankheit einbricht, wir ringen um Frieden, wo Streit ist, wir flehen Gott um Gerechtigkeit an, wo Menschen Unrecht geschieht. Wir feuern betend Gott an, der ja nicht ohnmächtig ist, im Gegenteil, wir feuern ihn an, dem Feind den Boden streitig zu machen. Ein Fußballstadion ist ein gutes Bild dafür: Auf den Tribünen feuern wir die Spieler an, das Runde im Eckigen des Gegners zu versenken. »Dein Reich komme!« »Erlöse uns [endlich] vom Bösen!« Hier und jetzt: »dein Wille«, nicht des Todes Wille, »dein Reich«, nicht des Bösen Reich. Das ist beten. Auch da wachsen wir als Personen und reifen im Glauben. Beten wird Mitarbeit. Beten ringt um gute Gaben. Beten ruft nach heiler Schöpfung.

Dass Gott uns das Liebste und Höchste wird, bedeutet gerade nicht, dass wir auf gottwohlgefällige Gaben verzichten sollen. Wir feuern Gott an, dass er die Macht des Bösen bricht und uns Zeichen seiner Güte und Zeichen des Reiches gewährt.

Im Herzen des Evangeliums steht die Geschichte von einem unerhörten Gebet

Da betet der reinste und heiligste Mensch (vgl. Matthäus 26,36-46). Er betet um das Verständlichste, worum ein Mensch beten kann. Er betet gegen das schlimmste, gröbste Unrecht, das ein Mensch erleiden kann. Er tut das in der tiefsten Verzweiflung, die wir uns vorstellen können. Und doch wird Jesus im Garten Gethsemane nicht erhört. Der Kelch geht nicht an ihm vorüber. Der Justizmord wird nicht verhindert. Sein wertvolles, fruchtbares Wirken wird nicht fortgesetzt. Sein Vater beschützt ihn nicht vor den Schmerzen, nicht vor dem Spott, nicht vor der Schande und nicht vor dem Tod. Im Herzen des Evangeliums wird ein Gebet nicht erhört.[87]

Aber stellen Sie sich vor, Jesus wäre erhört worden! Stellen Sie sich vor, ihm wäre der Gang nach Golgatha erspart geblieben. Wer hätte es ihm nicht gegönnt – aber was hätte es bedeutet? Er hätte sein Blut nicht an unserer Stelle und zu unseren Gunsten vergossen. Wo würden wir mit unserer Schuld bleiben? Wo würden wir mit unserem Tod bleiben? Woher käme die Hoffnung, dass die Herrschaft des Bösen noch einmal gebrochen wird und das Reich Gottes sich durchsetzt?

Aus der tiefsten Verzweiflung eines nicht erhörten Gebets wächst das Heil für mich und für Sie und für die ganze Welt. Jesus am Kreuz ist das letzte und tiefste Ja zu uns. Dort hängt er und wartet, dass wir ihm all unser Sehnen bringen, all die Brot-und-Butter-Bitten, die Bitten um Heilung und Bewahrung, all die Not der unerhörten Gebete, all den Schmerz, damit er lindert, tröstet, heilt, Hoffnung gibt, Zeichen des Reiches schenkt, uns in die Arme schließt und wir nur noch sagen können: »Wenn ich nur dich habe ...«

2. Jesus nachfolgen, wenn Pläne scheitern

Nach einem heftigen Streit mit seinem alten Weggefährten Barnabas musste der relativ unerfahrene Apostel Paulus sein Team neu zusammenstellen (vgl. Apostelgeschichte 15). Jetzt ist er zu einer zweiten großen Reise aufgebrochen, Silas und Timotheus an seiner Seite. Sie ziehen durch Syrien und die heutige Türkei. Sie besuchen Gemeinden und stärken die Christen im Glauben. Aber dann passiert es:

> *Dann zogen Paulus, Silas und Timotheus weiter durch Phrygien und das Gebiet von Galatien. Denn der Heilige Geist hinderte sie daran, die Botschaft in der Provinz Asien zu verkünden. Als sie schon fast in Mysien waren, wollten sie nach Bithynien weiterreisen. Doch der Geist, durch den Jesus sie führte, ließ das nicht zu. Also zogen sie durch Mysien und stiegen zum Meer hinab nach Troas. In der Nacht hatte Paulus eine Erscheinung. Ein Mann aus Mazedonien stand vor ihm und bat: »Komm herüber nach Mazedonien und hilf uns!« Gleich nachdem Paulus die Erscheinung gehabt hatte, suchten wir nach einer Möglichkeit, um nach Mazedonien zu gelangen. Denn wir waren sicher: Gott hatte uns dazu berufen, den Menschen dort die Gute Nachricht zu verkünden.*
> Apostelgeschichte 16,6-10

Große Pläne können scheitern. Manche gescheiterten Pläne erscheinen im Rückblick auch so bizarr, dass man nur froh ist, dass sie scheiterten. Die Sowjets wollten einmal die Richtung der großen Flüsse in Sibirien umkehren: Sie sollten nach Süden fließen, um dort das trockene Land zu bewässern. Vermutlich wäre das Ergebnis eine ökologische Katastrophe gewesen. In Deutschland hat ein gewisser Dr. Sörgel 1928 den Atlantropia-Plan entwickelt: Er wollte das Mittelmeer weitgehend trockenlegen, riesige Dämme am Marmara-Meer im Osten und bei Gibraltar bauen und so Afrika und Europa zu einer riesigen Landfläche vereinen. Man sollte von Berlin nach Kapstadt mit der Eisenbahn fahren.[88] In Berlin wiederum wollte man sich einige Jahrzehnte später nicht mit der Eisenbahn aufhalten, man wollte einen internationalen Flughafen bauen. Wie verrückt kann man sein!

Leider scheitern wirklich gute Pläne ebenfalls. Wir wollen Guantanamo schließen, die Erderwärmung begrenzen, den Krieg in Syrien beenden. Und natürlich scheitern auch Pläne in unserem Privatleben. Manchmal sagen wir hinterher: Gut so, im Rückblick war es einfach nur töricht. Manchmal aber trauern wir, weil wir so sehr gehofft haben, es möge gelingen. Eine Prüfung wird nicht bestanden. Eine Beziehung endet. Eine Absage flattert auf den Tisch. Ein Gespräch verläuft unglücklich. Eine lang geplante Reise fällt aus.

Wir erfahren nun: Der Apostel Paulus kannte *seine* gescheiterten Pläne. Es ist nur eine kurze Notiz in dem Reisebericht, aber diese kurze Notiz hat es in sich.

Rückschläge und gescheiterte Pläne gehören zu unserer geistlichen Reise

Paulus und sein Team sind also auf Reisen, sie durchqueren Mysien, Galatien, grob gesagt, Zentralanatolien in der heutigen Türkei, und zwar auf einem Haupthandelsweg, so etwas wie die Autobahn A2 im alten Kleinasien.

Paulus und seine Mitarbeiter wollen christliche Gemeinden besuchen und sie haben einen Plan. Dieser Plan ist typisch für Paulus. Er will immer in die großen Städte, in diesem Fall nach

Ephesus. Seine Strategie lautet: Die großen Städte sind wichtig, das Land drum herum wird von da aus schon erreicht. Also ab nach Süden, Provinz Asia, auf nach Ephesus. Aber der Plan scheitert, es wird ihnen vom Heiligen Geist verwehrt. Stopp, hier geht es nicht weiter.

Der Apostel Paulus ist aber ein guter Stratege, er hat natürlich einen Plan B. Wenn nicht nach Süden, dann eben nach Norden, in die römische Provinz Bithynien, da gibt es ebenfalls wichtige Orte und christliche Gemeinden. Aber auch das klappt nicht. Der Geist, durch den Jesus sie führte, ließ es wieder nicht zu. Was nun, lieber Paulus?

Zunächst können die Reisenden nur auf der A2 bleiben. Es geht nicht nach Süden oder Norden, also: geradeaus, nach Westen. Und so landen sie irgendwann am Meer, in Troas. Was um Himmels willen sollen sie dort?

Hier halten wir kurz inne. Auf drei naheliegende Fragen gibt uns Lukas keine Antwort:

1. *Wie* hat der Geist sie aufgehalten? Was war das? Innere Unruhe, anhaltender Durchfall, Straßenräuber, permanenter Verkehrsstau, zu hohe Zölle, Unwetter, eine Mückenplage, Zweifel, ein Loch in der Reise-Kasse, Streit im Team, ob Ephesus eine gute Idee wäre? Äußere Hindernisse oder ein inneres Zögern? Antwort: Keine Ahnung. Es wird uns nicht verraten.

2. *Woran* haben sie *gemerkt*, dass es Gottes Geist war, der sie aufhielt? Hatten sie plötzlich das tiefe Empfinden, es sei irgendwie alles nicht richtig? Überfiel sie Sorge? Oder diskutierten sie sehr vernünftig und bekamen dann neue Einsichten? War es Intuition oder eher Reflexion, Gefühl oder Vernunft, einsam oder gemeinsam? Antwort: Keine Ahnung.

3. Was »*macht*« das mit dem Team? Wie geht es ihnen nach so viel Widerstand? Wie gehen sie innerlich mit gescheiterten Plänen um? Auch da: kaum Antwort. Nur ihr Tun wird berichtet: Wenn es nicht linksherum geht und auch nicht

rechtsherum, dann reisen sie eben weiter geradeaus. Ihr Seelenzustand hätte mich schon interessiert. Paulus hatte gerade die schmerzhafte Trennung von seinem alten Weggefährten Barnabas hinter sich. Und dann war da dieses Konzil in Jerusalem, es war gerade noch einmal gut gegangen, aber es war um alles gegangen, was Paulus am Herzen lag: die gute Botschaft für Juden und Heiden, ohne unnötige Barrieren.

Und jetzt das: Gescheiterte Pläne. Ich kann mir nicht vorstellen, dass Paulus' inneres Barometer auf Sonnenschein eingestellt war. Man kann in so einem Fall an allem zweifeln, an der eigenen Berufung, an der Vision, für die man mal gestartet ist, an Gott, an seiner Verlässlichkeit. War alles vielleicht ein Irrtum? Doch davon berichtet Lukas nichts. In seiner Korrespondenz lässt Paulus jedoch manchmal einen Blick in seine Seele zu.[89]

Drei Fragen, aber nur eines wird deutlich: Ihnen allen ist glasklar, was hier los ist. Der Geist sagt: »Stopp!« Hier ist nicht der böse Feind am Werk. Hier stehen auch nicht einfach irdische Hindernisse im Weg, sodass sie sagen müssten: »Stell dich nicht so an, da müssen wir durch!« Nein, sie wissen: Der Herr selbst will es nicht. Stopp! Keinen Schritt weiter.

Nun muss man immer ein bisschen aufpassen, den Bogen nicht zu überziehen. So eine klare Stop-and-go-Geschichte gibt es auch in der Bibel nicht allzu oft. Das himmlische Navi ist in dieser Geschichte extrem sensibel eingestellt. Es ruft mehrfach: »Umkehren«. Und es lässt keinen Zweifel, dass nichts anderes möglich ist. Das geschieht ab und an, nicht immer, aber offenbar dann, wenn es darauf ankommt. Und dann wird es denen, die es betrifft, glasklar.

Die einzige Quintessenz für uns lautet: Auch das gibt es. Es gibt göttliche Stoppzeichen. Unerbittlich. Unwiderruflich. Wenn es so weit ist, weiß man es. Die geistliche Lebensreise, das Leben mit Gott in dieser Welt ist auch ein Leben mit Versuch und Irrtum. Paulus wird nicht kritisiert für seine Pläne, aber er muss damit leben, dass Pläne scheitern, und zwar von höchster Stelle.

Auch wir sollen, müssen, dürfen Pläne schmieden, aber wir müssen dann auch ab und an damit leben, dass Gott selbst ganz andere Pläne mit uns hat.

Wie können wir als mündige Christen mit gescheiterten Plänen umgehen?

Jetzt kommt meine Gemeinde »GreifBar« ins Spiel. Für alle, die schon länger Herzblut in unsere gemeinsame Vision für Greifswald investiert hatten, war das, was sich 2016 ereignete, sehr schmerzhaft.

Wir hatten große Pläne. Und wir waren ziemlich fest überzeugt, dass Gott sein Ja zu unseren Plänen gegeben hat. Welche Chancen hätte es eröffnet: ein leer stehender Laden im Ostseeviertel, 500 Quadratmeter, am Ende sogar eine bezahlbare Miete. Wir planten schon das Fest zur Eröffnung. Wir träumten davon, wie unterschiedlichste Menschen am Sonntag in den Gottesdienst in unsere schön umgebaute Halle strömten (in solchen Träumen ist draußen übrigens immer sonniger Mai und kein trüber Oktober). Wir träumten von großzügigen Flächen für die Kinder, von Beratungsarbeit, einem Café, Glaubenskursen im eigenen Gebäude, Gesundheits- und Sportangeboten. Die ganze Gemeinde sollte dort Heimat finden. Etliche hatten Kraft und Geld investiert und viele waren bereit, nicht nur zu »geben«, sondern zu »opfern«, damit 4 500 Euro im Monat zusammenkommen. Die Stadt zeigte Wohlwollen. Von außen wurde das Projekt bewundert und beklatscht. War doch alles klar, oder? Jesus, wie könntest du da anderer Meinung sein als wir? Wir sind doch hier im Auftrag des Herrn unterwegs, oder nicht? Wäre es da zu viel verlangt, wenn du den Dingen einfach einen kleinen Schubs geben würdest?

Wir hatten große Pläne – und sie sind krachend gescheitert. Die kalkulierten Kosten für die Auflagen von Lärmschutz und Brandschutz gingen in die Hunderttausende, und über diese

Hürde konnten wir nicht mehr springen. Aus der Traum vom eigenen Gebäude! Mehrere Jahre hatten wir an dieser Idee gebastelt. Endlose Stunden der Planung, des Verhandelns, des Betens – und am Ende leere Hände und müde Herzen.

Als Menschen, die mit Gott leben und Jesus folgen, lesen wir die Bibel immer so, dass sie uns Auskunft gibt, wie wir verstehen sollen, was uns geschieht. Wir deuten nicht die Bibel, die Bibel deutet unser Leben. Und darum wagen wir es und sagen: Gottes Wort deutet, was uns widerfuhr. Jesus setzte uns im Blick auf unsere großen Pläne ein Stopp-Schild vor die Nase. Nicht nach Norden, nicht nach Süden, das heißt jetzt: nicht als Gemeinde ins Ostseeviertel, nicht in ein eigenes Gebäude dort im Quartier – zumindest so weit, wie wir heute sehen können.

Wir hatten große Pläne – und sie sind schmerzhaft gescheitert. Auch die Pläne B und C ließen sich nicht realisieren. Wir reisen jetzt geradeaus durch Mysien – im Bauwagen, aber, immerhin! Ein umgebauter Bauwagen als Gruppenraum und eine zusätzlich angemietete Wohnung für Eltern-Kind-Gruppe, Beratungsarbeit und Glaubenskurse – unser »Mysien« und »Troas«. Ich jedenfalls habe in dieser Lage den Schock unterschätzt, den diese Niederlage ausgelöst hat. Wo Pläne so grandios scheitern an Lärm- und Brandschutz, da muss ich einkalkulieren: Das *macht* etwas mit uns, mit unserem Energiepegel, unserer Freude, unserer Passion, unserer Zuversicht.

Wir könnten nun dieser Situation, vor die uns Jesus stellt, auf zweierlei Weise ausweichen:

Erstens: Wir tun so, als wäre nichts geschehen. Wir machen »business as usual« und gestehen uns nicht ein, dass es verdammt wehtut. Wir schlucken es runter. Wir beißen die Zähne zusammen. Keine gute Idee.

Zweitens: Wir kündigen innerlich. Oder wir reduzieren einfach den inneren Aufwand, den wir für unsere Vision aufbringen. Ich kann die Dinge ja immer am besten fußballerisch verstehen. In unserem Fall würde der Verein »GreifBar« in unserer inneren Bundesliga-Tabelle von der Spitze und von den Champions-League-Plätzen absteigen ins graue Mittelfeld unseres Lebens. Wir sind noch da, aber nicht mehr so hingebungsvoll, so riskant teuer, so sehr mit einer Priorität bei dem, was hier geschieht, beim Gottesdienst, im Hauskreis oder bei der Aufgabe, die wir übernommen haben. Das kann uns geschehen, ohne dass wir es bewusst entschieden hätten. Wir treiben einfach sanft in diese Richtung.

Wir können aber auch so mit unserer Niederlage umgehen, wie es uns die Mütter und Väter im Glauben beigebracht haben: Wir trauern. Wir klagen. Wir sagen Jesus, wie weh es tut. Wir erzählen ihm von unserer Enttäuschung. Wir bekennen ihm, wo uns vielleicht etwas zu sehr der persönliche Ehrgeiz trieb. Wir fragen ihn, wo es denn nun weitergehen soll. Wir versprechen ihm, bei ihm und seinem Auftrag zu bleiben. Wir geben unsere alten Pläne aus der Hand. Wir geben die Kontrolle ab über den Weg dieser Gemeinde. Wir bitten ihn um neue Kraft, neue Freude, neue Weisung, neuen Drang und neue Leidenschaft. Wir tun, was uns die Menschen mit diesen uralten Psalmen vorgemacht haben. Wir bleiben gerade so, ehrlich, ohne fromme Maske, verwundet, traurig, ein bisschen müde, ein bisschen neugierig, ein bisschen erwartungsvoll, strecken uns aus, harren, hoffen, bleiben – bei Jesus, beieinander und bei unserem Auftrag.

Da sind wir. Weiter nicht. Paulus ist am Ende ein Stück weiter. Wir noch nicht. Darum ist das Letzte nur ein Ausblick, nur ein Wort der Hoffnung, mehr noch nicht.

Für Paulus tut sich nach Rückschlägen und gescheiterten Plänen eine andere Tür auf

Paulus hatte offensichtlich ein spannenderes Nachtleben als ich. Mir träumt auch, aber vorletzte Nacht nur vom 1:1 des BVB gegen Hertha. Doch Gott tut auf verschiedenste Weise neue Pläne kund.

Vor gut zwanzig Jahren standen meine Frau und ich vor der

Frage, wohin unsere persönliche Reise geht. Ich war Pfarrer und meine Kirche hatte mich auf die Spur geschickt, in die akademische Lehre zu gehen. Ich hatte mich in zwei Städten beworben, in denen ich mir sehr gut vorstellen konnte zu leben und zu lehren, in Münster und in Erlangen. Es sah an beiden Orten gut aus. Doch es endete an beiden Orten nicht so gut. Keine Stelle an der Uni.

Wohin also? Wunden lecken, zurück in die Gemeinde, Klinikseelsorger bleiben? Da kam aus dem Off ein Anruf. »Komm herüber und hilf uns«, wie bei Paulus im Traum (Apostelgeschichte 16,9). Ein Greifswalder Professor rief an und meinte: »Wir würden uns freuen, wenn Sie kämen und unseren Lehrstuhl erst einmal vertreten.« Ich musste erst im Atlas nachsehen, wo Greifswald liegt! Bei Dresden, dachte ich. Bin halt Wessi! Es wurde ein langer Weg über manche Grenze, von West nach Ost, vom Pfarrer zum Professor, aus der Nähe unserer Lieben in die Ferne. Studieren in Fernost. Ein Anruf, eine Bitte, eine Chance, die ich nie, wirklich nie auf meinem Zettel hatte. Und darin immer deutlicher Gottes Berufung, Gottes Geschenk, Gottes Auftrag. Nicht einfach, oft schmerzhaft, widerständig, einsam, aber Gottes Auftrag und letztlich genau das, was ich tun soll. Kein Traum in der Nacht, nur ein Anruf. »Komm herüber und hilf uns.«

Das Medium ist zweitrangig. Paulus wird uns als nachtaktives Wesen beschrieben. Auch die Zusage des großen Volkes später in Korinth ist ein Nachtgesicht (Apostelgeschichte 18,9-10).[90] Es kann Intuition sein, ein Anruf, Produkt angestrengten Nachdenkens, von mehr oder weniger Zweifel begleitet. Es gibt, wo sich eine Tür schließt, eine andere, die sich öffnet. Das hat Paulus erlebt. Das Evangelium soll eine Grenze überschreiten, hin nach Europa.

Paulus (Singular!) sieht nachts einen Menschen in Griechenland, der Hilfe erbittet. Und dann passiert das geistliche Wunder: Sie (Plural, das ganze Team) sind sich sicher, dass Gott, nicht ein Mensch, sie ruft, und dass die Hilfe, die sie bringen können, die

Jesus-Botschaft ist. Aus einem persönlichen Erleben wird eine gemeinsame Gewissheit. Das ist so eine Art Echtheitstest für gute neue Pläne nach schmerzhaften Niederlagen. Paulus, offenbar innerlich wieder offen für Gottes Leiten, hat ein persönliches Erleben, einen Traum. Aber daraus wird eine gemeinsame Überzeugung, dann wird organisiert, das Meer durchpflügt, eine Grenze überschritten, und es wird eine ganz neue Seite in der Geschichte von Gottes Reich aufgeschlagen.

Am Ende bleibt es immer das eine, was zählt: Gott sucht seine Menschenkinder. Dazu setzt er seinen Leuten manchmal ein Stoppschild vor die Nase. Er schaltet die Ampel auf Rot, weil irgendwo in seinem globalen Missionsgebiet Menschen warten, Menschen, die nicht versorgt sind mit seiner Liebe. Und dann macht Gott sich bemerkbar. Er stellt die Ampel auf Grün, und wir sind uns einig und gewiss, dass wir jetzt genau das und nichts anderes tun sollen.

Aber manchmal müssen wir es aushalten in dem ungemütlichen Zwischenland zwischen Stop und Go. Wir lernen als mündige Christen, dass gescheiterte Pläne zu unserem Leben mit Gott dazugehören. Wir denken über die nötige Trauer nach. Wir schielen schon ein bisschen nach

> Wir lernen als mündige Christen, dass gescheiterte Pläne zu unserem Leben mit Gott dazugehören.

vorne mit Paulus, dem sich eine neue Tür auftat. Aber bis dahin sind wir im »Zwischenland«. Wir richten uns darauf ein, zu warten und zu hören, welche Tür Gott für uns öffnet.

3. Jesus nachfolgen, wenn wir in unsere Abgründe schauen müssen

Ein kleines Lob der Freundschaft

Als Meryl Streep für ihre Rolle als Margaret Thatcher ihren dritten Oscar bekam, sagte sie im Rückblick auf ihre lange Karriere: »Das Beste sind die Freundschaften.«[91] Damit stimmt die große Schauspielerin in das hohe Lob der Freundschaft ein, das sich wie ein roter Faden durch die Geschichte der Menschheit zieht:[92]

Otto von Bismarck meinte: Ein bisschen Freundschaft ist mir mehr wert als die Bewunderung der ganzen Welt.« Marlene Dietrich sagte: »Die Freunde, die man um 4 Uhr morgens anrufen kann, die zählen.« Und Plutarch brachte es schon in der Antike auf den Punkt: »Es ist schlimm zu merken, dass man keine Freunde hat, wenn man Freunde nötig hat.«

Freunde zu haben gehört offenbar zum Kostbarsten, aber auch zum Nötigsten für uns Menschen. Freundschaft ist mehr als die Kameradschaft im Fußballverein, mehr als die Zugehörigkeit zur selben Partei, mehr als der nette Kontakt zu Nachbarn, mehr als die unterhaltsamen Begegnungen mit vielen Bekannten. Freundschaft ist selten. Nur sehr junge Menschen und Amerikaner bezeichnen viele Menschen sehr schnell als Freunde – und Facebook. Wahre Freundschaft muss wachsen, sie bindet uns über weite Strecken des Lebens an wenige Menschen. Sie wächst allmählich und vorsichtig. Das Vertrauen wächst nur behutsam. Man hält etwas in Reserve und öffnet sich langsam.

Soziologen haben erforscht, dass sich Freunde öfter streiten als lockere Bekannte. Sie muten einander Wahrheit zu, sie gönnen einander Reibung, Widerstand und Herausforderung.

Auch die Bibel singt das Loblied der Freundschaft. Im Buch Jesus Sirach 6,14-16 heißt es: »Ein treuer Freund ist ein starker Schutz; wer den findet, der findet einen großen Schatz. Ein treuer Freund ist nicht mit Gold aufzuwiegen, und sein Wert ist nicht hoch genug zu schätzen. Ein treuer Freund ist ein Trost im Leben; ihn findet, wer den Herrn fürchtet.« Man möchte gleich mitsummen: »Ein Freund, ein guter Freund, das ist das Beste, was es gibt auf der Welt.«[93]

Auch das gehört zum Dasein des Jüngers, zum mündigen lebendigen Christsein, zum Wachstum im Glauben, zur Reifung des Charakters: dass wir freundschaftsfähig werden, dass uns Freundschaft wertvoll ist, und dass wir unsere guten Freundschaften hoch achten und pflegen. Wir werden arm und einsam, wenn wir keine tiefen Freundschaften pflegen. Unsere Zeit ist eine schwere Zeit für gute Freundschaften, sie verlangt alles andere von uns als Zeit für Freunde. Aber wer Freundschaften nicht pflegt, hat auch keine guten Freunde für schwere Zeiten.

Jesus weiß viel von guter Freundschaft. Er eilt zu seinem sterbenden Freund Lazarus und weint an dessen Grab. Er zeigt, was Beten heißt, indem er von einem Freund erzählt, der bei einem anderen Freund nachts anklopft, weil er Brot braucht für einen späten Besucher. Seine ganze erstaunliche Liebe zu den verlorenen Existenzen zeigt sich daran, dass er nicht widerspricht, als man ihn den Freund der Sünder nennt. Diese drei Geschichten finden sich in Johannes 11, Lukas 11 und Matthäus 11. Das belegt, dass elf die Zahl der wahren Freundschaft ist. »Elf Freunde müsst Ihr sein.«[94] Doch Jesus geht noch weiter: Die Menschen, die ihm drei Jahre lang gefolgt waren, die zwölf an seiner Seite, die nennt er »meine Freunde« und sagt: »Ihr seid keine Diener, sondern Freunde.« Er adelt diese Menschen als seine Freunde. Und er adelt die Freundschaft als etwas Großes, dessen auch der Herr selbst bedarf, wonach auch er sich sehnt (vgl. Johannes 15,14-15).

Gethsemane – unerhört!

Und dann kam jener Tag im Garten. Da ist Jesus, am letzten Tag seines Lebens in Freiheit, im Angesicht der Schmach, der kollektiven Verachtung, der bösartigen Quälerei, des letzten hasserfüllten Neins zu allem, wofür er lebte (vgl. Markus 14,32-42).

Wenn man die Geschichte vom Garten Gethsemane kennt, dann erwartet man – zu Recht! – ungefähr Folgendes: Wir sehen hier einen ganz menschlichen Jesus. Er ist erschüttert. Die Furcht ist in seine Seele gekrochen. Was ihm bevorsteht, ist so unermesslich, dass selbst einer wie Jesus nicht souverän wie ein antiker Held auf den Hügel von Golgatha zuschreitet. Es schüttelt ihn durch und durch. Und so betet er zum Vater, voller Vertrauen: »Du bist doch mein Abba.« Er betet ganz ehrlich, er sucht nach einem Ausweg. »Kann der Kelch nicht an mir vorübergehen?« Er betet voller Angst, aber keinen Moment lässt er die Hand des Vaters los: »Geschehen soll, was du willst.« So kennen wir die Geschichte. Jesus ins Gebet vertieft, voller Schmerz, das Gesicht von Tränen überströmt. Und am Ende: Jesus wird nicht erhört. Er muss den Kelch trinken – bis zur bitteren Neige. Gethsemane – die Geschichte eines unerhörten Gebets. Selbst Jesus erfährt, worunter wir so leiden: Gebet, gerade wenn es so ernst ist, weil es um alles geht, wird oft nicht erhört (vgl. Teil V, Kapitel 1: »Im Herzen des Evangeliums …«).

Aber es gibt in der Geschichte noch etwas zu entdecken: Jesus wird nicht nur einmal nicht erhört, sondern zweimal. Die eine unerhörte Bitte richtete sich an Gott: »Abba, mein Vater, für dich ist alles möglich. Nimm doch diesen Becher fort, damit ich ihn nicht trinken muss!« (Markus 14,36). Die andere unerhörte Bitte richtete sich an die Männer, die er seine Freunde nennt. »Jesus und seine Jünger kamen zu einem Garten, der Getsemani hieß.

Dort sagte Jesus zu seinen Jüngern: ›Bleibt hier sitzen, während ich bete.‹« (Markus 14,32). »Mir geht es so dreckig, meine Freunde, bitte bleibt und wacht mit mir.« Da ist die Stunde der Freundschaft gekommen. Jesus braucht Freundschaft von seinen Freunden, nicht Bewunderung für seine Wunder, er braucht einen treuen Freund, Trost im Leben. Jesus sagt: »Mir geht es so schlecht, ich brauche euch jetzt, betet für mich, haltet es aus, hier an meiner Seite.« Darum geht es in der Freundschaft: Dasein, zuhören, aushalten, nicht flüchten oder Sprüche klopfen.

Und die Freunde, jetzt in der Stunde der Freundschaft? Sie schlafen ein. Jesus weckt sie, bittet noch einmal. Und wieder schlafen sie ein. Wieder weckt Jesus sie, wieder schlafen sie ein. »Ach«, sagt er, »wollt ihr weiter schlafen und ruhen? Es ist genug, es ist vorbei, mein Schicksal ist bestimmt, ich weiß, was die Stunde geschlagen hat.« Das ist die andere unerhörte Bitte, die Jesus im Garten Gethsemane äußerte: Er muss allein durch dieses finstere Tal. Seine Freunde versagen, sie sind nicht da, als sie am dringendsten gebraucht werden.

Aus der Seelsorge mit leidenden Menschen kenne ich das: Zu allem, was Menschen treffen kann, kommt noch hinzu, dass manche gerade in der Stunde der Not so bitter von denen enttäuscht werden, die sie für ihre Freunde gehalten hatten. So erzählt das auch Markus: Jesus wird immer einsamer, das Versagen seiner engsten Mitarbeiter tritt immer deutlicher hervor. Jesus bittet seine Freunde um Beistand, und seine Freunde verweigern ihm diesen geringsten Dienst: eine einzige Stunde ihres Lebens wach zu bleiben und es an seiner Seite auszuhalten.

Wie hältst du das nur mit uns aus, Jesus?

Jesus scheint stets dafür da zu sein, die Wünsche der Freunde zu erfüllen und die Bedürfnisse der Menschen zu befriedigen. Dafür ist er irgendwie »zuständig«. Gib uns das und schenk uns jenes. Mach uns gesund. Segne unsere Arbeit. Gib uns Brot und

bitte auch Kuchen. Schenk uns friedliche Ehegatten und freundliche Kinder. Sei bei uns auf Reisen. Verzeih uns unser Versagen.
Lass unsere Gemeinde wachsen. Schenk uns warmherzige, auf-
richtige Freunde. Halte unsere Gegner in Schach. Mach dies, tu
jenes. Leicht zusammengefasst: Jesus, sei du bei uns, alle Tage,
bis an der Welt Ende.

Schauen wir uns die andere Seite der Rechnung an: Bleibt ihr
bei mir, bitte, eine Stunde Wachen und Beten. »Keine Zeit, zu
viel zu tun, viel zu müde.«

Und doch: Er hält das aus. Er hält uns aus. Ich staune, wenn
ich auf mein Leben schaue, über die Geduld meiner Frau, mehr
aber noch über die Geduld meines Herrn mit mir. Das ist Gnade. Er hält es bei uns aus. Er bricht den Weg nicht ab. Er erträgt
die Einsamkeit. Wir haben es nicht verdient, er gewährt es uns
trotzdem. Das ist Gnade. Teure Gnade, sie kostet ihn Einsamkeit, Enttäuschung, Dunkelheit und am Ende den Tod. *Ich* koste
ihn Einsamkeit, Enttäuschung, Dunkelheit und am Ende den
Tod.

Was hat diese Menschen verändert?

Was ist passiert, dass diese »Gurkentruppe« von Versagern und
Freundschaftsverweigerern zu der Bewegung aus charakterfes-
ten, mutigen Menschen wurde, die die Christenheit nach Ostern
durch die ersten Jahrzehnte führte? Ich frage so, weil ich kein
»verschnarchtes« Christsein leben will in einer verschlafenen
Gemeinde, deren wesentliche Lebensäußerung ausgedehntes
Gähnen ist.

Wie kommen wir raus aus der Gethsemane-Flaute, persönlich und gemeinsam? Die Gnade, die uns widerfährt, ist keine
Schlafcouch nach dem Motto: Er hält es ja aus, dann müssen wir
auch nichts ändern. Es gibt ein paar Schritte zur Veränderung,
ich nenne nur die drei wichtigsten:

Erstens: Das Versagen im Garten Gethsemane gehört mit zu

dem langen Weg, den Jesus mit den Jüngern geht. Es ist Teil der Schule, die sie durchlaufen. Ein harter Teil. Und weil es dazugehört, hat Markus es auch nicht verschwiegen oder ein bisschen geschönt. Wir sollen sehen: Auf dem Weg zur Reife und lebendigen Mündigkeit, in der Formung ihres Charakters mussten Petrus, Jakobus und Johannes in den Abgrund der eigenen Seele schauen. Das erspart uns Jesus nicht. Das heißt auch weinen über unser Versagen, die verweigerte Freundschaft mit Jesus, die verweigerte Freundschaft mit anderen. Ohne diesen Blick in den Abgrund werden wir nie begreifen, wie teuer die Gnade ist. Ohne diesen Blick erreicht uns nicht die tiefe Freude über die Treue und Geduld unseres Herrn. Ohne diesen Blick geschieht auch nicht die Formung und Veränderung unseres Charakters, die wir so nötig brauchen.

Zweitens: Freunde müssen lernen, zu wachen und zu beten. Die Jünger haben das gelernt. In seinem ersten Brief schreibt Petrus: »Bewahrt einen klaren Kopf, seid wachsam! Euer Feind, der Teufel, streift wie ein brüllender Löwe umher und sucht jemanden, den er verschlingen kann« (1. Petrus 5,8). Wachen zu lernen ist nötig, denn unser Glaube ist umstritten. Im Epheserbrief lesen wir Ähnliches: »Hört nicht auf, in jeder erdenklichen Weise und zu jeder Zeit zu beten und zu bitten! Lasst euch dabei vom Heiligen Geist leiten. Dazu müsst ihr stets wachsam sein und dürft nicht aufhören, auch für alle Heiligen zu bitten« (Epheser 6,18).

Wachen ist nötig, und am besten wachen wir, wenn wir dem Gebet viel Raum geben. Wachen und Beten stärkt den Geist und hindert das Fleisch. Fleisch steht hier für den Widerstand gegen Jesus, für das Nachlassen im Gebet, für die Neigung in uns, genau das zu tun, was Jesus nicht will, und genau das zu lassen, was er will. Die Bildung unseres Charakters bedarf der Treue und Übung im Gebet.

Das Dritte ist das Entscheidende: Wir brauchen den Blick in den Abgrund. Wir brauchen es, im Gebet wachsam zu bleiben für Jesus in unserem Leben. Wir brauchen eine neue Haltung, um gute Fragen zu stellen. Gute Freunde erkennt man daran, dass sie wissen möchten, was den anderen bewegt. Sie stellen gute Fragen. »Unsere äußeren Schicksale interessieren die Menschen, die inneren nur unsere Freunde«, meinte Heinrich von Kleist. Was sind die inneren Schicksale von Jesus? Damit kehrt sich die Richtung unserer Beziehung zu Jesus um, zumindest gelegentlich und hoffentlich immer häufiger. Nicht mehr nur: »Jesus, sei du bei uns. Tu das für uns. Hilf uns bei dem.« Vielmehr fangen wir an, Jesus zu erhören. Wir fangen an zu hören, wenn Jesus sagt: »Sei du doch bitte bei mir. Sei bei mir in meinem Leiden, wenn ich weine über die Welt. Sei bei mir, wenn ich traurig bin über Menschen, deren Leben so dermaßen vor die Wand fährt. Sei bei mir, wenn ich einem trauernden Menschen beistehe. Sei bei mir, wenn ich so sehr den Zugang zu einem anderen suche, der in sich gefangen ist und mich nicht sehen kann. Sei bei mir, wenn ich bitter daran leide, dass meine Geschöpfe sich gegenseitig den Schädel einschlagen. Sei bei mir, wenn ich es nicht mehr ertrage, wie Menschen das Nötigste zum Leben vorenthalten wird.«

Das ist Freundschaft mit Jesus. Wenn wir Jesus als Freund ehren, dann kommen wir auch anders zum Gottesdienst. Wir fragen nicht: »Werde ich gut unterhalten? Gefällt mir die Musik? Ist die Predigt nett zu mir? Oder der Prediger?« Wir werden dann auch nicht mehr sagen: »Ach nein, das bringt mir nicht so viel, da muss ich nicht immer hin.« Sondern wir fragen: »Wie kann ich Jesus eine Freude machen? Wie kann ich ihn so anbeten und ehren, wie es ihm zusteht? Wie kann ich ihm zeigen, dass ich ihn liebe? Wie kann ich lernen, wann, wo, wie und womit er mich gern wachsam, betend, handelnd, opfernd, liebend an seiner Seite hätte?« Ich drehe die Frage um und merke: Wenn ich so seine Nähe suche, ist er mir ganz nah. Wenn ich nach seinem Reich trachte, fällt mir selbst so viel Gutes zu.

> Wie kann ich Jesus eine Freude machen? Wie kann ich ihn so anbeten und ehren, wie es ihm zusteht?

Das ist lebendige und mündige Freundschaft mit Jesus. Und dann werden wir es hören. »Du, sei doch bei mir, es ist für mich so schwer anzusehen, wie es bei den Menschen in deinem Nachbarhaus zugeht.« »Ach«, werde ich dann vielleicht sagen, »da habe ich bisher gepennt, das habe ich noch gar nicht gesehen.« Oder er wird sagen: »Du, sei doch bei mir, ich komme jeden Morgen bei dir vorbei, aber irgendwie hast du nie Zeit für mich. Das macht mich traurig.« Und dann nehmen wir uns Zeit für ihn.

Dietrich Bonhoeffer hat im Gefängnis diesen Gedanken immer wieder durchdacht, oft beim Nachdenken über Gethsemane: Wie können wir das lernen, wie kann unser Charakter geformt werden, dass wir die Freundschaft mit Jesus annehmen und leben, dass wir mit Jesus leiden, wenn er in der Welt leidet, an der Welt leidet. In dem Gedicht »Christen und Heiden« sagt Bonhoeffer: »Menschen gehen zu Gott in Seiner Not, finden ihn arm, geschmäht, ohne Obdach und Brot, sehn ihn verschlungen von Sünde, Schwachheit und Tod. Christen stehen bei Gott in Seinem Leiden.«[95]

Wo ist der Platz, an dem es Jesus das Herz bricht, der Platz, an dem er leidet, und wo ist der Platz, wo er seine Freunde bei sich haben möchte, wachsam, betend, liebend, tätig – wo ist der Platz in Ihrem Leben?

Jesus kündigt uns die Freundschaft nicht auf. Aber er formt unseren Charakter, indem er uns in den Abgrund schauen lässt, indem er uns lehrt, zu wachen und zu beten, und indem er die Richtung unseres Fragens verändert: Wo möchte er uns bei sich haben?

4. Jesus nachfolgen, wenn unsere Schwächen wehtun

Wenn ich an den Schulhof zurückdenke, damals in Bielefeld, dann fällt mir zuerst das Kartenspiel ein, das wir mit unermüdlicher Begeisterung spielten – *Auto*-Quartett.[96] Dieses Spiel wurde 1952 erfunden und war zunächst eigentlich richtig langweilig. Bis heute liefern es die Spielkartenverlage mit den gleichen Regeln aus: Man muss vier Karten einer Familie sammeln und darf das dann als Quartett ablegen. Stumpfsinn pur. Auf den Schulhöfen entstand das eigentliche Spiel, das bis heute gespielt wird und das manchmal auch Supertrumpf oder Blitztrumpf heißt. Da geht es um den knallharten Vergleich: schneller, schwerer, stärker. Man nimmt die oberste Karte und sucht sich einen starken Wert aus, z.B. beim Audi Quattro Concept die Pferdestärken: 408 PS. Hat der andere dann nur einen Saab 9X Air mit 200 PS, muss er seine Karte an seinen Gegner abgeben. Dann die nächste: der Porsche 918 Spyder mit einer Höchstgeschwindigkeit von 320 km/h. Wieder gewonnen. Der Stapel der Karten schwoll an, schrumpfte wieder und schwoll wieder an, bis einer alle Karten auf der Hand hielt. Ein super Spiel!

Es konnte natürlich auch Folgendes passieren: Man hatte fast alle Karten schon auf der Hand, und dann traute man seinen Augen nicht: das Mondauto! Kein Ferrari, nicht einmal ein Volvo V70, nein: das Auto der NASA, das auf dem Mond rumfuhr. Keine Zylinder, wenig Gewicht, kaum PS, 20 km/h. Spitze! Das Mondauto war die Quartettkarte, die keiner haben wollte.

Der Apostel im Mondauto

Paulus spielt auch Quartett, Apostelquartett, nach den verschärften Schulhofregeln. Wer ist der bessere Apostel? Seine Mitspieler sitzen in Korinth. Die Gegner, mit denen Paulus hier zu tun hat, ziehen sehr starke Karten: die erste Karte, der *Rhetorik-Vergleich*. Es geht um den besten Prediger. Paulus sieht alt aus, seine Gegner sind ihm himmelhoch überlegen. Bessere Witze, verständlichere Theologie, beeindruckendere Sprache.

Nächste Runde: der *Personality-Test*. Paulus sieht erneut ziemlich mickrig aus. Seine Gegner sind einfach coolere Typen: Body-Mass-Index im Spitzensportlerbereich, groß, elegant, gebildet. Auch diese Runde verliert Paulus.

Dann aber zieht er eine Karte, mit der auch er einmal mithalten kann: die *Erlebniskarte*. Er hat ein Erlebnis gehabt, nun gut, es liegt schon 14 Jahre zurück, aber das ist doch mal etwas: entrückt, ekstatisch, in unsichtbare Welten versetzt, er hat die Stimmen des Himmels vernommen (vgl. 2. Korinther 12,1-5).[97] Da staunt ihr, was? Die Runde geht an Paulus.

Und dann greift Paulus zur *Mondautokarte*. Die Gegner grinsen schon. Sie wissen, jetzt haben sie den Kerl im Sack! Auf dem Schulhof ist das der Anfang vom Ende. Hier nicht! Denn Paulus sagt: Bei Jesus wird nach anderen Regeln gespielt. Bei Jesus werden die Karten neu gemischt. Ich mag nicht mehr nach Größe, Stärke und Ruhm fragen. Und das ist nun ein echter Aha-Effekt. Eben noch hat er ein bisschen mitgespielt und gezeigt, dass er durchaus mithalten kann, jetzt aber steigt er aus dem »schneller, schwerer, stärker« einfach aus:

Aber der Herr hat zu mir gesagt: »Du brauchst nicht mehr als meine Gnade. Denn meine Kraft kommt gerade in der Schwäche voll zur Geltung.« Ich gebe also gerne mit meiner Schwäche an. Denn dann kann die Kraft von Christus bei mir einziehen. Deshalb freue ich mich über meine Schwäche – über Misshandlung, Not, Verfolgung und Verzweif-

lung. Ich erleide das alles für diese Kraft von Christus. Denn nur wenn ich schwach bin, bin ich wirklich stark.

2. Korinther 12,9-10

Das ist nicht *immer* seine Meinung gewesen. Aber dann ist Paulus durch eine persönlich sehr schwere Zeit gegangen. Er erzählt von einer bitteren Gebetserfahrung. Ein Pfahl im Fleisch, was immer es war, es war quälend, es war behindernd, es war lästig und schmerzhaft. Und Paulus hat gerungen mit Gott. »Bitte mach, dass es ein Ende hat. Das kann doch nicht dein Wille sein!« Aber seine Bitte fand kein Gehör, der Stachel blieb, der Schmerz, die Beeinträchtigung, die Last, keine Linderung, keine Lösung. Er musste damit leben (vgl. 2. Korinther 12,7-8).

Und da macht Paulus eine *innere Entwicklung* durch. Er ändert sich. Nicht seine Lebensumstände, nicht der Druck auf seinen Schultern. Er hat sich auch nicht mit dem Schmerz arrangiert. Es ändert sich etwas, weil Jesus mit ihm redet, so persönlich, wie es auch Paulus nicht jeden Tag erlebt haben dürfte.

Was also ändert sich? Nicht die Umstände, sondern die Einstellung. Paulus bekommt einen anderen Blick. Er sieht dieselben Dinge wie vorher – aber anders. Er lernt, seine Schwäche anders zu sehen und anders zu beurteilen. Er lernt, Jesus zu sehen in seiner Schwäche. Er lernt Jesus überhaupt noch einmal neu kennen. Und darum spielt er nicht mehr mit beim Apostel-Quartett. Er steigt ins Mondauto. Er lernt, seine Schwäche anzunehmen. Er lernt, dass Schwäche nicht bedeutet, von der Gnade abgeschnitten zu sein. Er begreift, dass sich Mündigkeit und Schwäche nicht ausschließen. Er begreift, wie Gottes Kraft in den Schwachen wirkt. Er lernt, wie seine Schwäche und Gottes Gnade zu neuer Kraft zusammenwirken, wie eins hier ins andere greift.

Die Schwäche annehmen

Paulus lernt, seine Schwäche anzunehmen. Er begreift, dass der Weg mit Jesus nicht dazu führt, dass nun alles heil und gut wird. Das hätte er gern. Wer nicht? Aber er begreift, dass er mit der Last auf seinem Leben leben kann. Das Bittere wird dadurch nicht süß. Aber er verkämpft sich nicht mehr. Er starrt nicht mehr auf die alten Verletzungen und wühlt nicht in den schwierigen Kapiteln seiner Lebensgeschichte herum. Es tut der Seele nicht gut, wieder und wieder in den Keller zu steigen, das Vergangene zu betrachten und bittere Tränen zu weinen. Das macht erst recht schwach, aber auf eine ungesunde Art.

Was Paulus durchgemacht hat, gehört alles zu ihm, wie Narben, die sich auf der Haut bilden, als Zeichen gelebten Lebens. Er lernt zu sagen: Das gehört zu mir. Und doch gehöre ich mit alledem zu Jesus. Und das zählt. Schwäche trennt nicht von Jesus. Schwäche ist Teil meines Lebens. Das war so, ist so und bleibt so.

So lernen wir, es mit Paulus zu buchstabieren: Da ist die gescheiterte Ehe, die körperliche Einschränkung, das schlimme Kapitel in meiner Vergangenheit, mein Mangel an Freude, meine beschränkte Begabung, die dauernden finanziellen Sorgen, der Kummer mit den Kindern. Das ist so, war so, bleibt vielleicht so. Aber ich kann damit leben.

Damit wir uns nicht falsch verstehen: Es geht hier um Schwäche, nicht um Sünde. Es geht nicht darum, falsche Entscheidungen schönzureden oder unangemessenes Verhalten zu rechtfertigen. Es geht nicht um das, was ich korrigieren könnte. Es geht nicht um das, was ich ändern soll, wogegen ich mich aber störrisch wehre (und bei dem ich das im Grunde meines Herzens weiß). Das ist nicht Schwäche, das ist geistliche Faulheit, und die hilft so wenig, wie es dem Studenten im Examen helfen würde zu sagen: »Ich rühme mich meiner Schwachheit, dass ich nicht gelernt habe, und bin bester Hoffnung, dass sich nun Gnade kraftvoll zu einer guten Note entfaltet.«

Es geht um die Schwächen, unter denen wir leiden, die uns das Leben und nicht selten auch das Glauben so unendlich schwer machen. Es geht um die Anteile unseres Lebens, bei denen wir vielleicht auch schon mehr als drei Male gefleht haben: »Nimm das weg.« Aber manches nimmt er nicht weg. Und dann heißt es, mit Paulus von Jesus zu lernen: Gottes Kraft kommt gerade in der Schwäche voll zur Geltung. Ich gebe darum gerne mit meiner Schwäche an, denn dann kann die Kraft von Christus bei mir einziehen.

Staunen über das Ja von Jesus

Ich staune, in welch unerhörtem Ausmaß Jesus »Ja« zu mir sagt. »Meine Gnade bleibt«, sagt er. »Meine Gnade genügt. Ich sage Ja zu dir, und zwar brutto, mit deiner Vergangenheit, mit deiner Schwäche. Und mit deiner Schuld, die ich dir verzeihe. Bitte bring sie mir und ich bringe das in Ordnung. Gerade wenn die Schwäche bleibt, schwindet doch die Gnade nicht. Diese Gnade ist mehr als genug für ein ganzes Leben. Meine Gnade genügt. Höher kannst du nicht kommen, mehr kannst du nicht bekommen. Meine Gnade ist das Beste und Höchste. Ein Platz im Reich des Vaters. Vergebung all deines Versagens. Hoffnung auf eine neue Welt. Mein Ohr zu jeder Stunde. Das Ja über deinem Leben, nicht erst am Ende, nicht als Ergebnis deiner guten Bemühungen wie ein Examenszeugnis überreicht, nein, das Ja über deinem Leben, vorab gegeben, unwiderruflich ausgesprochen. Gnade vor aller Leistung, trotz allen Versagens. Eine Heimat, die nicht verloren geht. Ein Schatz, der nicht rostet. Mich selbst, stets und treu dir zugewandt, mein Blick, liebevoll auf dich gerichtet, meine Hand, die dich hält. Wenn du auf alles verzichten müsstest, darauf nicht. Wenn du alles missen könntest, das nicht. Gnade genügt.«

»Ich bin, was ich tue«, sagt der gottlose Mensch. »Ich bin mein Werk und darum spiele ich Apostel-Quartett.« »Nein«, sagt Jesus, »du bist, was ich tue. Du bist nicht dein Werk, du bist mehr: Du bist meine große Liebe.«

Aber ebenso wichtig ist nun das andere: »Du genügst mir auch«, sagt Jesus. »Du bist genug, mein Menschenkind. Mit deiner Schwäche genügst du allen Anforderungen, die ich habe. Mit deiner Lebensgeschichte, deiner kleinen Kraft, deinem Kummer, den Brüchen, die du teils erlitten, teils selbst bewirkt hast. Du genügst mir, nicht erst, wenn du Großes vollbracht hast, wenn alles in deinem Leben im Lot ist, alle Vergangenheit bereinigt, alle Schwäche beseitigt. Und das heißt nun auch: Lass dir an meiner Gnade genügen. Jetzt kannst du dein Leben in die Waagschale werfen. Jetzt kannst du deine Gabe für mich einsetzen. Jetzt kannst du an meinem Traum von Gemeinde mitarbeiten. Jetzt kann ich mit dir etwas anfangen.«

Das ist wichtig für die Begleitung der Menschen, die zu uns kommen, in der Seelsorge, in den Hauskreisen. Jesus sagt: Schwächen bleiben. Ich kann einschließlich deiner Schwächen etwas mit dir anfangen. Und dann heilt manches aus, gerade weil es nicht mehr alle Blicke, alle Kraft, alle Konzentration auf sich zieht. Da verändern sich Menschen, weil sie merken: Mit mir kann Jesus viel anfangen. Deshalb ermutigen wir jeden, der zu unserer Gemeinde gehört, sich an irgendeiner Stelle einzubringen und einen wenn auch noch so kleinen Dienst zu tun. Das ist ein Teil der Ehre, die uns durch Jesus zukommt: Du genügst mir! Und es hat heilsame Kraft, es ist das Gegenteil von Druck, aber es ist Herausforderung zu einem tapferen Schritt: nicht nach hinten, sondern nach vorne zu gehen.

Wie Gottes Reich funktioniert

Die letzte Lektion, die Paulus lernt, heißt: So funktioniert das Reich Gottes. Es funktioniert nicht als Apostel-Quartett. Schön, wenn jemand stark ist, gut redet, tolle geistliche Erfahrungen macht und einen BMI von 20 vorweisen kann. Nicht übel, große

Gaben sind etwas Gutes. Aber gerade der hochbegabte Paulus, der durchaus starke Karten im Apostel-Quartett hatte, lernt: Das ist noch nicht das Geheimnis des Reiches Gottes. Das Geheimnis des Reiches ist sein Wirken durch kleine, schwache Leute. Jesus selbst wirkte das Größte in der Schwäche. Ein Kind im Stall, ein verwechselbarer Prediger auf den Straßen, ein ans Kreuz genagelter Verurteilter. Und gerade so gewann er das Zutrauen von Menschen, heilte, vergab, speiste, berief, tröstete, rettete, zog Menschen aus dem Sumpf. Am Kreuz stirbt er und sinkt in die tiefste denkbare Schwäche hinab. Und genau dort werden Sünde, Tod und Teufel bezwungen – Demonstrationen der Kraft in tiefster Schwäche.

Sollte das Reich Gottes nach Ostern so völlig anders funktionieren? Paulus denkt: »Ich brauche jetzt maximale Kraft, ein intaktes Leben, keine Spur von Schwäche.« Aber Jesus zeigt ihm, wie anders das Reich Gottes funktioniert. Eine Gemeinde der Schwachen. Verfolgte Christen in China gewinnen Herz um Herz und die schwache Kirche im Untergrund wächst kraftvoll. Eine alte Frau betet und eine Gemeinde wird erweckt. Lustigerweise dachte der Starprediger, es habe an ihm gelegen. Ein kranker, gebeugter Mensch beschenkt alle, die ihn besuchen. Er leidet, aber er ist zugleich so sehr von Gnade gehalten, dass es weit ausstrahlt, und die, die zum Trösten kommen, gehen getröstet nach Hause. Eine schlichte Frau mit zig Brüchen in ihrem Leben, mit weithin sichtbaren Narben, erzählt, was Jesus ihr bedeutet, mit leuchtenden Augen, und stolzen, starken Nachbarn geht das Herz auf, sie können sich der unglaublichen Kraft dieser schwachen Frau nicht entziehen. Ein anderer kämpft mit dem Alkohol und sagt doch: »Jesus ist mein Befreier.« Eine Frau ist stolz auf ihre Mitarbeit: »Ich bin nicht festgekettet; ich habe eine wichtige Aufgabe.« So funktioniert das Reich Gottes, damals wie heute, auch bei uns. Unsere Schwäche hindert die Gnade nicht. Die Schwachen können zu den stärksten Agenten des Reiches werden. Nicht im Apostel-Quartett, sondern in ihrer Schwäche kraftvoll, vielleicht ohne dass sie es merken.

Wer stellt eine solche Mannschaft auf? Jogi Löw sagt: »Wir müssen uns auf unsere Stärken besinnen.« Das gilt für Fußball und Unternehmen, aber im Reich Gottes stellt Jesus eine andere Mannschaft auf, ein bizarres Team. Schwäche wird Kraft durch Gnade.

Sechster Teil

Auf Sendung als lebendige, mündige Christen

1. Auf Sendung: Begabt

Was halten Sie von sich selbst? Was sehen Sie, wenn Sie in den Spiegel schauen?

Man kann ja sehr zuversichtlich und optimistisch über sich denken. Bobby Charlton war ein wirklich Großer im englischen Fußball, Teil der Mannschaft, die 1966 im Spiel gegen die Deutschen Weltmeister wurde. Bei der Europameisterschaft 2016 wurde er interviewt, als England gerade 1:2 gegen Island verloren hatte.[98] Charlton wurde gefragt: »Wie hätte denn die 1966er Mannschaft gegen die Isländer gespielt?« Er antwortete: »Wir hätten sicher 1:0 gewonnen.« »Warum nur 1:0?«, so die Rückfrage. »Nun«, erwiderte Bobby Charlton, »weil die meisten von uns schon über 70 sind.«

Wie denken wir über uns? Das ist für Paulus eine wichtige Frage. Bei den Christen in Rom zum Beispiel sieht er Leute, die in der Gefahr stehen, immer zu hoch von sich zu denken, die ihr Ego ein bisschen zu sehr lieben. »Pimp your Ego«, hätte ihr Motto sein können. Sie motzen sich dauernd ein bisschen auf. Sie denken von sich immer so, dass alle anderen nur im Schatten stehen können. Lauter kleine Carsten Maschmeyers: die mit der »Millionärsformel«.[99] Ich kann es und ich zeige es euch. Und weil sich Paulus Sorgen macht, dass das nicht gut geht, sagt er: »Denkt nicht so überheblich über euch selbst. Denkt lieber bescheiden, maßvoll, besonnen. Stellt euch nicht dauernd in den Vordergrund.« Wörtlich: »Überschätzt euch nicht und traut euch nicht mehr zu, als angemessen ist. Strebt lieber nach nüchterner Selbsteinschätzung. Und zwar jeder so, wie Gott es für ihn bestimmt hat – und wie es dem Maßstab des Glaubens entspricht« (Römer 12,3).

Als ich das las, kam mir der Gedanke: Es geht auch anders

herum. Es kann sein, dass wir nicht unser richtiges Maß finden, also nicht angemessen über uns selbst denken, weil wir uns dauernd kleinmachen. Wir denken dann, wir packen das nicht. Wir sind höchstens Mittelmaß. Wir haben nicht viel zu bieten. Manchmal wird uns das auch von anderen eingeredet. Ich hatte ein Gespräch mit einer Studentin, die sich quälte, weil ihre Eltern ihr sagten: »Du packst das sowieso nicht mit diesem Studium.« Ein toller Start, mit einem solchen Spruch im Nacken! Irgendwann kriecht so ein Satz ins eigene Herz: Was bin ich schon? Was kann ich denn?

Der große Psychologe Albert Bandura nennt das die »Selbstwirksamkeitserwartung«[100]. Menschen mit einer gesunden Selbstwirksamkeitserwartung kommen in der Regel mit sich und ihrem Leben besser klar, weil sie annehmen, dass sie genug Kompetenz mitbringen, um einer Herausforderung gewachsen zu sein. Sie sagen dann: »Ich habe Einfluss auf den Gang der Dinge. Ich kann das schaffen.« Das ist nicht »positives Denken«, sondern das speist sich aus Erfahrung und Zuspruch: Ich erlebe, dass mir Dinge gelingen und dass andere mir etwas zutrauen. Und schon bin ich beim nächsten Mal etwas zuversichtlicher.

Paulus sieht die Christen in Rom eher in der Gefahr, ihr Ego zu sehr aufzupumpen. »Denkt angemessen von euch«, heißt es da. »Denkt nicht zu groß.« Sähe er das Gegenteil, würde er ebenso deutlich sagen: »Denkt angemessen von euch, denkt bloß nicht zu klein.« Es geht ihm ja hier um das rechte Maß, das Maß des Glaubens.

Wie denken Sie über sich? Was ist Ihr Selbstbild? Wenn sich Ihre Gemeinde jetzt zum Gruppenfoto aufstellen würde, wo würden Sie sich hinstellen? Ganz vorne, am besten in der Mitte? Am Rand? Ganz hinten, kaum zu sehen? Oder einfach mittendrin und ganz dabei?

Ich glaube, dass ein gesundes Selbstbild aus einer Mischung aus Zuversicht und Demut erwächst. Dabei balanciert die Zuversicht die Demut aus, sodass wir nicht zu klein von uns denken. Und die Demut balanciert die Zuversicht aus, sodass wir es nicht übertreiben.

Wie aber bekomme ich solch ein zuversichtlich demütiges und demütig zuversichtliches Denken über mich selbst?

Gnade

Die erste Antwort auf diese Frage lautet: Gnade. Paulus redet von der Gnade, die Gott ihm und den Römern geschenkt hat. So fängt er an zu argumentieren: »Bei der Gnade, die Gott mir geschenkt hat …« (Römer 12,3). Gnade ist uns gegeben. Gnade ist die Gabe Gottes schlechthin. Gnade hat einen Namen: Jesus. Jesus ist Gnade. Gnade ist Jesus.

Wer Gnade empfängt, der sagt von sich selbst voller Zuversicht: »Ich bin ein begnadeter Mensch.« Und er sagt voller Demut: »Ich wurde begnadigt und lebe nur aus Gnade.« Gnade ist immer unverdient. Gnade ist ein

Gnade ist immer unverdient.

Trotzdem: Ich hätte ja anderes verdient. Gnade ist ein Vorher: Bevor ich etwas leiste, bin ich bejaht und angenommen. Gnade ist ein Nachher: Wenn Bilanz gezogen wird, wiegt Gnade mehr als alles, was mir gelang, und mehr als alles, was danebenging. Denn: Was gelang oder danebenging, entscheidet nicht mehr über mich. Ich bin begnadet. Niemand und nichts kann mir das rauben. Gnade ist mir gegeben.

Aus Gnade bin ich nun Glied am Leib Christi. Nicht nur Mitglied einer Kirche oder Gemeinde. Das hoffentlich auch. Aber vor allem Glied am Leib Christi. Ich bin so mit ihm verwachsen wie mein kleiner Finger mit mir. Ohne eine schmerzhafte Amputation wäre ich gar nicht zu lösen von ihm. Und Jesus gehört nicht zu denen, die sich den kleinen Finger amputieren würden! Ich bin und bleibe Glied am Leib Christi. Das ist Gnade. Das ist es, was ich bin und was ich von mir denken soll. Ich werde in meinem Leben nicht Olympiasieger, nicht Nobelpreisträger, kein Superstar und nicht Bundeskanzler, aber ich bin Glied am Leib des Herrn. Und würde ich Olympiasieger, Nobelpreisträger, Superstar oder Bundeskanzler, so könnte ich damit doch nicht mehr werden. Hätte ich das Examen nicht bestanden, würde im Beruf nichts zuwege bringen und überhaupt kaum Spuren hinterlassen, so wäre ich doch immer noch Glied am Leib Christi.

Ich möchte hier eine kleine Anmerkung machen, die Paulus gefallen würde. Ich wurde nämlich in diesen Leib des Herrn hineingetauft. Seither steht das Versprechen von Gnade über meinem Leben. Lassen Sie einfach einmal alle Vorbehalte fahren, dass das mit der Taufe ganz schwierig sei. Lassen Sie sich Ihre Taufe nicht madigmachen: Sie ist das große Gnadenzeichen. Natürlich wartet Gott auf Resonanz und Vertrauen und Glauben. Aber vor aller Re-Sonanz kommt »Sonanz«. Wir sind getauft, darum können wir von uns sagen: »Ich bin getauft, ich bin begnadet, ich bin mit Christus verwachsen, so soll ich von mir denken.« Deshalb ermutigen wir in unserer Gemeinde ganz ausdrücklich junge Eltern, ihre Kinder früh taufen zu lassen. Das Ja der Gnade stehe vor allem Tun, Entscheiden, Wollen und Können. Jedes Kind bei uns soll mit dem Wissen aufwachsen: »Ich bin getauft, gewollt, geliebt. So soll ich von mir denken.« Demütig und zuversichtlich.

Gnadengabe

Die zweite Antwort auf die Frage, wie ich zu einem ausgewogenen Denken über mich selbst komme, lautet »Gnadengabe«. Das klingt auf Deutsch ein bisschen komisch, aber im griechischen Original passt es wunderbar: Die *eine Gnade* heißt *Charis*, die *vielen Gnaden* heißen *Charismata*. Das ist schon deshalb so schön, weil es Einheit und Vielfalt zusammenhält. Wir haben alle die *eine* einzige, hinreichende, rettende, anmutige, herrliche Gnade empfangen. Und wir haben alle *verschiedene*, beglückende, anmutige, dienstbare Gnadengaben empfangen. Ich bin begnadet und begabt. Ich habe Charis und Charisma.

1955 schrieb Walter Lüthi: »Man wird also nicht in die Christenfamilie eingegliedert wie die Biene ins Volk oder die Ameise in den Haufen, nein, Christus, der die Einheit und das Haupt der Kirche ist, nimmt jeden Einzelnen ernst, indem er jeden mit einer Gabe segnet und jeden mit einer Aufgabe betraut.«[101]

Nicht Biene, nicht Ameise, aber mit einer Gabe gesegnet und mit einer Aufgabe betraut. Jetzt fügen sich die Dinge allmählich zu einem Bild zusammen. Bisher haben wir im Wesentlichen auf uns selbst geschaut: Wie sollen wir von uns selbst denken, demütig und zuversichtlich? Jetzt weitet sich unser Blick. Wir sind ein Glied am Leib des Herrn, das heißt ja auch: Wir hängen an anderen Gliedern am Leib des Herrn.

Es ist wie bei unserem Körper: Der eine Leib besteht aus vielen Körperteilen, aber nicht alle Teile haben dieselbe Aufgabe. Genauso bilden wir vielen Menschen, die zu Christus gehören, miteinander einen Leib. Aber einzeln betrachtet sind wir wie unterschiedliche und doch zusammengehörende Körperteile.

Römer 12,4-5

Da ist neben mir, dem kleinen Finger, der Ringfinger, da ist etwas weiter weg das Handgelenk, der Ellbogen, der Bizeps, da ist das Knie, die Niere und der rechte Knöchel. Und alles hängt zusammen, alles ist nötig. Alles hat eine Aufgabe und alles hat eine Begabung. Sehen Sie sich doch im Gottesdienst mal um und sagen Sie »Hallo« zur Lunge und zur Nase, begrüßen Sie einander, Sie brauchen einander, denn was könnte schon ein Knie ohne Unterschenkel und Fuß, was wären die Augen ohne die Ohren?

Wir sind also alle begnadet und begabt. Und wir hängen alle an Christus und aneinander. Das wird uns nicht als Option gesagt, nach dem Motto: So könntet ihr euch *auch* verstehen. Paulus redet hier nicht in Bildern, er redet von Wirklichkeiten: So allein versteht ihr euch richtig, ihr Einzelnen und ihr in der Gemeinde. Wir sind alle begnadet mit der einen Gnade, wir sind alle begabt mit den vielen Gaben. Und wir hängen alle an dem einen, an Christus, und an den vielen, die mit uns getauft sind und an Christus glauben.

Und dann macht Paulus ein paar Dinge klar.

Keine unbegabten Menschen

Es gibt in der Gemeinde keine unbegabten Menschen. Jedem ist *etwas* gegeben, keinem alles. Jedem ist etwas *anderes* gegeben, kaum zweien dasselbe. Die Gemeinde kennt keine Unterscheidung in die begabte Elite hier und den unbegabten Rest dort. Alle haben Charis und Charismata. Eine gesunde Gemeinde erkennt man daran, dass sie dieser Fülle auch Raum gibt. Eine gesunde Gemeinde gibt denen Raum, deren Gaben offensichtlich sind, die reden, musizieren, leiten, organisieren usw. Und eine gesunde Gemeinde entdeckt die unscheinbaren Gaben und ermutigt die, die sie haben. Diejenigen, die die stillen Dienste tun, die beten, reparieren, besuchen, spenden, nachgehen, Karten schreiben, andere ermutigen, noch einen Besuch machen. Es gibt in der Gemeinde keine unbegabten Menschen. Frauen und Männer, Alte und Junge, Akademiker und Schulabbrecher, niemand ist ohne Aufgabe, und jede Gabe wird geachtet als eine Gabe der Gnade.

Meine Gabe der Gemeinde nicht entziehen

Jesus hat es so eingerichtet, dass alles, was nötig ist, auch da ist. Er hat in uns investiert. Er hat sich das genau ausgedacht. Er gibt, was wir brauchen. Wenn jemand geht, hat er schon einen Spielertransfer organisiert.

Walter Lüthi schrieb auch dazu etwas Interessantes: »Paulus

rechnet zwar nicht damit, dass einer keine Gabe habe, wohl aber allen Ernstes damit, dass einer eine hat und sie nicht braucht.«[102] Das kann an der Gemeinde liegen, die die Gabe nicht sieht oder ihr nicht Raum gibt. Es kann auch an mir liegen, weil ich mich entziehe oder ziere. Vielleicht spüre ich: Wenn ich meine Gabe einbringe, dann hat das seinen Preis. Es ist auch ein Opfer, wenn es gut geht, ein lebendiges, aber ein Opfer.

Doch wenn ein Glied am Leib seinen Dienst nicht verrichtet, dann fängt der Leib an zu hinken, dann kommt er nicht von der Stelle und es fängt an richtig wehzutun. Meine Gabe ist mir geschenkt, damit ich mit ihr diene, dem Leib Christi, der Gemeinde, den Menschen hier und dort und in dem allen dem Herrn. Mit dem, was ich gut kann, und in dem Ausmaß, das mir mit meiner Lebenskraft möglich ist. Vielleicht muss ich lernen, nicht immer *alles* dem Dienst in der Gemeinde vorzuziehen. Vielleicht muss ich lernen, mein Maß anzunehmen, weil in dieser Phase meines Lebens eben *nicht mehr* als das geht. Vielleicht muss ich lernen, dass es auch *anderes als die Gemeinde* gibt. Mag sein! Nur dass ich verlässlich werde, dass wir uns aufeinander verlassen können, das zählt, in dem Maß, das jetzt geht.

Das Zusammenspiel der Gaben

Meine Gabe nutze ich recht im Zusammenspiel mit den anderen. Wenn wir Abendmahl feiern, dann sehen, erleben und spüren wir es: Wir sind nicht nur als Einzelne, sehr persönlich, in den Leib Christi hineingetauft. Wir teilen nun als die Vielen, miteinander verwachsen, den Leib Christi im Mahl am Tisch des Herrn. Wir sind so aufeinander angewiesen. Wir sind nicht nur ein Freundeskreis von Menschen, die einander sympathisch sind (hoffentlich auch das!). Wir sind keine Firma, die den Einzelnen nur als Arbeitskraft achtet. Wir sind kein Sportverein, in dem man mittut oder nicht, wenn der Spaß aufhört. Wir sind nicht *wie* ein Leib, wir sind ein Leib. Darum ist es so entscheidend, dass wir aufeinander achten und füreinander sorgen.

Respekt vor Unterschieden

Der letzte Gedanke, den Paulus vorträgt, ist das besondere »Wie« im Umgang mit den Gaben. Sie sind ja unterschiedlich und wir respektieren diese Unterschiedlichkeit. Gnade und Gnadengabe sind ein wunderschönes Zusammenspiel von Einheit und Vielfalt: eine Gnade, viele Gnadengaben. Die Liste dieser Gaben ist nie abgeschlossen. Paulus denkt an Leute, die lehren und predigen können, an Leute, die sich der persönlichen und sozialen Notlagen annehmen, an Leute, die trösten, begleiten und herausfordern, die spenden, die leiten.

Aber wir können die Liste beliebig verlängern, die Fantasie der Gnade war nicht am Ende, als die Bibel fertig war: Da sind Leute, die können singen, Räume dekorieren, Präsentationen vorbereiten, tapezieren, Leute transportieren, Fahrräder reparieren, Essen kochen, Theater spielen usw. Viele Gaben. Auch unsere Lebensgeschichte ist eine Gabe, mit ihren Aufs und Abs bringen wir besondere Erfahrungen ein, die die Gemeinde braucht. Unsere Stärken sind eine Gabe, aber auch unsere Schmerzen, an denen wir wachsen mussten. Unser besonderer Stil, wie wir sind, wie unsere Seele sich äußert, ist eine Gabe. Viele Gaben, und wir wollen diese Buntheit feiern, respektieren, manchmal auch nur ertragen, aber auf keinen Fall in ein graues Einerlei aufheben.

Maß und Richtung

Dann aber macht uns Paulus auf eines aufmerksam: Alle Gaben bekommen ein Maß und eine Richtung. So sollen die, die lehren und predigen, dem einen Wort Gottes treu bleiben. So sollen die, die Barmherzigkeit üben, das nicht mit schlechter Laune und überheblichem Gehabe tun, sondern innerlich heiter und äußerlich freundlich.

Es gibt so eine Art »Ethik« im Umgang mit den Gaben, an der wir ein Leben lang arbeiten. Dass ich mit meiner Gabe diene und mich nicht aufplustere. »Pimp my gift« ist nicht im Sinne des Apostels. Ich soll dienen, indem ich meine Gabe zur Verfügung stelle. Aber wenn ich meine Gabe zur Verfügung stelle, soll ich mit ihr auch dienen. Lernen zu dienen. Mich selbst nicht so wichtig nehmen. Das Unscheinbare tun. Nicht verdrossen sein, wenn ich keinen Applaus bekomme. Mich nicht mit anderen messen, als sei unser Dienst doch ein Wettkampf. Treu bleiben, wenn es mühsam wird. Mich korrigieren lassen. Nicht beleidigt sein, wenn mir jemand einen kritischen Hinweis gibt. Das alles ist uns nicht in die Wiege gelegt, aber seit der Taufe auferlegt. Das müssen wir üben, weil es uns nicht zufällt. Die Gemeinde ist so auch eine Lebensschule, denn unser weltliches Leben braucht uns ebenfalls so, auf diese Weise, die wir hier lernen.

Wie denken Sie über sich selbst? Vielleicht so: Höher kann niemand von sich denken. Mehr kann ich nicht sein. Weniger bin ich nie mehr. Ich bin begnadet. Ich bin in den Leib Christi hineingetauft. Ich bin begabt. Ich bin damit herausgefordert, mit meiner Gabe zu dienen. Und dann können Sie fragen: Wo tue ich das? Wo könnte ich es tun? In welchem Maß? Wie soll ich an mir arbeiten und lernen zu dienen? Was ist mein Beitrag zum Ganzen? Ich stehe ja mit den anderen am Tisch des Herrn. Wir sind sein Leib.

2. Auf Sendung: In unsere Netzwerke

Es gibt Einladungen, die riskant sind. Bei diesen Einladungen ist der PPL, der potenzielle Peinlichkeits-Level, besonders hoch. Der PPL addiert sich aus der Zusammensetzung der Menschen, die sich da treffen, plus der eigenen Empfindlichkeit für Störungen. Man kann den PPL messen bei Geburtstagspartys, zu denen man Menschen in der falschen Zusammensetzung eingeladen hat. Man kann ihn messen bei dienstlichen Mahlzeiten, bei denen einer der eigenen Leute sich ein bisschen danebenbenimmt. Den höchsten PPL haben aber Einladungen bei etwas fremden Leuten mit den eigenen Kindern. Da wird dann vorher eine Liste abgearbeitet, die vorzugsweise mehr Verbote und Warnungen als Erlaubnisse enthält. Es geht dann um Dinge wie Danke sagen, höflich zuhören, nicht dazwischenreden, gerade sitzen, nicht so viel Nachtisch nehmen, nicht mit dem Stuhl kippeln, nicht mit dem Bruder streiten usw. Manchmal wird aus gegebenem Anlass auch der Ehemann in die Vermahnung eingeschlossen.

Den höchsten mir bekannten PPL erreichte Michel aus Lönneberga, als er mit seinen gestressten Eltern bei der vornehmen Frau Petrell aus Vimmerby eingeladen war zu Fischpudding und Blaubeersuppe. Michel hatte ja schon schlafend einen hohen PPL, hier aber überbot er sich selbst: Während man schon beim Essen saß, lief er draußen auf Stelzen herum, fiel um, durch die Verandascheibe hindurch mit dem Kopf direkt in die Blaubeersuppe.[103]

Die alten und die neuen Freunde

Auch Markus hat eine Geschichte mit einem sehr hohen potenziellen Peinlichkeits-Level zu erzählen (vgl. Markus 2,13-17). Levi war ein Zollunternehmer in Kapernaum, der Stadt, in der Jesus zeitweise lebte. Als Zollunternehmer war er reich, aber unbeliebt, wohlhabend, aber übel beleumundet. Er rangiert nicht bei unseren braven Zollbeamten, er wäre heute eher ein rücksichtsloser Immobilienhai, ein habgieriger Investmentbanker oder ein brutales, über und über tätowiertes Mitglied der russischen Mafia: ein bisschen halbseiden, ziemlich rücksichtslos, schamlos luxuriös.

Nun ist dieser Levi Jesus begegnet, und das wäre schon des Nachdenkens wert: Er erlebt eine Blitzbekehrung, es ist »Glaube auf den ersten Blick«. Jesus kommt vorbei, er sieht ihn und ruft ihn und Levi steht auf, und von da an ist nichts mehr, wie es war. Wir hören nichts davon, ob er vorher zufrieden war oder dachte, dass sich sein Leben nicht richtig anfühlte. Wir erfahren nichts davon, ob er schon etwas von Jesus wusste oder nicht. Ist auch alles egal, es ist eben »Glaube auf den ersten Blick«. Wenn Jesus ruft, öffnet sich das Herz und es gibt nur dies: aufstehen und ihm folgen.

> Wenn Jesus ruft, öffnet sich das Herz und es gibt nur dies: aufstehen und ihm folgen.

Aber die Geschichte, die Markus erzählt, hat ein zweites Kapitel, und um dieses soll es hier gehen. Levis Leben ändert sich. Er sitzt mit am Lagerfeuer, wenn Jesus Geschichten erzählt. Er lernt etwas mühsam, Lobpreislieder zu singen. Er freundet sich mit den anderen an, was manchmal anstrengend ist. Er bekommt eine kleine Aufgabe. Und er lernt etwas Seltsames: zu beten, als ob das wirklich etwas ändern würde. Er muss viel nachdenken, zum Beispiel, was er mit seiner alten Firma machen soll.

Dabei kommen ihm auch seine alten *Buddies* in den Sinn. Menschen, mit denen er sein Leben geteilt hat. Schlomo, der abends immer das Geld gezählt und die Zollstation abgeschlossen hat. Jakob, mit dem er schon eine neue Filiale in Tiberias geplant hatte. David, um dessen kleinen Sohn sie gemeinsam gebangt haben, als er so krank war. Sie haben zusammen gearbeitet und sie haben zusammen gefeiert. Sie haben gemeinsam die verächtlichen Blicke der Menschen ertragen, aber sie haben eben auch gemeinsam sehr viel Geld verdient. An die muss er nun denken. »Was wird aus ihnen«, denkt er. »Sie haben nicht erlebt, was ich erlebt habe. Bei ihnen ist Jesus nicht vorbeigekommen. Sie kennen nicht die Erleichterung, nicht mehr nur verachtet zu werden. Sie kennen nicht das Ende der Scham und die Freude des Neuanfangs. Sie kennen nicht die völlige Umwertung aller Werte, dass einem völlig egal wird, was man früher mehr als alles begehrte. Sie sind nicht gewarnt vor einem Leben, das so tödlich endet. Was wird nur aus ihnen, meinen alten Freunden, meinen Nachbarn und Kollegen?«

Da bekommt Levi einen schrägen Einfall: Er lädt ein, zu einem großen festlichen Abendessen. Noch einmal lässt er auffahren wie früher. Frischen Fisch. Datteln, Orangen, Zander an Golanfrüchten auf feinem Blaubeerbett! Wein aus Rom, frisches Brot aus Tiberias, Süßigkeiten aus Damaskus. Vor allem aber geht er ein hohes Risiko ein: Er lädt seine alten Freunde ein *und* seine neuen. Er lädt Schlomo, Jakob, David ein, aber auch Jesus. Wird er kommen? Levi weiß, wie hoch der potenzielle Peinlichkeits-Level ist. Allein die Gesprächsthemen! Wenn sie nun vom Geldverdienen und von den Frauen an der dunklen Straßenecke reden? Wie peinlich wird das denn? Was für ein Risiko! Auch die Frommen stellen ein Risiko dar: Wenn sie wieder nur von ihrer Gemeinde reden und über die ablästern, die sich ihnen in den Weg stellen und den neuen Jesus-Weg nicht mitgehen? Was sollten Levis alte und seine neuen Freunde schon gemeinsam zu reden haben, gab es damals doch noch nicht einmal Fußballspiele! Aber jetzt muss er da durch, es ist zu spät, um alles abzusagen. Levi erwartet den Abend voller Aufregung und Sorge.

Und dann kommen sie wirklich, und ich stelle mir vor, wie

sie sich miteinander bekannt machen. Erst plaudern sie über das Wetter, den Fischfang, etwas Tratsch aus der Stadt und dem Land. Später beim Essen sieht man, wie Jesus mit David über die Krankheit seines Kindes redet, wie Simon mit Josef darüber spricht, wie sie zusammen aufgewachsen sind, aber in ihrem Leben so verschiedene Bahnen eingeschlagen haben, wie Johannes mit Jakob über die Sorgen und Mühen im Berufsleben spricht. Levi sitzt dabei, mal lächelt er zufrieden, mal kommen ihm fast die Tränen, dass es so gut gelingt.

Aber dann kommen die frommen Cops und mischen die Party auf. Sie machen den Jesus-Leuten Vorwürfe. Man erkennt die frommen Cops daran, dass sie sich nicht wirklich auf Jesus eingelassen haben, sie reiben sich immer an Jesus selbst. Die religiöse Ordnung, das überkommene religiöse Leben zählt, nicht der riskante Mut, mit dem Jesus die Grenzen überschreitet. Sie verweisen auf die Ekelschranken, auf das unpassende Milieu, in das sich Jesus da hineinwagt, das glaubensferne Umfeld. Das sind doch die Unmöglichen, die Unvorstellbaren!

Jesus tut nicht so, als hätten die frommen Cops nicht recht. Das sind ja tatsächlich Menschen mit verbogenen Lebensgeschichten, das sind Leute, die einiges auf dem Kerbholz haben und Gott einen guten Mann sein ließen. Das Aufregende ist nun, dass Jesus und die frommen Cops dasselbe sehen und doch nicht dasselbe. Die frommen Cops sehen verkommene Existenzen, hoffnungslose Fälle, Leute, für die kein Einsatz sich lohnt, unverbesserlich, dem Glauben feind. Jesus sieht dieselben Menschen, er macht sich keine Illusionen über irgendeinen guten weichen Kern, der da hinter der rauen Schale sitzen könnte. Aber er sieht, wie sehr Gott sie liebt, er sieht ihre Not, er sieht dasselbe, aber mit Erbarmen, mit tiefem Mitgefühl, mit Trauer über so viel verlorenes Leben, ohne Verachtung, er sieht mit viel Hoffnung, was auch aus diesen Menschen werden kann.

Das ist das Entscheidende: Sie sehen alle dasselbe und doch nicht dasselbe. Die frommen Cops wollen Gott eine Freude machen, indem sie die Grenzzäune hochziehen und tiefe Gräben ausheben. Jesus weiß, dass Gott sich nur dann freut, wenn die Grenzzäune fallen und die Gräben nicht mehr trennen. Hier ist die Frömmigkeit der Trennung, der selbstsicheren Unterscheidung von all den anderen, den Tätowierten, den Verrätern in der DDR, den Porsche-Fahrern, denen, die in zu viele falsche Betten steigen. Dort ist die Frömmigkeit der Grenzüberschreitung, über die Ekelschranken hinweg, mit dem vollen Risiko des potenziellen Peinlichkeits-Levels, ohne falsche Anpassung, ohne Verharmlosung, aber mit dem übergroßen Erbarmen, das Jesus Tag und Nacht ausstrahlt. Hier ist der Scharfrichter, dort der Arzt, hier ist der selbstgewiss Gerechte, dort der Erbarmer über die Sünder.

So weit erzählt Markus die Geschichte in seiner Jesus-Biografie. Ich habe sie ein wenig weitergesponnen.[104] Ich stelle mir vor, dass irgendwann die Gäste gegangen sind. Es ist schon spät und Levi bringt Jesus noch zur Tür. Man hört das Geklapper in der Küche, draußen zirpen die Grillen. Levi ist tief bewegt und sagt: »Jesus, ich möchte mich bedanken, dass du heute gekommen bist. Und es tut mir unendlich leid, dass ich dich in eine so peinliche Lage gebracht habe, und dass du jetzt wahrscheinlich noch mehr Probleme haben wirst.«

Aber Jesus legt Levi die Hand auf die Schulter und sagt: »Du, lass gut sein, es ist alles in Ordnung. Das ist Kinderkram, ich muss noch durch ganz andere Dinge durch. Aber ich will dir etwas sagen: Levi, ich danke dir, dass du deine alten Freunde nicht vergessen hast. Bitte bleib dran. Kümmere dich um sie. Ich danke dir auch, dass du etwas gewagt und riskiert hast. Ich bin so stolz auf dich, dass du mich mit deinen Freunden zusammengebracht hast. Wenn du je wieder solch ein Fest feiern willst, dann zähl auf mich, ich bin dabei.«

Menschen, die wir lieben, mit Jesus zusammenbringen

Wie steht es um unsere alten und neuen Kontakte zu Menschen, die nicht schon wie wir von irgendeinem Stuhl aufgestanden sind, weil Jesus sie rief? Wie steht es um unsere Liebe und unser Mitgefühl mit unseren Kollegen, Nachbarn und Freunden? Wie steht es bei uns um die Levi-Mischung aus Liebe und Risikobereitschaft?

Das ist meine Lieblingsdefinition von Mission, sie stammt von John Ortberg: »die Menschen, die wir lieben, zusammenbringen mit Jesus, dem wir folgen.«[105] Das hat Levi getan. Es ist diese Mischung aus Liebe und Risiko, auf die es ankommt. Levi tut, was er tut, nicht, weil ihn jemand dazu verpflichtet hätte. Er folgt so gesehen keinem Missionsbefehl. Er tut es auch nicht, um die Kirche in Kapernaum zu vergrößern. Er tut es, weil es für ihn einfach das Naheliegende ist: Er liebt seine Freunde, er folgt Jesus, also muss er sie zusammenbringen. Er weiß: Da schlägt Gottes Herz. Das ist das Größte, was ich meinen Freunden schenken kann. Und zugleich schlägt ihm das Herz bis zum Hals, aus Sorge, aus Angst, er kennt ja die Ekelschranken und den Peinlichkeits-Level. Er riskiert es, er bringt Jesus-Leute und alte Freunde zusammen. Er selbst kann nicht predigen, er würde vieles durcheinanderbringen, aber er kann diesen Kontakt herstellen.

Geht es Ihnen auch manchmal so, dass das Leben verlangt, sehr flexibel, überaus beweglich und anpassungsfähig in sehr verschiedenen Welten zu leben? Hier der engagierte Christ in der Gemeinde, dort der zuverlässige Mitarbeiter an der Uni, der nette Nachbar, der Elternvertreter, die Sportlerin in der Pilates-Gruppe? Wir müssen heute sehr flexibel sein, das verlangt unser Leben uns ab. Oft haben unsere Lebenswelten kaum etwas miteinander zu tun. Dann verschwimmt unser Ich: Hier bin ich der, dort aber jener. Es ist für uns alle eine riesige Herausforderung, in allen diesen Lebenswelten doch auch ein erkennbarer Christ zu sein.

Ich frage mich, wie es wäre, wenn die Menschen aus meinen anderen Lebenswelten neben mir stünden, wenn wir zum Abendmahl gehen, neben mir wären, wenn wir Jesus lobsingen, mit mir beteten, wenn wir ihn anrufen. Ich frage mich, was es bedeuten würde, wenn sie wüssten, wie viel mir Jesus bedeutet. Ich frage mich, was ihnen vorenthalten bleibt, wenn sie es niemals auch nur andeutungsweise erfahren. Hier geht es um weit mehr und Tieferes als nur um die Frage, ob wir Menschen zum nächsten Gottesdienst oder Glaubenskurs einladen. Es ist die Frage, welchen Menschen in unserem anderen Leben wir so sehr lieben, dass wir ihn mit Jesus, dem wir folgen, zusammenbringen wollen? Für wen gehen wir ein Levi-Risiko ein?

Vielleicht ist es nicht das Dümmste, solche Freunde und halbwegs peinlichkeitsreduzierte Christen zusammenzubringen,

> Für wen gehen wir ein Levi-Risiko ein?

sie zum Essen einzuladen, zum Geburtstag, zum Fußballgucken. Vielleicht schenken wir solchen Freunden mal ein christliches Buch. Vielleicht sagen wir ihnen, dass wir für sie beten, weil ihr Kind gerade krank ist. Vielleicht tun wir ihnen einfach etwas Gutes und hoffen, dass sie einmal nach dem Warum fragen. Vielleicht tun wir das alles auch einmal gemeinsam, mit Levi-Partys in einem schicken Lokal. Aber alles, was wir tun, wirklich alles, hängt daran: die Menschen, die wir lieben, zusammenbringen mit dem Jesus, dem wir folgen. Ist es das, macht jede Mühe Sinn. Ist es das nicht, können wir uns alles sparen. Vielleicht ist der potenzielle Peinlichkeits-Level heute eher da, wo das fromme Thema einfach als ein bisschen »aus der Welt« gilt. Dann ist das unser Risiko. Aber wer sonst wird den Studenten und den Leuten in der Stadt, den Nachbarn und den vielen Menschen im Sozialwohnungsviertel endlich mitteilen, dass die unendliche Güte und Barmherzigkeit Gottes auf sie wartet? Wer?

Wen haben Sie vor Augen, wenn Sie diese Levi-Geschichte hören, und was könnten Sie tun bzw. was hindert Sie daran?

3. Auf Sendung: »The finest hour«

Welche Storys wären Ihre besten Storys in der Bibel? Welche Geschichten spielen in der »Herr-der-Ringe«-Liga? Vielleicht die von David, besonders der Tag, an dem er Goliath gegenübertrat? Oder auch Josefs Geschichte, als er vom Träumer zum Sklaven und vom Sklaven zum Vertrauten des Pharaos wurde? Als unsere Kinder kleiner waren, mochten sie die Geschichten im Richterbuch, besonders die von dem Richter Ehud, der Eglon, den fetten König von Moab, in seiner Kammer erdolcht. Er stößt dem König den Dolch in den Bauch, und der ist so dick, dass auch der Griff noch hineinrutscht und das Fett die Schneide umschließt (vgl. Richter 3,15-23). Das stellten unsere Kinder sich immer gern konkret vor. Heute mögen sie glücklicherweise auch friedlichere Geschichten.

Zu meinen Lieblingsgeschichten gehört die von Königin Ester.[106] Sie zeigt, wie Gott die Fäden in der Hand hält, alles von langer Hand vorbereitet. Gottes verborgenes Handeln, das ist das eine Thema, um das es bei Ester geht. Und das andere? Das ist sozusagen die Kehrseite dieser Medaille. Es geht um Menschen, die plötzlich merken, warum ihr Leben so verlief, wie es verlief, warum sie durch dieses und jenes hindurchmussten und sich nun plötzlich genau hier und nirgends sonst wiederfinden, und was das in diesem Moment bedeutet und von ihnen verlangt. Gottes verborgenes Handeln – und unser Platz im Leben, das ist das Thema in der Geschichte von Königin Ester (vgl. Ester 1-7).

Es war einmal ein mächtiges Weltreich, ein halbes Jahrtausend vor all den Geschichten um Jesus, ein Weltreich, das von Libyen bis an die indische Grenze reichte, das persische Weltreich. König war ein Mann namens Ahasveros, griechisch Xerxes. Ein paar Zahlen zeigen, wen wir da vor uns haben: 20 000 Soldaten schickte er in den Krieg gegen die Griechen. 127 Provinzen standen unter seiner Herrschaft. Seine Hauptstadt Susa war überaus prächtig.[107] Historiker sagen, er habe nie selbst das Schwert in die Hand genommen. Er hatte ein mächtiges Ego. Er liebte Partys. Man kann das Buch Ester nach den Partys gliedern, die da gefeiert werden. Er war brutal. Kam jemand unaufgefordert in den inneren Bereich seines Palastes, nahm er sein Zepter. Wenn er auf den Besucher zeigte, war dieser gerettet, sonst war es um ihn geschehen. Nette Vorstellung, kommt jemand in mein Büro, ich nehme meinen Kuli … Zurück zu Xerxes: Sein Ende war unrühmlich, ein Befehlshaber seiner eigenen Palastgarde brachte ihn um. Aber das war nach den Ereignissen, von denen hier zu berichten ist.

Party ohne Ende

Alles beginnt damit, dass Xerxes mal wieder eine Party gibt. 180 Tage lang wurde mit der Schickeria des Landes gefeiert. Es wurde maßlos gegessen und bis zum Koma gesoffen. Zwischendurch veranstaltete der König Paraden, in denen er den ganzen Reichtum seines Riesenreiches vor den Gästen präsentierte. Am Ende gab es noch ein Volksfest für alle, sieben Tage lang. Danach wurde es offenbar ein bisschen langweilig, denn jetzt befahl Xerxes, man solle seiner Frau mitteilen, der König wünsche, dass sie sich auf dem Fest zeige. Er hatte allen Reichtum vorgeführt, jetzt wollte er sein Kronjuwel vorführen, die Königin mit dem hübschen Namen Waschti. Schönheit war gefragt, nackte Haut behängt mit teurem Schmuck.

Nun kommt die Geschichte ins Stocken. Waschti wird sich ungefähr Folgendes gedacht haben: Ich soll mich da zeigen? Nachdem die sieben Tage lang gesoffen haben? Auf keinen Fall!

Man muss sich verneigen vor dieser Waschti: Sie beugt sich nicht, sie kompromittiert ihre Würde nicht. Sie verliert ihre

Selbstachtung nicht. Sie lässt sich nicht von lüsternen Blicken begaffen. Sie ehrt das Ebenbild Gottes in sich. Respekt, Königin Waschti.

So lässt Waschti dem König mitteilen: Danke für die Einladung, aber nein, ich komme nicht! Sie wusste, was sie tat. Erhobenen Hauptes! Naiv war sie nicht. Sie musste ihre Koffer packen und wurde verbannt, denn alle Männer am Hof wurden nervös, als das Flüstern losging: Sie kommt nicht! Wo kommen wir denn hin, wenn sie nicht kommt? Wenn das unsere Frauen hören, werden sie nicht mehr gehorchen. Als Nächstes wollen sie auch noch predigen, die Frauen. Waschti verschwindet aus der Geschichte, und Xerxes hat keine Königin mehr. Frauen hat er genug im Harem, aber keine Königin.

Ersatz gesucht – Ersatz gefunden

Jetzt kommen wieder die Ratgeber ins Spiel. Sie wissen, was Xerxes Spaß macht, aber auch, wie sie ihn lenken müssen. Was ist ihre Lösung für das Königinproblem? Es ist ja immer spannend, wie die Celebrities zueinander finden: Kate und William, Viktoria und Daniel. In Chicago gibt es sogar eine Gedenkplakette an der Stelle, wo sich die Obamas zum ersten Mal geküsst haben.

Die Ratgeber haben eine gute Idee: Persiens Next Topmodel. Aus allen 127 Provinzen sollen die schönsten Mädchen in den Palast gebracht werden. Jeden Abend soll dem König – vornehm ausgedrückt – eines der Mädchen »zugeführt« werden, bis er seine neue Favoritin gefunden hätte, die anderen werden Nebenfrauen. In den USA gibt es den Begriff »trophy wife«, also die Ehefrau als Trophäe, wenn ein junges, hübsches Ding einen reichen, alten Mann heiratet.

Ester ist zu dieser Zeit ein junges Mädchen, 15, vielleicht 16 Jahre alt. Noch heißt sie Hadassa, das ist ihr jüdischer Name. Sie ist sehr schön, doch innerlich hat sie etliche Narben. Sie hat ihre Eltern früh verloren und ist bei ihrem Vetter Mordechai aufgewachsen. Von einer Stiefmutter ist nicht die Rede. Ein schönes, einfaches Mädchen mit einer harten Geschichte.

Als Hadassa in den königlichen Harem gebracht wird, macht sich Mordechai verständlicherweise mächtig Sorgen um seine Ziehtochter. Er sagt: Benimm dich, aber lass niemanden wissen, dass du Jüdin bist. Sprich persisch, nimm einen persischen Namen an, Ester sollst du jetzt heißen, vielleicht geht dann alles gut für dich aus. Und genauso sieht es auch aus: Ester wird in den königlichen Schönheitssalon gebracht und richtig aufgebrezelt. Baden, Körperpflege mit Öl und Creme, Parfüm, eine schicke Frisur, Maniküre, dezent geschminkt. Und das dauert! Ester wird ein ganzes Jahr durch das königliche Schönheitsprogramm geschleust. Ich bin sicher, Ester sah danach traumhaft aus. Sie wird zu Xerxes gebracht, und der ist hin und weg. Ester, das einfache jüdische Waisenkind, wird Königin von Persien. Das ist wie ein Märchen aus Tausendundeiner Nacht! Das jüdische Mädchen ist vollständig assimiliert, sie ist jetzt eine wohlhabende persische Frau. Hier könnte die Geschichte zu Ende sein: »Und Ester lebte fortan im Palast, glücklich und in Freuden ihr ganzes Leben lang.« Doch es kommt anders.

Jemand muss den Mund aufmachen

Es gibt da nämlich ein Problem. Dieses Problem heißt Haman. Haman ist der Kanzleramtsminister, ein mächtiger Mann. Und der hat ein noch größeres Ego als sein Chef. Als er Stabschef wird, befiehlt er, jedermann müsse sich tief vor ihm verbeugen, wie vor einem Gott. Und alle fürchten den mächtigen Haman und verbeugen sich tief, wenn sie ihm begegnen. Alle, bis auf einen. Mordechai, der Mann Gottes. Auch dieser Mann zeigt Selbstachtung und Integrität. Wie Waschti.

Haman ist schwer getroffen. Überhaupt nicht souverän. Er ist zutiefst beleidigt und gekränkt. Sein Hass geht so weit, dass er sich eine Lizenz zum Völkermord besorgt, indem er dem König reiche Beute aus den Häusern der toten Juden verspricht. Er schafft es, die Genehmigung zu bekommen, jeden Juden und jede Jüdin überall im persischen Reich zu töten. Am 13. des letzten Monats im Jahr, so bestimmt es ein Los, soll es losgehen.

Ester weiß von alledem nichts. Sie sitzt im Palast, ihr geht es gut, sie hat keine Ahnung, welches Leid ihrem Volk bevorsteht. Aber Mordechai weiß, was zu tun ist. Er legt seine Kleidung ab, bewirft sich mit Dreck, geht in Sack und Asche und demonstriert vor dem königlichen Palast gegen das Unrecht. Ester sieht bei einem Spaziergang eine abgerissene Gestalt vor dem Palast. Erst bei genauerem Hinsehen merkt sie, wer es ist. Sie erschrickt tief und befiehlt, man solle ihm frische Kleider bringen und sich um ihn kümmern. Aber Mordechai lehnt die Kleider ab. Er lässt sich nicht zur Ruhe bringen.

So ist das manchmal, jemand muss den Mund aufmachen. Jemand muss sagen: »Das hier muss aufhören! So geht es nicht! Dieses Unrecht schreit zum Himmel.« Jemand muss die anderen wachrütteln: »Stopp, seht ihr nicht, was hier geschieht? Es muss sich einer kümmern um verwahrloste Kinder, verschleppte Frauen, Familien, die den Boden unter den Füßen verlieren, Menschen, denen das Nötigste vorenthalten wird, Diktatoren, die ihr eigenes Volk abschlachten, Regimes, die Kritiker ins Arbeitslager stecken und mit denen wir gute Geschäfte machen. Stopp!« Es *muss* einer den Mund aufmachen! Und er darf sich nicht beruhigen lassen durch frische Kleider, durch ein Gespräch beim Minister, durch eine Spende, durch ein Wahlkampfversprechen. So einer ist Mordechai.

The finest hour

Nun kommt es zum Höhepunkt, zu jenem Gespräch, das alles klärt, in dem plötzlich aufleuchtet, wie Gott hier die Fäden in der Hand hat. Ester hat noch keine Ahnung, was da draußen los ist, im wirklichen Leben. Aber Mordechai klärt sie auf und sagt:

»Du musst mit dem König reden und für das Leben der Juden im Reich eintreten. Das kannst nur du.« Ester erschrickt. *Wer?*, denkt sie. *Ich?* Zum einen, weil sie keine Ahnung von der Situation hat. Vor allem aber, weil das, was Mordechai von ihr verlangt, einfach unmöglich ist. Sie lässt Mordechai ausrichten: »Wenn ich das tue, ist es fast wie Selbstmord. Dreißig Tage hat mich der König nicht rufen lassen. Das heißt: Meine Aktien stehen gerade nicht gut. Wenn ich jetzt einfach so hingehe, bringe ich mich in Lebensgefahr.« Viele hätten nun gesagt: »Okay, Ester, das sehe ich ein, das ist vielleicht zu viel verlangt. Versteh bitte, ich musste es versuchen.« Aber genau das sagt Mordechai nicht.

Mordechai [ließ] Ester antworten: Denke nicht, dass du dein Leben errettest, weil du im Palast des Königs bist, du allein von allen Juden. Denn wenn du zu dieser Zeit schweigen wirst, wird eine Hilfe und Errettung von einem andern Ort her den Juden erstehen. Du aber und deines Vaters Haus, ihr werdet umkommen. Und wer weiß, ob du nicht gerade um dieser Zeit willen zur königlichen Würde gekommen bist? Ester ließ Mordechai antworten: So geh hin und versammle alle Juden, die in Susa sind, und fastet für mich, dass ihr nicht esst und trinkt drei Tage lang, weder Tag noch Nacht. Auch ich und meine Dienerinnen wollen so fasten. Und dann will ich zum König hineingehen entgegen dem Gesetz. Komme ich um, so komme ich um.

Ester 4,13-16

Das ist eine Wendung. Mordechai, der ihr früher geraten hat, sich anzupassen und unauffällig zu leben, sagt: »Jetzt musst du aufstehen. Jetzt musst du dein Leben in die Waagschale werfen. Jetzt geht es nicht mehr um Sicherheit und dein privates Glück. Steh auf! Mach den Mund auf! Sag, was zu sagen ist. Wenn nicht, Ester, denk mal nach, was passiert dann?« Das ist eine großartige Stelle, man erwartet, dass er fortfährt: »Dann geht die Welt für uns Juden unter, dann ist alles vorbei.« Aber Mordechai sagt: »Wenn du nicht aufstehst und den Mund aufmachst, dann kommt die Rettung eben woanders her.«

Das Reich Gottes hängt nicht an uns. Gott kommt zum Ziel! Wenn alles aus und vorbei zu sein scheint, lässt er einen aus dem Grab aufstehen! Gott lässt seine Sache nicht auffliegen, wenn Menschen versagen. Gott hat immer einen zweiten Plan. »Aber Ester, *dein* ganzer Weg bis hin zu diesem Tag wäre dann vergeblich gewesen. Du bist dann draußen! Es wird dir nichts nützen. Wahrscheinlich geht es dir an den Kragen und mir auch und allen aus unserer Familie. Ester, vielleicht bist du nur deshalb hier, nur deshalb durch all das hindurchgegangen, um jetzt in dieser Stunde zu tun, was getan werden muss. Vielleicht hat Gottes Regie genau dich mit genau deiner Geschichte, dem Verlust deiner Eltern, dem schweren Weg, der Zeit im Harem, der königlichen Würde hierhergeführt. Jetzt ist deine Stunde! Vielleicht hat das alles dich nur vorbereitet, damit du jetzt da bist und das tust, was Gott möchte. Du bist doch nicht hier, um schöne Kleider, gutes Essen, Vergnügen und ein ruhiges Leben zu genießen!«

Winston Churchill sagte in einer Rede: »Jeder bekommt irgendwann die Gelegenheit, die besten Eigenschaften zu demonstrieren, die die Menschheit besitzt, und den höchsten Dienst für eine gute Sache zu leisten.«[108] Wer das dann wagt, erlebt die besten Momente seines Lebens. The finest hour! Die beste Stunde!

Willst du das verpassen, Ester? Es geht nicht um Sicherheit, um Vorsicht, um dein schönes Leben, um deine Pläne, du bist jetzt Teil von etwas weit Größerem! Du kannst dem Bösen widerstehen. Du kannst Leben retten, du kannst Teil von Gottes großen Plänen sein! Entscheide dich!

Und Ester entscheidet sich. Das einfache jüdische Mädchen sagt diese großen Sätze: »Also gut, ich werde fasten und beten – tut ihr das auch. Ich tue das nicht ohne Gott. Ich tue das nicht mit meiner kleinen Kraft. Aber ich tue es. Vielleicht bin ich ja wirklich deshalb hier. Und wenn ich sterbe, dann sterbe ich.« »Wer sein Leben festhält, der wird es verlieren«, sagt Jesus, »wer es um meinetwillen verliert, der wird es gewinnen« (vgl. Markus 8,35). Jetzt ist Ester bereit, alles in die Waagschale zu werfen. Alles zu verlieren oder zu gewinnen. Dass es gut gehen wird, kann ihr niemand versprechen. Was für ein Mut, was für ein Herz!

Es wird alles gut

Die Story ist schnell zu Ende erzählt: Ester wagt es, bei einer weiteren Party den König zu bitten, dem Treiben Hamans ein Ende zu bereiten. Und so geschieht es: Haman hängt am Ende an dem Galgen, der für Mordechai bereitstand, und Mordechai wird neuer Stabschef. Es heißt sogar, dass sich viele im persischen Reich für den Glauben an den lebendigen Gott Israels entschieden, weil sie so beeindruckt waren von Ester und Mordechai. Die Juden feiern dies alles bis heute mit dem Purimfest, mit Geschenken und Kuchen und mit Lesungen aus dem Buch Ester. Immer wenn Hamans Name fällt, machen alle ganz viel Lärm mit Rasseln und Ratschen.

Vielleicht verstehen wir viele Führungen Gottes nicht. Doch plötzlich sind wir an diesem Ort und denken: Vielleicht musste ich da durch, durch diese schwere Geschichte. Vielleicht bin ich jetzt nur aus einem Grund hier, in dieser Position, mit diesen Möglichkeiten, um genau dies eine zu tun, was jetzt nottut. Vielleicht ist das die Entscheidung, die jetzt dran ist. Nicht das bequeme Leben, aber das Opfer, um das zu tun, was Gott jetzt von mir will. My finest hour. Jemand tippt mir auf die Schulter: »Mach den Mund auf. Streck die Hand aus. Stell dich zur Verfügung. Wirf dein Leben in die Waagschale.« Es muss ja nicht das ganz große Drama sein, wie bei Ester. Die vernachlässigten Kinder im Nachbarhaus. Die Menschen in meinem Umfeld, die Jesus nicht kennen. Der Bekannte, der nicht mehr klarkommt. Der kranke

Kollege, dem ich sage, dass ich für ihn bete. Der Konflikt im Betrieb, wo einer integer und klar sagen muss, was Recht und was Unrecht ist. Unrecht in meiner Stadt. Meine Gaben für das Volk von Jesus in dieser Stadt. Da, wo Not am Mann ist. Und an der Frau. My finest hour! Das ist mein Ruf, mein Abenteuer, mein Opfer, mein Risiko – nicht meine Karriere, mein Zeitvertreib, mein Hobby, mein Wohlfühlen, mein schönes ruhiges Leben.

In Afrika gibt es eine Redewendung: »What called you forth?« Übersetzt: Welche Lage in dieser kleinen Welt rief nach dir? Was ist geschehen, dass du gerade jetzt und hier gebraucht wirst? Was war dein Weckruf? Das ist eine spannende Frage, wenn wir über unser Leben nachdenken. Vielleicht machen Sie das mal in der persönlichen Stille und dann im Hauskreis: »What called me forth?« Und vielleicht auch das: »What called *us* forth?« Warum sind wir Gemeinde? Nicht noch eine nette fromme Versammlung von mit sich selbst beschäftigten Menschen! Wozu gibt es uns in unserer Stadt? Will ich ein Teil davon sein? Bin ich genau deshalb hier und jetzt da?

Ester war kein Superstar. Sie war ein schlichtes Mädchen. Als es ernst wurde, fragte sie erschrocken: »Wer? Ich?« Und Mordechai antwortete: »Genau, du!« Student, du! Familienmutter, du! Du, mit der schweren Lebensgeschichte! Du, Mann über 50, der dachte, das sei jetzt alles schon durch! Frau, die von sich denkt, sie sei so unbegabt und unattraktiv, du! Alleinerziehende Mutter, du! Hochbeschäftiger Uni-Mensch, du! Frau, die erst ein paar Male hier war, du! Genau du, kleine Schwester oder kleiner Bruder von Ester, dem Mädchen aus dem Gottesvolk, das durch Gottes Regie genau die lange Reise machte, die nötig war, damit sie genau an dem Platz ankam, an dem sie nötig war, und genau die Entscheidung traf, die aus diesem Moment ihren größten machte und dem Bösen wehrte und Leben rettete und ein Stückchen von Gottes großer Geschichte wurde.

4. Auf Sendung: Unvollkommen, aber berufen und gesandt

Wann ist man eigentlich vollständig vorbereitet, 100 Prozent startklar und fertig für eine große Aufgabe? Wann kann man sagen: Ich habe alles Nötige zusammen, ich kann jetzt ohne Bedenken loslegen? Jetzt bin ich total mündig und immer noch lebendig? Wie ist das mit den Wendepunkten im Leben, wenn uns eine große Chance in den Schoß fällt, die wir ergreifen sollen, und dann schleicht sich die Furcht in unser Herz: *Werde ich es denn packen?* Wann sind wir uns unserer selbst absolut sicher? Ehrlich gesagt: Eigentlich nie!

Ich muss daran denken, wie es ist, wenn junge Eltern zum ersten Mal ihr Kind mit nach Hause nehmen. Rund um die Geburt ist alles aufregend – aber es ist ja immer jemand da, der sich auskennt und hilft! Doch früher oder später kommt der Moment, wo es mit dem Kind allein nach Hause geht. Schaffen wir das? Werden wir dieser Verantwortung gerecht? Was ist, wenn wir es versauen? Wenn wir Fehler machen? Wenn wir zu früh hingehen, wenn Otto schreit, oder zu spät, wenn Lisa weint? Wenn wir zu wenig Regeln haben oder zu viele? Wenn wir unser Kind zu sehr verwöhnen oder zu streng sind? Wenn wir ein Fieber unterschätzen oder ein Bauchweh zu ernst nehmen? Eltern kennen das Gefühl: Ich bin eigentlich noch gar nicht so weit.

Aber es kommt die Stunde, da steht man mit einer Tragetasche, einigen Probewindeln und Werbegeschenken vor der Klinik auf dem Parkplatz und soll los. Bereit oder nicht. Was ist, wenn es schiefgeht? Sagt der junge Vater dann zur besorgten

Mutter: »Du, das ist nicht so schlimm, wir können ja noch mehr Kinder kriegen!«?

Es geht hier nicht um ein Plädoyer für schlechte Vorbereitung und einen eklatanten Mangel an Verantwortungsgefühl. Wir haben uns damals enorm vorbereitet. Ich wusste alles über Bauchweh, Schlafrhythmen und konnte die Farbe des Windelinhalts so gut interpretieren wie biblische Texte. Wir waren voll engagiert. Mit uns bekamen auch gute Freunde ihre ersten Kinder und wir fochten energisch den Streit über die Frage aus, ob Stoffwindeln oder Pampers das zukünftige Lebensglück unserer Sprösslinge und das Wohl des Planeten Erde besser fördern. Aber nach aller Vorbereitung war da dieses Gefühl: Eigentlich ist das zu groß und wir sind zu klein. Eigentlich sind wir nicht so weit. Ins kalte Wasser geworfen!

Jesus hat eine merkwürdige Neigung, Menschen ins kalte Wasser zu werfen, die noch nicht alles beieinanderhaben. Das ist ein roter Faden quer durch die Bibel. Die Geschichte aus dem ersten Kapitel kann das am besten illustrieren. Es ist die Geschichte von den unfertigen Boten, den ersten Leitern in der Gemeinde nach Ostern, Menschen, die auch von sich sagten: Wir haben's nicht beisammen!

Die elf Jünger gingen nach Galiläa. Sie stiegen auf den Berg, wohin Jesus sie bestellt hatte. Als sie Jesus sahen, fielen sie vor ihm nieder. Aber einige hatten auch Zweifel. Jesus kam zu ihnen und sagte: »Gott hat mir alle Macht gegeben, im Himmel und auf der Erde! Geht nun hin zu allen Völkern und macht die Menschen zu meinen Jüngern und Jüngerinnen: Tauft sie im Namen des Vaters, des Sohnes und des Heiligen Geistes! Und lehrt sie, alles zu tun, was ich euch geboten habe. Und seht doch: Ich bin immer bei euch, jeden Tag, bis zum Ende der Welt!«

Matthäus 28,16-20

Wir kennen diese Geschichte und lesen meistens nur den hinteren Teil: die letzten Worte im Matthäus-Evangelium – vom gewaltigen Auftrag, im Englischen »the great commission«. Es geht dauernd um alle und alles, billiger ist das nicht zu haben, darunter macht es Jesus nicht. Alle Gewalt gehört ihm. Darum sollen sie alle Völker erreichen, alle sollen Jüngerinnen und Jünger werden, nicht bloß Kirchenmitglieder, nicht bloß Getaufte, nicht bloß irgendwie religiös Berührte, nein lebendige, mündige Christen. Alles sollen sie lernen, alles was in diesem Evangelium darüber steht, wie ein Jünger lebt. Und dazu verspricht Jesus ihnen, bei ihnen zu sein, und zwar alle Tage. Alle Gewalt, alle Völker, alle Lehre Jesu, alle Tage. The great commission.

Man sollte nun meinen, diesen Auftrag bekommt eine hoch motivierte und extrem gut ausgebildete Elitetruppe, die zu allem entschlossen ist. Die Besten der Besten. Aber nichts davon passt. Das ist die Pointe: Das alles bekommt ein Kreis von Leuten, die nicht wirklich bereit sind, die beim besten Willen nicht alles beieinanderhaben.

Gucken wir uns diese Truppe etwas näher an.

Nur noch elf

Einen ersten Hinweis gibt uns ihre Anzahl. Es sind elf. »Na ja«, könnte man sagen, »dann sind es eben elf. Wo ist das Problem? Elf ist eine wunderbare Zahl. Eine komplette Elf wird hier auf den Platz geschickt«. Aber ein Hörer mit jüdischen Ohren sagt: »Elf, das ist nicht gut! Zwölf wäre gut.« Die frommen Juden damals hatten es mit Zahlen. Die Drei steht für alles Heilige. Der Tempel z.B. bestand aus drei Teilen, dem Vorhof, dem Heiligen und dem Allerheiligsten. »Heilig, heilig, heilig«, rufen sie, wenn sie Gott anbeten. Die Vier steht für alles Irdische. Die vier Himmelsrichtungen, die vier Enden der Welt. Der Clou ist dann 3x4, also 12, das Heilige und das Menschliche, Gott und die Welt, vereint. Darum hat Jakob zwölf Söhne und Israel zwölf Stämme. Zwölf ist die schlichtweg vollkommene Zahl. Weniger als zwölf ist ein Problem. Zum Volk Gottes gehört die Zwölf! Und jetzt kommt es: Israel als Staat zerbrach ja in mehreren großen geschichtlichen Katastrophen. So furchtbar lange hielt das nicht, ein Staat mit zwölf Stämmen. Am Ende waren nur zweieinhalb übrig. Und fortan sehnte sich Israel danach, wieder zwölf vereinte Stämme zu haben, ein erneuertes, starkes Israel: 3x4, das Göttliche und das Menschliche beieinander.

Und dann kam Jesus. Und was er tat, war in den Augen der Juden eine seiner größten Frechheiten: Er berief – wie viele Jünger? Zwölf, genau zwölf. Und jetzt wissen wir, dass das nicht einfach eine nette und ganz übersichtliche Größe sein sollte, sondern dass Jesus damit ein Statement machte: Hier, sagte er, diese zwölf, das ist das erneuerte Volk Gottes, das ist das Israel der zwölf Stämme. Jetzt fängt Gott wieder an. Jetzt wird alles neu. Guckt euch diese zwölf an, nicht einfach eine Boygroup, sondern Gottes Volk. Und ich denke, die Jünger liebten es, »die zwölf« zu sein. Wir sind es! Sie waren richtig stolz, und sie wussten nur zu genau, was es bedeutete, dass sie »die zwölf« waren. Aber das sind sie jetzt nicht mehr. Sie sind nur noch die elf. Und das ist ein Problem. Es ist die falsche Zahl, es ist ungenügend, es ist unvollkommen. Die Zwölf war ein Versprechen, die Elf ist höchstens ein Versehen.

Eine schwierige Vorgeschichte

Den zweiten Hinweis gibt uns ihre Vorgeschichte. Da ist so viel schiefgelaufen, dass man sich nur wundern kann, dass Jesus ihnen nicht gekündigt hat. Nicht dass er sie nicht geschult hätte, er hat sie drei Jahre lang gut vorbereitet. Aber das hat aus ihnen noch lange keine guten Leute gemacht. Ich staune, dass Jesus ihnen sein gewaltiges Werk überlässt. Ich weiß nicht, ob das ein guter Nachfolgeplan eines Unternehmensgründers wäre.

Sie haben Probleme über Probleme angehäuft. Petrus war vorlaut, er war eingebildet und ließ es die anderen spüren: Alle mögen dich verraten, Jesus, aber ich nicht. Johannes und Jakobus waren aggressiv: Gab es unterwegs Widerstand, so hätten sie gern mal dreingeschlagen. Sie hießen darum auch die Donnersöhne. Und sie waren rücksichtslos ehrgeizig, wollten stellvertretende Direktoren sein, rechts und links von Jesus sitzen. Sie hatten Probleme, nein, sie bereiteten Jesus Probleme.

Ich kann mir nicht vorstellen, dass das alles ihr Miteinander nicht belastet hätte. Ich weiß nicht, ob sie noch gern beieinander waren. Ich weiß nicht, ob Jesus nicht erst einmal für längere Zeit Supervision hätte anordnen müssen, damit die wieder alles auf die Reihe kriegen und sich nicht bei erster Gelegenheit hoffnungslos verkrachen.

Großes Kino – und sie zweifeln!

Den dritten Hinweis gibt uns diese Abschiedsszene auf dem Berg selbst. Da sind sie also wieder, auf dem Berg. Elf Jünger und Jesus. Da, wo alles begonnen hat. Das muss man sich auf der Zunge zergehen lassen: Sie sehen etwas, wofür jeder, der mit dem Glauben und um den Glauben ringt, nahezu alles geben würde. Sie sehen Jesus. Sie sehen den Gekreuzigten als Auferstandenen. Sie sehen den König des Gottesreiches, sie sehen den Bevollmächtigten Gottes. Sie sehen ihren lieben Freund, Bruder und Herrn, der tot war – und jetzt steht er lebendig vor ihnen.

Und da steht: »Aber einige hatten auch Zweifel.« Wie bitte, geht's noch? Es gibt Tage, an denen kann man zweifeln, aber doch bitte nicht, wenn man Zeuge des größten Ereignisses der Weltgeschichte wurde. Die haben nicht nur ein quantitatives Problem, weil sie nur elf sind, die haben ein qualitatives Problem, weil mit ihrer Glaubenskraft kein Staat zu machen ist!

Und was tut Jesus? Er sieht elf problematische Gestalten im problematischen Glaubenszustand in einer problematischen

Gemeinschaft. Und er sagt nicht: Jetzt müssen wir mal erst all die Probleme von Quantität und Qualität lösen. Er sagt: Ihr geht. Ihr elf. Wir kümmern uns noch um eure Probleme, aber jetzt geht ihr. Ihr seid jetzt mein Leitungsteam für the »great commission«. Unterwegs werden wir einiges richten, aber jetzt geht. Genau ihr unvollkommenen elf!

Und keiner rief: »Hier!«

Wenn wir uns die Geschichten in der Bibel anschauen, dann merken wir: Das ist nicht das erste Mal. Wenn Gott Menschen berufen hat, wenn er besondere Aufträge erteilt hat, dann waren da fast nie Menschen, die sich übermütig als Freiwillige gemeldet hätten. Keiner von ihnen hat auf Gottes Ruf hin gesagt: Super, das passt gerade perfekt. Ich fühle mich so ausgeruht, stark, entspannt, gut vorbereitet, ich hab's wirklich drauf!

Mose soll das versklavte Volk aus Ägypten führen. Er meint: »Nein, Herr, ich bin noch nicht so weit. Ich kann doch nicht reden, die Leute werden nicht auf mich hören. Ich habe eine schwere Zunge!« (vgl. 2. Mose 3-4).

Gideon soll sein Volk gegen den Terror der Midianiter verteidigen. Er widerspricht: »Nein, Herr, ich bin noch nicht so weit. Mich nimmt doch keiner ernst. Ich komme nicht aus gutem Hause, mein sozialer Hintergrund ist echt ungünstig für einen Führungsjob« (vgl. Richter 6,15).

Jeremia soll Gottes Prophet sein und das widerspenstige Volk warnen, an Gottes Gebot erinnern. »Nein, Herr, ich bin doch viel zu jung!« (vgl. Jeremia 1,6).

Jesaja, noch einer, der als Bote Gottes predigen und an Gott erinnern soll, sagt: »Herr, ich hab's nicht drauf. Guck doch hin, ich bin auch nicht besser als die anderen« (Jesaja 6,5).

Abraham und Sara sollen die Stammeltern eines neuen großen Volkes werden. In hohem Alter wird ihnen ein Sohn versprochen. Sara bekommt fast einen Lachkrampf und sagt: »Nein,

Herr, dazu tauge ich nicht mehr, ich bin doch viel zu alt« (vgl. 1. Mose 18,12).

Ester soll Zivilcourage zeigen und beim König für das unterdrückte jüdische Volk einstehen. Aber sie sagt: »Das wäre Selbstmord, Herr, ich glaube nicht, dass ich das Zeug zu so etwas habe« (vgl. Ester 4,11).

Saul, der erste König, war ein Bild von einem Mann, groß, gutaussehend, klug. Als sie ihn zum König krönen wollen, macht er sich aus dem Staub und versteckt sich unter den Gepäckwagen (vgl. 1. Samuel 10,22).

Keiner von ihnen hob die Hand und rief: »Hier!«, als die großen Aufträge verteilt wurden. Zu wenig begabt, aus schlechtem Hause, zu alt, zu jung, zu verzagt, zu verschuldet, überfordert und ängstlich. Keiner sagt: Ich hab's drauf, ich mach's.

Gott liebt es, mit Menschen zu arbeiten, die es nicht draufhaben, die nicht alles beieinanderhaben, die es sich nicht zutrauen. Am Ende sagten sie alle: »Okay, Gott, auf dein Wort hin. Ich trau dir. Ich mach es.« Gott sucht sich unvollkommene Menschen. Sie sind seine erste Wahl. Auch hier und heute. Lebendige, mündige Christen sind und bleiben unvollkommene Menschen – und doch von Gott gewählt.

An welcher Stelle sage ich bisher »Nein« oder »Noch nicht«? An welcher Stelle, will ich jetzt »Ja« sagen? Wo will ich jetzt gehorchen, dienen, beten, opfern, segnen, Kontakt aufnehmen, vergeben, mich nicht zurückziehen, mutig spenden, bezeugen, mitarbeiten, vertrauen?

Jesus und der eine Plan A

Jesus hält es genauso mit seinen elf unvollkommenen Freunden. Und er hält es so bis zum heutigen Tag. Ob Sie es einmal riskieren? Ob Sie einmal sagen: »Ich bin weit weg von perfekt, aber ich wage es: Ich teile meinen Glauben anderen mit. Ich diene an einer Stelle, wo sonst ein Vakuum entstünde. Ich bleibe treu, auch wenn es mir gerade schwerfällt. Ich liebe, ich diene, ich nehme Kontakt auf, ich arbeite mit. Ich wage es.«

Wenn wir nicht gehen, obwohl wir den Auftrag von Jesus hörten, werden wir nie erfahren, wie es ist, ihm zu folgen. Denn wir haben alle immer mehr als einen Grund zu sagen: »Ich bin nicht bereit, ich habe zu wenig Kraft, zu viel Arbeit, zu wenig Begabung, zu wenig Erfahrung, zu wenig Glauben, zu wenig Liebe, zu wenig Zeit. Andere Prioritäten. Später vielleicht. Wenn ich etwas Geld verdient habe. Wenn ich das Examen habe. Wenn ich mich erholt habe. Wenn die Kinder größer sind. Wenn alle Konflikte gelöst sind. Wenn die Stimmung gut ist. Wenn ich oft genug gefragt wurde.«

Ich möchte das zum Schluss an einer entscheidenden Stelle präzisieren. Wir könnten ja noch fragen, warum Jesus diese unvollkommenen elf beruft. Ist das nicht ein bisschen unvernünftig? Nein, denn er hat sie vorher drei Jahre intensiv geschult. Was wir hier lesen, ist kein Plädoyer dafür, jeden einfach ins kalte Wasser zu werfen. Aber wir können hier etwas über den Glauben lernen. Für Jesus sähe es viel riskanter aus, wenn Menschen, mit Glaubensmuskeln und Liebesressourcen bepackt, sagen würden: »Ich hab's drauf, ich bin bereit, ich kann das und ich will das! Wann geht's los?« Jesus sagt nämlich nicht: »Geh, du schaffst das schon. Du kannst mehr, als du denkst.« Er sagt: »Geh, denn ich habe alle Autorität und Macht. Geh, denn ich bin bei dir. Geh, denn ich stehe immer hinter dir.«

Der zwölfte Mann

Im Fußball gibt es ein Phänomen: Es ist immer dasselbe Spiel, aber im Heimatstadion geht es viel besser. Warum? Weil zu Hause die eigenen Fans da sind, sie sind in der Mehrheit, rufen, klatschen, skandieren, schwenken Fahnen. Das ist der berühmte zwölfte Mann beim Fußball, alle Fans zusammen. Wer einmal in Dortmund erlebt hat, wie die Südkurve mit 25 000 Menschen in

»schwazzgelb« ihre Borussen anfeuert, der weiß, wie das funktioniert. 140 Dezibel im Kessel des Stadions. »Wir hätten nie gewonnen ohne den zwölften Mann«, heißt es dann oft. Eine Elf braucht den zwölften Mann. Jesus sagt zu seinen Jüngern damals und zu jedem, der sich senden lässt: »Ich bin da, euer zwölfter Mann, ich stehe hinter euch. Ich lasse euch nicht im Stich. Es wird gute Tage und schlechte Tage geben, aber niemals einen schlechten Jesus-Tag. Vergesst nicht den zwölften Mann!«

Jesus schaut sich seine Jünger an: falsche Zahl, schwacher Glaube, schwierige Gruppendynamik. Die schickt er los, nicht weil sie bereit wären und alles beieinanderhätten, sondern weil er genau in diesen Schwachen mächtig wirken wird.

Zum guten Schluss?

Lebendiges, mündiges Christsein

Respekt, liebe Leserin, lieber Leser! Sie haben sich durch dieses dicke Buch gearbeitet (oder einfach mal schnell zum Ende geblättert – auch das ist okay!). Und nun?

Zu Beginn habe ich erzählt, wie mir selbst das Thema lebendigen, mündigen Christseins zugewachsen ist, als Schüler, der eher »zufällig« im CVJM in Bielefeld mit dem Leben als Jünger konfrontiert wurde. Seither bin ich ein »Schüler« (nichts anderes bedeutet ja das griechische Wort, das wir mit »Jünger« übersetzen). Was das heißt, muss zum Ende noch einmal deutlich werden.

Wir können im Glauben wachsen. Unser Christsein kann und soll lebendig bleiben und zunehmend mündig werden. Das schließt nicht nur Kenntnisse ein, hat aber durchaus mit vertieften Einsichten in die Bibel und das Verständnis des Glaubens zu tun. Das schließt nicht aus, dass unser Glaube trockene Zeiten erlebt und gelegentlich von Zweifel und Unsicherheit geschüttelt wird, hat aber auch mit einem zunehmenden Zutrauen zu Gott zu tun, mit Freude an seinem Wort und Willen und innerem Einverständnis mit seinen Wegführungen. Das schließt nicht rebellische Momente, schräge Entscheidungen und Momente von höchster Torheit aus, wohl aber ein wachsendes Ja zu Gottes gutem Willen ein. So kann und soll es sein, dass uns die Bitte »Dein Wille geschehe« mit der Zeit leichter von den Lippen kommt, weil wir mehr und mehr einsehen: Besser wird es nicht, als wenn genau das geschieht – sein Wille. Wir können also im Glauben wachsen. Das geistliche Kleinkindstadium ist nicht unser Schicksal auf Erden.

Und wir bleiben zugleich immer Schüler. Immer gibt es noch etwas Neues zu lernen. Das bringen schon die wechselnden Lebensalter mit sich, die neu danach fragen lassen, was denn Nachfolge Jesu jetzt bedeutet. Das bringen auch die wechselnden Lebenssituationen mit sich. Wir nehmen Erfahrungen mit, müssen (und dürfen) aber auch immer wieder Neues lernen.

Und noch aus einem anderen Grund bleiben wir immer Schüler. In einem sehr kritischen Moment, anlässlich einer harten Auseinandersetzung sagt Jesus einmal: »Ihr sollt euch nicht Lehrer nennen lassen, denn einer ist euer Lehrer: Christus« (Mt 23,10). Das ist für einen Professor eine sehr provokative Anweisung! War ich also vor mehr als 40 Jahren Schüler im wahrsten Sinne des Wortes, so fing ich damals ebenso an, in die Schule von Jesus zu gehen. Aber anders als in unseren Schulen werden wir aus der Schule Jesu zu Lebzeiten nicht entlassen. Es bleibt bei dieser Verhältnisbestimmung: Wir sind die Schüler, Jesus ist der Lehrer. Seinen »Unterricht« brauchen wir täglich, immer wieder und immer wieder neu: auch als bewährte Mitarbeiterin, als engagierter Prediger, als erfahrener Hauskreisleiter oder Ältester, als langjährige Pastorin – oder eben als Professor, dem Forschung und Lehre für die nächste Generation der Pastorinnen und Pastoren anvertraut ist.

Er ist der Lehrer, wir seine Schüler. Undenkbar, dass sich die Rollen umkehren! Unvorstellbar, dass wir Jesus um das Abgangszeugnis bitten und ihm erklären, wir hätten jetzt genug von ihm gelernt! Er bleibt der Lehrer und wir bleiben seine Schülerinnen und Schüler. Das macht lebendiges und mündiges Christsein zu einer spannenden Lebenserfahrung. Es hält sogar ältere Menschen jung. Unser Lehrer überrascht uns gerne noch einmal und führt uns in Lernsituationen, in denen wir ihn und das Leben mit ihm neu kennenlernen. Es bleibt »lebendig!«

Das Matthäusevangelium endet ja mit der Rede Jesu »Matthäi

am Letzten«, in der Jesus seine Jünger in alle Welt sendet. Wer Jünger von Jesus wurde, soll andere dazu ermutigen, ebenfalls Jünger von Jesus zu werden und sich taufen zu lassen. Und dann soll er weitergeben, was er bei Jesus gelernt hat. Und das ist nun auch schriftstellerisch ein grandioser Schluss des Evangeliums: »Lehret sie halten alles, was ich befohlen habe...« Ja, lieber Matthäus, was ist das denn? Nun, wenn ihr wissen wollt, was es da zu lernen gibt, dann fangt einfach wieder von vorne an zu lesen. Der Weg von Mt 28 führt dann wieder zu Mt 1 und das Lernen beginnt von vorne. »Alles, was ich euch befohlen habe...«, eben: die Bergpredigt, die Wohltaten für Menschen in Krankheit und Not, die Gleichnisse, das Gebet, den Streit um die Wahrheit, den Einsatz für andere, die Gemeinschaft miteinander, 7×77× dem anderen verzeihen, das Überschreiten der Grenzen, das Segnen der Kinder, das Durchhalten in den schweren Tagen des Lebens, die Hoffnung auf eine neue Welt, das Scheitern und Neu-Anfangen, das Schuldigwerden und die Gabe der Vergebung, das Mahl, die Erinnerung an das größte und gewaltigste Opfer aller Tage, die Hoffnung auf Ostern, die Sendung in die Welt. Und wenn wir damit fertig sind? »Same procedure as every year«: alles von vorne. So bleibt unser Leben im Glauben lebendig, und so wird der Glaube in unserem Leben mündig!

Michael Herbst

Anmerkungen

1   Vgl. Dietrich Bonhoeffer: Gemeinsames Leben. Das Gebetbuch der Bibel. München 2002 (DBW Bd. 5).

2   Vgl. Dietrich Bonhoeffer: Nachfolge. Gütersloh 1994 (DBW Bd. 4).

3   Vgl. Duden, Eintrag »-schaft«. http://www.duden.de/rechtschreibung/_schaft (Abruf am 05.05.2017).

4   Georges Bernanos: Tagebuch eines Landpfarrers. Zürich 1975.

5   Immanuel Kant: Beantwortung der Frage: Was ist Aufklärung? Berlinische Monatsschrift, 1784, 2, S. 481-494.

6   Vgl. Arbeitsgemeinschaft Missionarische Dienste: Emmaus (Homepage). http://emmaus.a-m-d.de/startseite/index.htm (Abruf am 23.05.2017); Matthias Clausen/Ulf Harder/Michael Herbst: Emmaus – Auf dem Weg des Glaubens. Basiskurs 2.0. Neukirchen-Vluyn 2. völlig neu bearb. Aufl. 2008; Michael Herbst (Hg.): Das Emmaus-Projekt. Auf dem Weg des Glaubens. Handbuch. Konzeption – Durchführung – Erfahrungen. Neukirchen-Vluyn 2. völlig neu bearb. Aufl. 2006; Michael Herbst: Emmaus – Auf dem Weg des Glaubens. Die Einführung. Neukirchen-Vluyn 2010.

7   Vgl. Gordon MacDonald: Tiefgänger. Eine Geschichte über Menschen mit Potenzial, Leiter mit dem richtigen Blick und das Glück, diese Welt zu verändern. Asslar 2011.

8   Einige der folgenden Gedanken wurden inspiriert von: John Ortberg: Predigt über Matthäus 28,16-20, 11.09.2016. http://14852-presscdn-0-64.pagely.netdna-cdn.com/wp-content/uploads/2016/09/Vision-Weekend-2016-John-Ortberg.pdf (Abruf am 12.04.2017).

9   Nach Andy Stanley, zitiert nach: John Ortberg: Predigt, a.a.O., S. 3.

10 Vgl. Simon Sinek: How great leaders inspire action. TED 2009. https://www.ted.com/talks/simon_sinek_how_great_leaders_inspire_action (Abruf am 12.04.2017); Simon Sinek: Frag immer erst: warum. Wie Top-Firmen und Führungskräfte zum Erfolg inspirieren. München 2014.

11 Vgl. Dallas Willard Quotes. https://apprenticeshiptojesus.wordpress.com/2015/06/08/dallas-willard-quotes (Abruf am 12.04.2017).

12 Zitiert nach John Ortberg: Predigt, a.a.O., S. 4, Deutsch durch den Autor.

13 Vgl. Wikipedia: Eintrag »Gnadenstuhl«. https://de.wikipedia.org/wiki/Gnadenstuhl (Abruf am 13.04.2017).

14 Martin Luther: Heidelberger Disputation, 28. These, 1518.

15 Clive S. Lewis: Was man Liebe nennt. Zuneigung, Freundschaft, Eros, Agape. Basel 1986, S. 9-16.

16 Clive S. Lewis: Dienstanweisung für einen Unterteufel. Freiburg, 27. Aufl. 1986, S. 22.

17 Vgl. Oswald Bayer: Der Glanz der Gnade. Kerygma und Dogma 56 (2010), S. 78.

18 Aus »Die Geschichte vom Suppen-Kaspar«. In: Heinrich Hoffmann: Der Struwwelpeter, 400. Auflage, Frankfurt/M. 1917.

19 Vgl. John Ortberg: Die Liebe, nach der du dich sehnst. Asslar 2000, S. 47.

20 Vgl. Wikipedia: Eintrag »Heile, heile Gänse«. https://de.wikipedia.org/wiki/Heile,_heile_Gänsje (Abruf am 14.04.2017).

21 Johann Franck/Johann Crüger: Jesu, meine Freude, 6. Strophe (1653).

22 Vgl. Tomáš Halík: Geduld mit Gott. Die Geschichte von Zachäus heute. Freiburg, Basel und Wien 7. Aufl. 2014, S. 9-18.

23 Manfred Siebald/Johannes Nitsch: Jesus, zu dir kann ich so kommen, wie ich bin (1989).

24 Otto Michel: Der Brief an die Römer. Göttingen 12. Auflage 1963 (Kritisch-exegetischer Kommentar über das Neue Testament IV. Abteilung), S. 212.

25 Vgl. Stupidedia: Eintrag: »Dumme Fragen«. http://www.stupidedia.org/stupi/Dumme_Fragen (Abruf am 17.04.2017).

26 Vgl. Joachim Gauck: Winter im Sommer, Frühling im Herbst. München 2009, S. 335.

27 Vgl. Wikipedia: Eintrag »Baptisterium«. https://de.wikipedia.org/wiki/Baptisterium (Abruf am 17.04.2017).

28 Astrid Lindgren: Ferien auf Saltkrokan. Hamburg 1965.

29 Vgl. Wikipedia: Eintrag »Ivan F. Boesky«. https://de.wikipedia.org/wiki/Ivan_F._Boesky (Abruf am 18.04.2017).

30 Henry Cloud: Nein sagen ohne Schuldgefühle: Gesunde Grenzen setzen. Holzgerlingen 15. Aufl. 2012.

31 Bethel Music: No longer slaves (2015).

32 Die folgenden Überlegungen wurden von einer Predigt von Dr. Henry Cloud inspiriert.

33 Die folgenden Überlegungen wurden mit inspiriert von einer Predigt von Timothy Keller über Matthäus 17,1-13, 2012.

34 Diese Formulierung wählte Jürgen Klopp 2015 bei seinem Dienstantritt als Trainer des FC Liverpool, um zu verdeutlichen, dass er ein ganz »normaler Kerl« sei.

35 Andrew Lloyd Webber/Tim Rice: Pilate and Christ (1970).

36 Vgl. A. Gustschin: CSL – Chroniken von Narnia. http://www.cs-lewis.de/chroniken-von-narnia.html (Abruf am 20.04.2017).

37 Vgl. Bill Hybels: Gottes leise Stimme hören. Asslar 2011.

38 Vgl. Francois Armanet: Bücher für die einsame Insel. Hamburg 2017.

39 Philipp Yancey: Prayer. Does it make any difference? London 2006, S. 43; Übersetzung durch den Autor.

40 Zitiert nach: Irene Kohlberger: Salvete. http://www.irene-kohlberger.at/pages/worte-der-heiligen/wesen-gottes.php (Abruf am 01.07.2017).

41 Horst Sindermann, zitiert nach Focus online (Hg.): Friedliche Revolution – Mit Kerzen gegen Panzer. 2009. http://www.focus.de/politik/deutschland/20-jahre-wende/tid-15783/friedliche-revolution-mit-kerzen-gegen-panzer_aid_442918.html (Abruf am 01.06.2017).

42 Stephan Lebert/Stefan Willeke: »Hauen, bis die Schwarte kracht.« DIE ZEIT, Nr. 12, 18. März 2010, S. 17-21, Zitat 17.

43 Hartmut Günther/Einst Volk (Hg.): D. Martin Luthers Epistel-Auslegung. Bd. 5. Göttingen 1983, S. 44-46.

44 Bei ihm heißt es allerdings: »Ein Leben ohne Mops ist möglich, aber sinnlos.« Zitiert nach: Wikiquote: Eintrag »Loriot«. https://de.wikiquote.org/wiki/Loriot (Abruf am 24.04.2017).

45 Dietrich Bonhoeffer: Akt und Sein. Transzendentalphilosophie und Ontologie in der Systematischen Theologie. (1931). 4. Aufl. München 1976, S. 90.

46 Vgl. Sherry Turkle: Verloren unter 100 Freunden: Wie wir in der digitalen Welt seelisch verkümmern. Gütersloh 2012.

47 John Ortberg: »All by my selfie«, Predigt vom 15.05.2016. vgl. http://menlo.
church/wp-content/uploads/2016/05/Instamacy-All-By-My-Selfie-John-
Ortberg.pdf (Abruf am 26.06.2017).

48 John Ortberg: »All By My Selfie« a.a.O., er bezieht sich dabei auf eine Studie
über die digitale Kultur der letzten dreißig Jahre von Sherry Turkle, die sie
in folgendem Buch erwähnt: Sherry Turkle: »Reclaiming Conversation. The
Power of Talk in a Digital Age«. 2016.

49 Der Kojote (Hg.): Mann in Survival-Outdoorjacke überlebte Weg zum
Bäcker. http://www.kojote-magazin.de/2012/mann-ueberlebte-weg-zum-
baecker-dank-neuer-hi-tech-outdoorjacke/5572 (Abruf am 25.04.2017).

50 Vgl. Christian Heinrich u.a.: Die Kunst der Entscheidung. Zeit Online
11.10.2011. http://www.zeit.de/zeit-wissen/2011/06/Entscheidungen (Abruf am 26.04.2017).

51 Vgl. The longest list ... (Hg.): The world's longest engagement. http://
thelongestlistofthelongeststuffatthelongestdomainnameatlonglast.com/
long292.html (Abruf am 26.04.2017).

52 Wichtige Impulse für dieses Kapitel von: John Ortberg: Predigtreihe »This
or That: The Secret to Making Great Decisions« vom Juni 2014. http://
menlo.church (Abruf am 26.04.2017).

53 Vgl. 3sat (Hg.): Die Maximizer und die Satisficer – Die einen wollen das Beste, die anderen gut genug. 08.04.2013. http://www.3sat.de/page/?source=/
nano/gesellschaft/168885/index.html (Abruf am 26.04.2017). Ausführlicher
und mit wissenschaftlichem Hintergrund: Barry Schwartz u.a.: Maximizing
Versus Satisficing: Happiness Is a Matter of Choice. http://www.wisebrain.
org/media/Papers/maximizing.pdf (Abruf am 26.04.2017).

54 Vgl. John Ortberg: Predigtreihe »This or That ...«, »Rich Dad, Poor Dad«,
15.06.2014.

55 Vgl. Wikipedia: Eintrag »Geld«. https://de.wikipedia.org/wiki/Geld (Abruf
am 27.04.2017).

56 Vgl. John Ortberg: Wenn das Spiel zu Ende ist, landet alles wieder in der
Kiste. Asslar 2007, S. 21-34.

57 Jim Elliot: Wer ist der Narr. http://zeltmacher.eu/jim-elliot-wer-ist-der-narr
(Abruf am 27.04.2017).

58 Vgl. Wikipedia: Eintrag »Theorie des sozialen Vergleichs. http://de.wikipedia.
org/wiki/Theorie_des_sozialen_Vergleichs (Abruf am 27.04.2017).

59 Vgl. zu diesem Kapitel Timothy Keller/Katherine Leary Alsdorf: Berufung.
Eine neue Sicht für unsere Arbeit. Basel 2014.

60 Vgl. Peter Bofinger: Adam Smith – Der Segen des Egoismus. 24.08.2013.
http://www.faz.net/aktuell/wirtschaft/wirtschaftswissen/die-weltverbesserer/
adam-smith-der-segen-des-egoismus-12536505.html (Abruf am 27.04.2017).

61 Vgl. Mike Willis: To Americanize. Truth Magazine XXI: 6, S. 83 85,
10.02.1977. http://www.truthmagazine.com/archives/volume21/TM021040.
html (Abruf am 28.04.2017).

62 Die folgenden Überlegungen sind eine Weiterführung der Gedanken von:
Timothy Keller: Predigt vom 06.06.2014.

63 Focus online (Hg.): Geschlechtsverkehr zur Prävention – Gute Nach-
richt für Männer: Sex mit vielen Frauen schützt vor Prostatakrebs. http://
www.focus.de/gesundheit/ratgeber/potenz/geschlechtsverkehr-zur-
krebspraevention-gute-nachricht-fuer-maenner-sex-mit-vielen-frauen-
schuetzt-vor-prostatakrebs_id_4237052.html (Abruf am 28.04.2017).

64 Vgl. Wikipedia: Eintrag »Prostitution«, Unterpunkt: »Datenlage«. https://de.wikipedia.org/wiki/Prostitution#Datenlage (Abruf am 28.04.2017).

65 An diesem Kapitel hat Christiane Herbst als Co-Autorin mitgewirkt.

66 Andreas Malessa: Hier stehe ich, es war ganz anders. Kleines Lexikon der Irrtümer über Luther. Holzgerlingen 2. Aufl. 2016. Kapitel: »Luther und seine Frau hatten Zuschauer beim Sex«, S. 167f.

67 Vgl. Statistisches Bundesamt (Hg.): Bevölkerung. https://www.destatis.de/DE/ZahlenFakten/GesellschaftStaat/Bevoelkerung/Ehescheidungen/Tabellen_/lrbev06.html (Abruf am 28.04.2017).

68 Vgl. Statistisches Bundesamt (Hg.): Pressemitteilung Nr. 185 vom 28.05.2014: Mehr als ein Drittel der Haushalte in Deutschland sind Singlehaushalte. https://www.destatis.de/DE/PresseService/Presse/Pressemitteilungen/2014/05/PD14_185_122.html (Abruf am 28.04.2017).

69 Vgl. Statistisches Bundesamt (Hg.): Bevölkerung. A.a.O.

70 Vgl. zu dieser Differenz Bernd Wannenwetsch: Bürgerliche Ehe und christliche Ehe. P&S Magazin für Psychotherapie und Seelsorge Heft 1 (2010), S. 10-15.

71 Vgl. Paul M. Zulehner: Kleine Lebenswelten. Zur Kultur der Beziehungen zwischen Mann und Frau. Paderborn 3. Aufl. 1994.

72 Vgl. Martin Koschorke: Keine Angst vor Paaren. Wie Paarberatung und Paartherapie gelingen kann. Stuttgart 3. Aufl. 2016.

73 Rick Blackman/John Ortberg: Predigt : »I want my life back. Reclaim your marriage.« 15.04.2013.

74 Vgl. https://www.weisses-kreuz.de/internet-sexsucht/zum-thema-internet-sexsucht (Abruf am 28.04.2017).

75 Vgl. Ulrich Giesekus: Liebe, die gelingt und den Alltag besteht. Gießen 2004, S. 101-107.

76 In Anlehnung an: Rick Blackman/John Ortberg: Predigt, a.a.O .

77 Für die folgenden Gedanken vgl. Hans-Walter Wolff: Anthropologie des Alten Testamentes. München 3. Aufl. 1977, S. 127-230.

78 Manfred Seitz: Zeit als Geschöpf. Eine kurze theologische Deutung der Zeit. P&S Heft 1 (2015), S. 18-19.

79 The Motley Fool (Hg.): Die 25 besten Zitate von Warren Buffett. 17.10.2014. https://www.fool.de/2014/10/17/die-25-besten-zitate-von-warren-buffett (Abruf am 28.04.2017).

80 Vgl. Gordon MacDonald: Building below the waterline. Strengthening the life of a leader. Peabody 2011.

81 Zitiert nach Kerstin Hack: Worte des Lebens – Zitate und Gedanken, die Leben wecken. Impulsheft Nr. 26, Down to Earth 2008. S. 13

82 Die folgenden Überlegungen wurden inhaltlich stark beeinflusst von John Ortberg: Predigtreihe »Prayer: Does It Matter?« – »The Mystery of Unanswered Prayers«, 14.07.2010.

83 Clive S. Lewis: Über die Trauer. Zürich 1982, S. 8.

84 Vgl. zu diesen und anderen Fragen: Bill Hybels: Aufbruch zur Stille. Asslar 1992; Philip Yancey: Beten. Wuppertal 2007.

85 Martin Brecht: Martin Luther. Band 3, Stuttgart 1994, S. 209-210.

86 Vgl. für das Folgende: Siegfried Kettling: Du gibst mich nicht dem Tode preis. Wuppertal und Zürich 1989.

87 In Hebräer 5,7 begegnet uns eine andere Sicht der Dinge: Gott hat Jesus nicht vor dem Tod gerettet (wie erbeten), wohl aber aus dem Tod.

Der Verfasser des Hebräerbriefs deutet das als eine Erhörung der Bitte, die Jesus im Garten äußerte.

88 Bernd Ingmar Gutberlet über gescheiterte Utopien. Sat.1 24.06.2015. http://magazin.dctp.tv/2015/06/24/heute-abend-im-tv-wir-schaffen-eine-neue-welt-24-06-2015-0030-uhr-bei-news-stories-auf-sat1 (Abruf am 29.04.2017).

89 Z.B. 2. Korinther 12.

90 Diese Verse bilden das Herzstück der »GreifBar«-Vision seit 2002.

91 Vgl. Kronen Zeitung (Hg.): 84. Oscar-Verleihung – Hauptrollen-Oscars für Meryl Streep und Jean Dujardin. 27.02.2012. http://www.krone.at/stars-society/hauptrollen-oscars-fuer-meryl-streep-und-jean-dujardin-84-os-car-verleihung-story-313073 (Abruf am 30.04.2017).

92 Vgl. EP-Solutions (Hg.): Freundschaftszitate. http://www.zitate-und-weisheiten.de/zitate-nach-themen/zitate-freundschaft (Abruf am 30.04.2017).

93 Robert Gilbert: Ein Freund, ein guter Freund. © Universal Music Publishing Group.

94 Richard Girulatis in seinem Buch: Theorie, Technik, Taktik. Berlin: Ill. Sport, o. J. [1919].

95 Dietrich Bonhoeffer: Widerstand und Ergebung. Gütersloh 1998 (DBW Bd. 8), S. 515f.

96 Vgl. https://de.wikipedia.org/wiki/Supertrumpf (Abruf am 01.05.2017). Vgl. auch Max Küng: Pappschlitten: Als die Trümpfe fahren lernten. DIE ZEIT Nr. 21, 15.5.2003.

97 In der Bibelstelle schreibt Paulus zwar in der dritten Person, die gängige Meinung in der Theologie ist jedoch, dass er von sich selbst spricht.

98 Vgl. Sport1 (Hg.): England-Legende Sir Bobby Charlton lästert über Englands Euro-Aus. 01.07.2016. http://www.sport1.de/boulevard/2016/07/england-legende-sir-bobby-charlton-laestert-ueber-englands-euro-aus (Abruf am 02.05.2017).

99 Vgl. Carsten Maschmeyer: Die Millionärsformel – Der Weg zur finanziellen Unabhängigkeit. München 2016.

100 Vgl. Albert Bandura: Self-efficacy: The exercise of control. New York 1997.

101 Walter Lüthi: Der Römerbrief. Basel 1955, S. 244.

102 Walter Lüthi: Der Römerbrief. a.a.O., S. 246.

103 Vgl. Astrid Lindgren: Immer dieser Michel. Hamburg 1972, S. 122-129.

104 Nach einer Idee von Bill Hybels aus der Predigtreihe »Risk« in der Willow Creek Community Church vom 20. Mai 2012.

105 Diese Formulierung findet sich immer wieder in den Predigten von John Ortberg aus der Menlo Church in Menlo Park CA. In einer Predigt über Lukas 18,9-14 sagt er, dass jeder Gottesdienst eine Matthäus-Party sein sollte, »so we can bring people and Jesus together«. Vgl. http://menlo.church/wp-content/uploads/2017/02/170205_jortberg.pdf (Abruf am 26.06.2017).

106 Wesentliche Ideen für dieses Kapitel stammen von John Ortberg. Vgl. John Ortberg: Overcoming Your Shadow Mission. Grand Rapids 2008.

107 Vgl. Wikipedia: Eintrag »Xerxes I.« https://de.wikipedia.org/wiki/Xerxes_I. (Abruf am 04.05.2017).

108 Winston Churchill: »Their finest hour«. Rede vom 18.06.1940 im House of Commons. https://www.winstonchurchill.org/resources/speeches/1940-the-finest-hour/their-finest-hour (Abruf am 04.05.2017). Übersetzung durch den Autor.